Günther Lachmann

TÖDLICHE TOLERANZ
Die Muslime und unsere offene Gesellschaft

Mit dem Text
»Muslimische Frauen, fordert Eure Rechte ein!«
von Ayaan Hirsi Ali

Piper
München Zürich

ISBN 3-492-04699-1
Für den Beitrag von Ayaan Hirsi Ali
© 2004 Ayaan Hirsi Ali en Uitgeverij Augustus, Amsterdam
© Piper Verlag GmbH, München 2005
Satz: seitenweise, Tübingen
Druck und Bindung: Clausen & Bosse, Leck
Printed in Germany

www.piper.de

Inhalt

Vorwort

Dieses Buch richtet sich nicht gegen Ausländer. Ebenso wenig ist es eine Anklageschrift gegen Muslime oder den Islam schlechthin. Wer sich einen solchen Inhalt erhofft, sollte es gleich wieder aus der Hand legen. Er würde beim Lesen doch nur enttäuscht werden. Dieses Buch will vielmehr die Umstände der Immigration beschreiben, Fehler aufzeigen, die Politik, Mehrheitsgesellschaft und die Zuwanderer gemacht haben, und analysieren, wie aufgrund dieser Fehler Gefahren für den gesellschaftlichen Frieden entstehen konnten. Es will das Aufkommen eines radikalen Islam, seine religiös motivierten politischen Herrschaftsansprüche aufzeigen, die ein Rechtsstaat zum Schutz der demokratischen, offenen, pluralistischen Gesellschaft zwingend zurückweisen beziehungsweise beschränken muss. Und drittens geht dieses Buch der Frage nach, wie es in Deutschland und Europa überhaupt zum islamistischen Terrorismus kommen konnte.

Wie immer in solchen Fällen war der Anstoß dazu ein Erkenntnisvakuum. Eigenartigerweise wurde nämlich die in Deutschland nach den Terroranschlägen vom 11. September 2001 einsetzende öffentliche Debatte über den islamistischen Terrorismus ausschließlich unter Sicherheitsaspekten geführt, die zudem stark pauschalisierend alle Muslime auf absurde Weise unter Generalverdacht stellte. Gesellschaftspolitische Fragen, die etwa das Umfeld der viele Jahre in Hamburg lebenden Todespiloten soziologisch analysierten und nach der Ursache suchten, warum die späteren Terroristen sich dort radikalisieren konnten, blieben hingegen ausgespart. Dabei gibt doch erst dieser Ansatz den Blick auf die größeren Zusammenhänge frei, ohne deren Kenntnis präventive Gegenmaßnahmen gar nicht möglich sind.

Dieses Buch war bereits geschrieben, als im Zusammenhang mit dem Ritualmord an dem niederländischen Filmemacher Theo van Gogh – am 2. November 2004 auf offener Straße in Amsterdam – erstmals öffentlich der Gedanke ausgesprochen wurde, solche Attentate und der islamistische Terror könnten einen gesamtgesellschaftlichen Hintergrund haben. Sogar in links-liberalen Kreisen wurde offen das Scheitern der multikulturellen Gesellschaft konstatiert. Ihnen hatten die Niederlande immer als Vorbild für interkulturellen Dialog, Vielfalt und Respekt gegolten. Die Tatsache aber, dass ausgerechnet dort ein Islam-Kritiker Opfer eines radikalen Muslim wurde, machte – stärker noch als der Mord an dem Rechtspopulisten Pim Fortuyn – deutlich, dass die Europäer und die Bewohner der muslimischen Ghettos gemeinsam jahrelang eine islamische Radikalisierung toleriert hatten, die jetzt in todbringende Gewalt umschlug.

Von diesen Radikalen wird die niederländische Politikerin Ayaan Hirsi Ali mit dem Tod bedroht. Die gebürtige Somalierin und Abgeordnete der niederländischen Rechtsliberalen hat sich vom Islam losgesagt und gilt als eine der schärfsten Kritikerinnen ihrer einstigen Religion. Sie greift den Islam an, weil in seinem Namen Frauen beschnitten, zwangsverheiratet und geschlagen würden. In diesem Buch schreibt sie einen eindrucksvollen Text über die Erfahrungen von Frauen mit dem Islam.

Die muslimischen Immigranten haben Deutschland und Europa für immer verändert. Und der Wandel ist unumkehrbar. Denn diese Menschen haben ihr Leben hier eingerichtet. Niemand darf ihnen, von denen viele schon vor Jahrzehnten gekommen sind, das Recht absprechen, in ihrer neuen Wahlheimat zu leben. Aber man muss darüber reden dürfen, dass es bis heute nicht gelungen ist, sie zu integrieren. Verantwortlich für diese Situation sind beide Seiten, die Mehrheitsgesellschaft ebenso wie die muslimische Minderheit. Wie es dazu kam, wird im Folgenden beschrieben.

Dabei wird auch die erschreckende Ausländerfeindlichkeit in Teilen der deutschen Gesellschaft nicht ausgeblendet, die letztlich sogar zur Tötung von muslimischen Frauen und Kindern führte. Wie die Opfer des islamistischen Terrorismus wurden auch sie Opfer einer tödlichen Toleranz.

Günther Lachmann
München, im Dezember 2004

KAPITEL EINS

Die gescheiterte Integration

»Echt cool, der Bin Laden«

Die Berliner U-Bahn-Linie 6 ist voll besetzt auf dem Weg von Kreuzberg nach Alt-Tegel. Es ist kurz vor acht Uhr morgens am 15. März 2004. Vor vier Tagen hat ein Anschlag islamistischer Terroristen in der spanischen Hauptstadt Madrid 191 Menschen getötet. Die Attentäter hatten zehn Bomben in vier Zügen deponiert. In drei Zügen explodierten die Sprengsätze. Auch an diesem Morgen bestimmt das Attentat die Nachrichten, die über die Monitore an der Decke des U-Bahn-Waggons flimmern. Als das Bild Osama bin Ladens gezeigt wird, ruft einer von fünf türkischstämmigen Jugendlichen, die sich im hinteren Teil bislang lautstark über die Möglichkeiten ihrer Handys austauschten: »Eh, seht mal, Bin Laden. Der Mann ist ein Held!« Die anderen Jungen schauen auf. »Der ist echt cool«, sagt einer.

Die Szene wirkt bizarr. Die Jungen sitzen selbst in einem Zug, der jederzeit von Terroristen in die Luft gesprengt werden könnte. Und dennoch posaunen sie, ohne jedes Anzeichen von Betroffenheit angesichts der vielen in Madrid Getöteten, ihre Sympathie für den Chef der Terrororganisation Al Qaida heraus.

Ganz ähnlich reagierte angeblich Ihsan Garnaoui, als er Bin Laden das erste Mal im Fernsehen sah. »Ha, den kriegen sie nicht, der ist zu clever«, soll er gesagt haben.[1] Wenig später be-

gann der in Berlin lebende Tunesier, seiner deutschen, nichtmuslimischen Frau vorzuschreiben, wie sie sich zu verhalten
habe. Sie musste den Raum verlassen, sobald andere Männer
hinzukamen. Garnaoui achtete nun bei sich selbst und seinen
Bekannten streng auf die Einhaltung der Glaubensregeln. Politisch nahm er eine radikale Haltung gegenüber Israel und den
USA an. Im Juli 2001 flog er in die afghanischen Lager von Al
Qaida, um sich für den Heiligen Krieg gegen die Ungläubigen
ausbilden zu lassen. Drei Jahre blieb er dort. Im Januar 2003 sei
er dann mit dem Vorsatz zurückgekommen, in Deutschland
Anschläge auf amerikanische und jüdische Einrichtungen zu
planen, warf ihm der Generalbundesanwalt vor.

Natürlich stecken die vielleicht 16- oder 17-Jährigen aus der
U-Bahn mitten in der Pubertät. Doch auch wenn man ihnen
zugute hält, dass dieses Alter gerade bei männlichen Heran-
wachsenden nun einmal eine Mischung aus Großspurigkeit
und Provokation mit sich bringt, ist die sicher unreife, naiv-
unschuldige Begeisterung für Osama bin Laden nicht un-
problematisch. Die Äußerung der Jugendlichen lässt umso
mehr aufhorchen, als in den vergangenen Jahren Muslime in
Deutschland wiederholt öffentlich zu islamistisch motivierter
Gewalt aufriefen.

Unvergessen ist das Bild eines jungen palästinensischen Vaters, der seiner Tochter einen symbolischen Sprengstoffgürtel
umlegte und sie bei einer Anti-Israel-Demonstration in Berlin
auf seinen Schultern trug. Während er so marschierte, verherr-
lichten jugendliche Anhänger der radikalen Hizbollah- und
Hamas-Bewegungen in ihren Sprechchören palästinensische
Selbstmordattentäter als »Lieblinge Allahs«. Auf den Straßen
Berlins fielen wieder Sätze, von denen die Berliner hofften, sie
niemals wieder hören zu müssen. Da bezeichneten junge Muslime Israelis als »Judenschweine« und verbrannten die israelische Fahne. Die Verfassungsschutzbehörde der Hauptstadt
stellte ein Dokument erschütternden Judenhasses sicher, das

für kurze Zeit auch im Internet nachzulesen war. Dabei handelte es sich um ein Schreiben der seit dem 15. Januar 2003 in Deutschland verbotenen Bewegung Hizb ut-Tahir al-Islami. Und neben dem Inhalt erschreckte die Fahnder besonders, dass es nicht auf Arabisch, sondern auf Deutsch und Türkisch verfasst worden war. Der Text beginnt mit der Koran-Sure »Und tötet sie, wo immer ihr auf sie stoßt, und vertreibt sie, von wo sie euch vertrieben haben«. Das Schreiben ist nicht der einzige Beleg für militante antijüdische Propaganda der Gruppe. Auch in der deutschen Ausgabe der Hizb-ut-Tahrir-Zeitschrift *Explizit* wurde offen zur Vernichtung Israels aufgerufen: »Als Muslimen muss uns klar sein, dass das Problem Israel für uns keine Grenzfrage, sondern eine Existenzfrage ist. Dieser zionistische Fremdkörper im Herzen der islamischen Welt darf unter keinen Umständen bestehen bleiben.«[2] In Deutschland wurde die Bewegung vor allem von muslimischen Studenten aus dem Libanon und anderen arabischen Staaten unterstützt. Seit ihrem Verbot ist die Organisation allerdings nicht mehr öffentlich in Erscheinung getreten.

Überhaupt haben die großen islamisch-extremistischen Organisationen seit den Terror-Anschlägen vom 11. September 2001 in den USA das Ausmaß ihrer Agitation aufgrund des erhöhten Verfolgungsdrucks deutlich reduziert. An ihrem Selbstverständnis und ihrer Intention hat sich hingegen nichts geändert. Oberstes Ziel ist weiterhin »die Befreiung Palästinas von den Zionisten«, daneben verbindet zahlreiche Gruppen eine gemeinsame pan-islamische Ideologie. Die von den radikalen Organisationen geübte agitatorische Zurückhaltung ist nicht nur Selbstschutz gegen die Ermittlungen der Sicherheitsbehörden, sondern setzt ganz bewusst auch auf das Kalkül einer breiten Mobilisierung fundamentalistischer Kräfte durch eine Stigmatisierung in der öffentlichen Auseinandersetzung und das Vorgehen der Allianz gegen den Terror.

Die den militärischen Kampf gegen den Terrorismus flan-

kierende politisch-mediale Kampagne schuf erstmals nach
dem Zerfall des Ostblocks wieder das Bild einer bipolaren
Welt mit zwei sich unversöhnlich gegenüberstehenden Fein-
den. Statt mit dem Kommunismus sah sich der demokratische
Westen nunmehr mit einem Islamismus konfrontiert, der die
Weltherrschaft anstrebte. Unter dem Titel »Achse des Bösen«
veröffentlichte die US-Regierung eine Liste mit Ländern, die
ihrer Ansicht nach den Terrorismus unterstützten. Als zweitem
Land auf dieser Liste, nach Afghanistan, erklärte sie dem Irak
den Krieg. Der Feldzug führte die USA und ihre Verbündeten
zwar zum militärischen Sieg, fügte ihnen jedoch gleichzeitig
durch den enormen Verlust an Vertrauen und Glaubwürdigkeit eine schwere Niederlage zu, da dem Irak bis heute keine
Verbindung zu Al Qaida und keine Beteiligung an weltweiten
Terrorakten nachgewiesen werden konnte. Die Umstände dieses Krieges trieben viele Muslime in die Arme der Terrororganisationen. Das Bundesamt für Verfassungsschutz stellte dazu
fest: »Der Kriegsbeginn am 21. März hatte für Islamisten weltweit, insbesondere aber für ›Al Qaida‹ und die ›Arabischen
Mujaheddin‹, eine Mobilisierungswirkung (...) Unbeeinflusst
blieb diese Stimmungslage von der Bekanntgabe des vorläufi-
gen Endes der offiziellen Kampfhandlungen am 2. Mai. ›Al
Qaida‹ und andere Netzwerke ›Arabischer Mujaheddin‹ nutzten die Situation im Irak zur Rekrutierung neuer Kämpfer für
den Jihad.«[3]

Ebenso unbeabsichtigt wie der Westen so den Truppen-
Nachschub für die kämpfenden Mujaheddin unterstützte, un-
terlief ihm ein weiterer schwerer Fehler. Auf fatale Art und
Weise wurde sowohl in der medialen Berichterstattung als
auch in der Deklamation von US-Präsident George W. Bush
Al-Qaida-Anführer Osama bin Laden zur Symbolfigur des
neuen Ost-West-Konfliktes, nämlich zum größten Feind der
zivilisierten Welt, hochstilisiert. Seither ist der Name Bin
Laden auch im letzten Winkel der Erde so bekannt wie Coca-

Cola. In arabischen Städten benannten Eltern ihre Söhne nach ihm, sein Gesicht wurde auf T-Shirts gedruckt. Der Bin-Laden-Kult weckt Erinnerungen an die Verehrung von Ernesto Ché Guevara, der in den sechziger Jahren zum Symbol für den revolutionären Kampf gegen Ausbeutung und Unterdrückung geworden ist. In der Absicht, jemanden zur Inkarnation des Bösen zu erklären, haben es die US-Regierung und ihre Verbündeten geschafft, das öffentliche Bild des Terroristen Osama bin Laden, der verantwortlich gemacht wird für den Tod tausender Menschen, dessen Anhänger mit dem Blutbad in Madrid den von ihm erklärten Terrorkrieg auch nach Europa brachten und damit einen fast sechzig Jahre andauernden Frieden beendeten, auf absurde Weise zu einem modernen Robin Hood zu verklären, der Jesus gleich, auf einem Esel durch eine unwirtliche afghanische Berglandschaft reitend, der letzten verbliebenen Supermacht USA und ihren Alliierten die Stirn bietet.

Diesem Trugbild müssen die türkischstämmigen Jugendlichen in der Berliner U-Bahn aufgesessen sein, als sie über Bin Laden ins Schwärmen gerieten. Es ist wohl eine willkommene Versuchung für junge Muslime, in der von täglichen Konflikten mit den Traditionen und Werten der westlichen Lebens- und Erfahrungswelt belasteten Pubertät auch mit diesem zweifelhaften Heroen zu sympathisieren. Hinzu kommt, dass diese jungen Menschen das Gefühl haben, ihnen bleibe der Reichtum des von den Mujaheddin zum Feind erklärten Westens auf absehbare Zeit verschlossen. Ihr Zuhause ist das Großstadtgetto, in das sie hineingeboren wurden und in dessen heruntergekommenen Straßenzügen die Kriminalität blüht.

In diesem Milieu bleibt Deutsch für viele nach wie vor eine Fremdsprache. Unter anderem deshalb verließen im Jahr 2002 über 20 Prozent von ihnen die Hauptschule ohne Abschluss und luden sich selbst schon früh die wohl schwerste Hypothek für ihr späteres Leben auf.[4] Die Konsequenzen ließen nicht lange auf sich warten. Während nämlich 70 Prozent der deutschen Jugendlichen eine Berufsausbildung absolvierten, blieben 60 Prozent der Türken ohne Lehrstelle. Wenn sie ihr Geld künftig nicht als Hilfsarbeiter verdienen, werden sie arbeitslos bleiben, von der Sozialhilfe leben oder gar in die Kleinkriminalität abrutschen. Das sind mehr als düstere Aussichten.

Forscht man nach den Gründen für ihre schlechte soziale und wirtschaftliche Lage, werden gleich mehrere Ursachen sichtbar. Neben den persönlichen Schwächen vor allem der Jungen, etwa mangelnder Ehrgeiz oder fehlendes Selbstvertrauen, die häufig mitverantwortlich sind für Schulschwäche und Jugendarbeitslosigkeit, lässt sich die Misere zum Teil mit der anhaltend hohen Massenarbeitslosigkeit und dem damit verbundenen ökonomischen Abstieg der Bundesrepublik erklären. Dass aber Bildungsdefizite, Jugendarbeitslosigkeit und Sozialhilfebezug unter jungen Türken weitaus häufiger anzutreffen sind als bei deutschen Jugendlichen, wurde maßgeblich mitbeeinflusst von schweren Fehlern, die beide Seiten, Immigranten und Deutsche, in gut vierzig Jahren Zuwanderung begangen haben. Die Unfähigkeit, in all den Jahren zueinander zu finden, schuf mit den Mauern der Ghettos nicht nur isolierte Lebensbereiche, sondern auch eine zwischenmenschliche Mauer aus Sprachlosigkeit, Unverständnis und offener Ablehnung. Und hinter diesen Mauern erstarkte, leise und unbemerkt, der Islamismus.

Die Zahl der sich als »sehr religiös« bezeichnenden in Deutschland lebenden Türken stieg von 8 Prozent im Jahr 2000 auf 20 Prozent im Jahr 2003.[5] Die Zahl derer, die sich als »religiös« einstuften, erhöhte sich um 14 auf 71 Prozent. Nun ist Religiosität eigentlich ein stabilisierendes gesellschaftliches Element, wenn sie unpolitisch bleibt. Der Islam in Deutschland bleibt es nicht immer. In den Moscheen warnen Imame vor der dekadenten westlichen Gesellschaft. Mädchen und Jungen werden in die Türkei verheiratet, auch mit der Absicht, eine Integration in der Bundesrepublik mit ihren freiheitlich-demokratischen Werten zu verhindern. Die türkischstämmigen Muslime leben in diesem Land und doch wieder nicht. Der Bielefelder Konfliktforscher Wilhelm Heitmeyer warnte schon 1998 als Folge dieser Desintegration vor einer zunehmenden islamischen Radikalisierung in Deutschland.[6] Je weniger die Jugendlichen integriert seien, desto eher glaubten sie an eine Überlegenheit des Islam, akzeptierten religiös begründete Gewalt und suchten die Nähe zu entsprechenden Organisationen.

Wer nachvollziehen will, warum es einer sich als offen und pluralistisch definierenden westdeutschen Nachkriegsgesellschaft, die noch dazu eine der reichsten weltweit war, bisher nicht gelang, die Muslime zu integrieren, muss beide Seiten getrennt betrachten: hier die Beschlüsse der Politik, von der Anwerbung der Gastarbeiter bis hin zum neuen Zuwanderungsgesetz, dort das Verhalten der ins Land kommenden Ausländer, die ohne konkrete Vorstellungen von Deutschland einreisten und blieben, als sie eigentlich keiner mehr wollte. Die Geschichte der Muslime in der deutschen Gesellschaft ist eine Geschichte von Versäumnissen, Trugschlüssen und falsch verstandener Toleranz mit tödlichen Folgen.

Berauscht vom Aufstieg

Bauernschläue machte den Anfang. Als das Nachkriegsdeutschland der fünfziger Jahre zu einem rasanten volkswirtschaftlichen Aufstieg startete, befiel die württembergischen Landwirte große Sorge. Der Boom zog die Arbeitskräfte vom Land in die Industrie- und Handwerksbetriebe. Auf den Höfen wollte kaum noch jemand bei der Ernte helfen. Da kam dem württembergischen Bauernverband die Idee, preiswerte Hilfskräfte aus Italien auszuleihen. An die Türken, Marokkaner oder Tunesier hatte zunächst niemand gedacht. Vertraulich wandten sich die Landwirte an die Bundesregierung in Bonn. Über diplomatische Kanäle wurde zunächst einmal die grundsätzliche Haltung der Regierung in Rom abgefragt. Die Emissäre stießen auf Interesse. Also sprach die Adenauer-Regierung nun auch offiziell in Rom vor. Die so begonnenen Verhandlungen verliefen zur beiderseitigen Zufriedenheit und wurden 1955 erfolgreich beendet. Die Bundesrepublik schloss mit Italien das erste Abkommen zur Anwerbung von Arbeitskräften. Im Rotationsprinzip sollten immer neue Arbeiter für kurze Zeit nach Deutschland kommen, um dann durch andere ersetzt zu werden. Das deutsche Arbeitsamt richtete Außenstellen in den italienischen Städten Neapel und Verona ein und vermittelte bis 1960 rund 500 000 Arbeiter über die Alpen nach Norden.[7]

Mit Spaghetti-Kochern im Gepäck zogen die Italiener ins Wirtschaftswunderland, wo die Arbeitslosenquote Ende der fünfziger Jahre bei nur noch 1,3 Prozent lag. Der deutsche Arbeitsmarkt war wie leer gefegt. Es gab keine Reserve mehr, mit der die Betriebe Produktionsspitzen hätten abfangen können. Und mit dem Bau der Mauer im Jahr 1961 versiegte auch der Zuzug von Arbeitskräften aus Ostdeutschland. Gleichzeitig schwand die generelle Bereitschaft der Westdeutschen, gesundheitsgefahrdende und körperlich besonders anstrengende Arbeit anzunehmen. Also mussten weitere Arbeitskräfte aus dem Ausland kommen. Längst schon hatte der eine oder andere Industriebetrieb die aus Italien kommenden landwirtschaftlichen Hilfskräfte engagiert. Gegenüber Mitgliedern der Bundesregierung warnten Unternehmer vor einem Rückschlag für das Wachstum, wenn die Produktion wegen fehlender Arbeitskräfte zurückgeworfen würde.

Im Kabinett von Konrad Adenauer wurden solche Mahnungen sehr ernst genommen und daher rasche Hilfe zugesagt. Nach dem Vorbild des Italien-Abkommens schloss die Bundesregierung 1960 Verträge mit Spanien und Griechenland. Und am 31. Oktober 1961 folgte das für die Zukunft Deutschlands so entscheidende »Abkommen zur Anwerbung türkischer Arbeitskräfte für den deutschen Arbeitsmarkt«. Da die Europäische Gemeinschaft (EG) zwei Jahre später auch noch das so genannte Freizügigkeitsabkommen mit der Türkei abschloss, das den türkischen Arbeitnehmern die gleichen Rechte bei der Arbeitsaufnahme in der EG einräumte wie Arbeitnehmern aus den Mitgliedsstaaten, sollte kein anderer Gastarbeitervertrag eine vergleichbare Immigrationswelle auslösen und das Erscheinungsbild der deutschen Städte langfristig so gravierend verändern.

Zunächst machten sich überdurchschnittlich gebildete Männer mit qualifizierten Berufsausbildungen auf den Weg nach Deutschland.[8] Später waren es hauptsächlich Menschen aus dem Osten der Türkei, aus den verarmten Regionen Anatoliens. Sie besaßen zumeist keine brauchbare Berufsausbildung. Niemand hatte die Türken, aber auch die Portugiesen, Spanier und Griechen auf das vorbereitet, was sie in der boomenden Bundesrepublik erwartete. Und die Bundesrepublik war auf sie nicht vorbereitet. Diejenigen, die sie für gering qualifizierte Beschäftigungen nach Deutschland geholt hatten, sahen in den Gastarbeitern nichts weiter als eine Kalkulationsgröße in einer nüchternen Kosten-Nutzen-Rechnung.

Solange es wirtschaftlich bergauf ging, feierten Politiker, Arbeitgeber und Medien die Aufnahme immer neuer Fremdarbeiter. In einem Blitzlichtgewitter wurde der Portugiese Armando Rodrigues 1964 auf dem Kölner Hauptbahnhof zum einmillionsten Gastarbeiter gekürt. Da war er gerade mit einem Zug voller Fremdarbeiter angekommen. Rodrigues, der kein Wort Deutsch verstand, schien sichtlich verwirrt. Woher sollte er auch wissen, dass er der glückliche Gewinner eines Losverfahrens war? Jetzt stand er da, bekam einen Blumenstrauß überreicht, durfte sich dann auf ein Moped setzen und lächelte bereitwillig in die Kameras. Mit dem Moped fuhr er dann nach Stuttgart, wo er in einer Zementfabrik arbeitete.

Arbeitgeber und Politiker hatten die Fremdarbeiter auf dem Kölner Hauptbahnhof zu Statisten einer Inszenierung für das deutsche Volk gemacht, deren Ziel es war, eine Euphorie zu erzeugen, die alle latent vorhandene Kritik an der Arbeitsmigration ersticken sollte. Schließlich brauchten die Unternehmen die billigen Arbeitskräfte.

Ohne Zweifel war die Nation wie berauscht vom eigenen Erfolg. Nichts belegt den grenzenlosen Optimismus dieser Jahre besser als der 1961 einsetzende Babyboom. Die Deutschen gründeten Familien, bauten sich ihr Häuschen und urlaubten in Italien. Sie eroberten ausländische Reiseziele.

Aber zugleich verfolgten sie misstrauisch den Zustrom immer neuer Fremdarbeiter. Dem Vater der sozialen Marktwirtschaft und Nachfolger Adenauers im Amt des Bundeskanzlers, Ludwig Erhard, blieb dieses Misstrauen nicht verborgen. Schließlich hatte er selbst als Wirtschaftsminister die Gastarbeiterabkommen erst möglich gemacht. Gleichzeitig sorgte er sich darum, dass das deutsche Selbstbewusstsein in ökonomischen Dingen die Grenze zur Selbstüberschätzung überschreiten könnte. In einer als »Maßhalteappell« in die Geschichte eingegangenen Rede vor dem Deutschen Bundestag versuchte er im Herbst 1965, das Misstrauen der Menschen den Gastarbeitern gegenüber für die von ihm eingeforderte Rückbesinnung auf die deutschen Tugenden Fleiß und Bescheidenheit zu nutzen. Wenn alle eine Stunde pro Woche mehr arbeiteten, dann könne die Wirtschaft auf einen Teil der Fremdarbeiter verzichten, argumentierte er.[9]

Davon indes wollten die deutschen Arbeitnehmer und ihre Interessenvertreter, die Gewerkschaften, nichts wissen. Erhards Aufforderung wurde in den Wind geschlagen, und die Unternehmer mochten auf die billigen Arbeitskräfte nicht mehr verzichten. Im Gegenteil. Als die Wirtschaft mit der Rezession in den Jahren 1967/68 ihren ersten Rückschlag erlitt, forderten die Betriebe gar noch weitere ausländische Billigkräfte an. Obwohl die Presse anfing, die Anwesenheit dieser Arbeiter kritisch zu hinterfragen, schloss die Bundesregierung, die inzwischen auch schon Vertragspartner von Marokko, Tunesien und Portugal war, 1968 ein weiteres Anwerbeabkommen mit Jugoslawien. Das Tor für ausländische Arbeitnehmer stand weit offen, und dennoch dachte niemand daran, dass die so ins Land geholten Gäste vielleicht dauerhaft bleiben könnten.

Wie realitätsfern der Bundestag sich mit dem Thema beschäftigte, zeigt eine neun Jahre nach dem Türkei-Abkommen im März 1970 von Abgeordneten der Koalitionsparteien SPD und FDP eingebrachte Kleine Anfrage. Darin wurde die Frage aufgeworfen, wie es um die schulische Bildung der Immigrantenkinder bestellt sei, wenn diese in ihre Heimatländer zurückkehrten.[10] Die damalige Regierung unter dem sozialdemokratischen Bundeskanzler Willy Brandt solle Maßnahmen ergreifen, welche die Wiedereingliederung der Schülerinnen und Schüler in das türkische Schulsystem sicherstellten. An der Rückkehrbereitschaft der Gastarbeiter wurde nicht gezweifelt.

Diese politische Einschätzung ist mehr als verwunderlich, denn zu diesem Zeitpunkt hatten in verschiedenen Umfragen bereits 90 Prozent der Gastarbeiter angegeben, sie wollten längere Zeit in Deutschland bleiben. Dafür sprach auch, dass sie bis Anfang der siebziger Jahre 300 000 Kinder zu sich in die Bundesrepublik geholt hatten oder diese bereits dort geboren worden waren. Die Gastarbeiter begannen, sich in der Bundesrepublik einzurichten, während die Politik dies nicht wahrnehmen wollte. Worauf diese Ignoranz der sich abzeichnenden neuen gesellschaftlichen Realitäten gründete, ist heute schwer nachvollziehbar. Jedenfalls ist es dieser Haltung anzulasten, dass grundsätzliche, für das Zusammenleben von Deutschen und Türken wichtige Entscheidungen unterblieben. So fragten die Parlamentarier von SPD und FDP 1970 zwar zu Recht nach der Bildung türkischer Immigrantenkinder. Doch nicht die Wiedereingliederung in das türkische Schulsystem hätte ihnen

Sorge bereiten müssen, sondern das primär durch fehlende Sprachkenntnisse begründete schulische Zurückbleiben der türkischen Kinder hinter den Leistungen ihrer deutschen Altersgenossen. Da die Politiker dieses Problem nicht erkannten, blieben der zweiten Immigrantengeneration wesentliche bildungspolitische Chancen versagt, sich sozio-kulturell auf ein Leben in Deutschland vorzubereiten. Dieses Versäumnis ist allerdings nicht allein der sozial-liberalen Koalition unter Brandt anzulasten, auch die oppositionelle CDU hatte damals weder Integrationskonzepte entwickelt noch Schritte auf den Weg gebracht, die zu einer schnellen Rückkehr der Ausländer in ihre Heimatländer führten. Die politischen Kräfte der Republik wirkten an anderer Stelle.

Zu Beginn des neuen Jahrzehnts bestimmten die von Brandt, seinem engsten Vertrauten Egon Bahr und dem liberalen Außenminister Walter Scheel ausgehandelten Ostverträge die Agenda. Willy Brandt erlebte den Höhepunkt seiner Popularität und wurde 1972 im Amt bestätigt. Die Wirtschaft wuchs wieder kräftig, und die Gewerkschaften konnten in den Tarifrunden erhebliche Lohnsteigerungen für ihre Mitglieder aushandeln. Das Land mehrte seinen Wohlstand. Die Menschen hatten eine gute Zeit. Aber sie spürten doch, wie sich eine Veränderung einstellte, die ihnen nicht gefiel.

Sie mochten nicht, dass die Ausländer zunehmend mehr Lebensraum beanspruchten und in den Industriestädten bereits reine Ausländerviertel mit einer eigenen Infrastruktur entstanden. Besonders die Türken waren vielen Deutschen ein Dorn im Auge. Religiöse Riten der Muslime wie das Schächten, die Kleidung und Stellung der Frau im Islam erregten den Unmut der Nachbarn. Ihr Erscheinungsbild und ihre Lebensweise wurden zum Anlass von Diffamierungen (»Kümmel-Türke«) und Geringschätzung. Weil die türkische Großfamilie vorzugsweise im Ford-Transporter Platz fand, war dieser bald als »Türkenkutsche« verschrien. Am Arbeitsplatz wurden die

Gastarbeiter nur dann noch ohne Murren geduldet, wenn sie weiterhin minderwertige Arbeiten verrichteten und selbst den deutschen Arbeitern ohne Berufsausbildung auf diese Weise noch einen sozialen Aufstieg ermöglichten. In der Praxis sah das etwa so aus, dass »Mehmet« bei der Müllabfuhr die Tonnen leerte und der Deutsche den Wagen fuhr. Der Schriftsteller Günter Wallraff hat den Arbeitsalltag von Gastarbeitern und die Reaktion der Deutschen auf sie als »Türke Ali« anschaulich nachgezeichnet.[11]

Was damals vor sich ging, war eigentlich paradox. Ausgerechnet im sozial-liberalen Deutschland der siebziger Jahre bildete sich durch diese Rollenverteilung und gespeist durch einen ungebremsten Bevölkerungszustrom vor allem aus der Türkei eine neue soziale Unterschicht heraus. Sie entsprang noch dazu einem anderen Kulturraum und vergrößerte somit die menschliche Kluft zu den besser bezahlten deutschen Arbeitnehmern um ein Vielfaches. Hier vollzog sich ein sozialer Wandel, der, wären Deutsche betroffen gewesen, zu einer leidenschaftlichen Debatte über soziale Gerechtigkeit geführt hätte. Die Gewerkschaften hätten Solidarität mit den Betroffenen eingefordert. Von all dem geschah jedoch nichts. Die Dinge nahmen einen ganz anderen Lauf. Als die Türken schließlich anfingen, in wilden Streiks für bessere Arbeitsbedingungen zu kämpfen, verschärften sich die Spannungen mit den deutschen Kollegen, deren ganze Aufmerksamkeit auf das sich wieder eintrübende wirtschafts-politische Klima und das eigene Wohlergehen gerichtet war. Erst jetzt, mit den seit 1967/68 zum zweiten Mal am Konjunkturhimmel aufziehenden dunklen Wolken, nahm auch die Politik die radikalen Veränderungen im Land zur Kenntnis.

Hatte Arbeitsminister Walter Arendt noch 1971 die ökonomische Leistung der Gastarbeiter gelobt, die pro Mann 20 000 Mark zum Bruttosozialprodukt beigetragen hatten, setzte nunmehr eine öffentliche Debatte über Kosten und Nutzen des

Aufenthaltes der Ausländer in Deutschland ein. Unter dem Eindruck der Energiekrise kam, anders als 1967/68, wirklich Sorge in der Bevölkerung auf, die Gastarbeiter könnten den Deutschen die Arbeit wegnehmen. Weitaus stärker als noch während der Rezession in der zweiten Hälfte der sechziger Jahre schrieb nunmehr auch die Presse gegen die Immigranten und nährte alle bereits vorhandenen Ressentiments gegenüber den Ausländern. Es dauerte einige Zeit, bis die Regierung versuchte, steuernd in die Debatte einzugreifen. Willy Brandt selbst nahm sich schließlich der für Sozialdemokraten extrem diffizilen Problematik an. Einerseits durfte er auf keinen Fall die Arbeitnehmerschaft als traditionelle SPD-Klientel verärgern, andererseits wäre eine Politik gegen die Immigranten nicht nur historisch und sozialpolitisch bedenklich gewesen, sie hätte auch die außenpolitischen Beziehungen zu deren Herkunftsländern belasten können. Nach vielen Gesprächen, unter anderem mit Egon Bahr, sagte der Bundeskanzler im Januar 1973 in einer Regierungserklärung: »Es ist aber notwendig geworden, dass wir sorgsam überlegen, wo die Aufnahmefähigkeit unserer Gesellschaft erschöpft ist und wo soziale Vernunft und Verantwortung Halt gebieten.« Die Überlegungen hierzu waren schnell abgeschlossen. Noch im November des selben Jahres verfügte die Regierung einen Anwerbestopp in der Hoffnung, auf diese Weise die Zahl der Ausländer in Deutschland begrenzen zu können.

Von 1955 bis 1973 waren rund 14 Millionen Gastarbeiter nach Deutschland gekommen, von denen 11 Millionen wieder in ihre Heimatländer zurückkehrten. Zum Zeitpunkt des Anwerbestopps lebten bereits 910 500 Türken in der Bundesrepublik, und aufgrund der noch schlechteren Arbeits- und Wirtschaftsbedingungen in der Türkei drängten viele, die Ende der sechziger Jahre in die Heimat zurückgekehrt waren, nun erneut auf den deutschen Arbeitsmarkt.

Der von der Brandt-Regierung erlassene und noch heute geltende Anwerbestopp stellte die in der Bundesrepublik lebenden Türken vor die Wahl, entweder für immer in die Türkei zurückzukehren oder aber für längere Zeit zu bleiben. Die parallel dazu angebotenen Daueraufenthaltsgenehmigungen verbesserten die rechtliche Situation der Gastarbeiter in Deutschland, so dass fast alle blieben und mit Hilfe der aus der Verfassung abgeleiteten und aus humanitären Motiven heraus aufgelegten Programme zur Familienzusammenführung pro Jahr im Schnitt 200 000 Angehörige nachholten. Dieser Zuzug wurde nochmals gesteigert, als der Bundestag 1975 das Kindergeld für Kinder senkte, die in der Heimat geblieben waren.

So geriet der Anwerbestopp zur Farce. Statt die Situation zu verbessern, verfestigte die sozial-liberale Koalition mit ihrem Gesetz das Ausländerproblem nicht nur, sondern verschärfte es sogar in ungeahntem Ausmaß. Sie erreichte das Gegenteil von dem, was sie erreichen wollte. Eine für den gesellschaftlichen Frieden in Deutschland fatale Tendenz, da die Gastarbeiter zudem arbeitsmarktpolitisch überflüssig geworden waren, denn schon im Jahr 1976 setzte die bis heute anhaltende hohe Dauerarbeitslosigkeit ein. Gegen Ende des Jahrzehnts bestätigten sich dann die von vielen Bürgern schon Mitte der sechziger Jahre geäußerten Befürchtungen: Die Ausländer wurden zumindest für die schlecht oder gar nicht ausgebildeten deutschen Erwerbslosen zu echten Konkurrenten auf dem Arbeitsmarkt.

In den zweieinhalb Jahrzehnten ihrer Anwesenheit in Deutschland waren die Gastarbeiter bis 1980 mal mehr, mal weniger Bestandteil der politischen Debatte. Unabhängig davon hatte ihr Ansehen in der Bevölkerung mit der Dauer ihres Aufenthaltes und der sich andeutenden Abschwächung der nationalen Wirtschaftskraft zunehmend gelitten. Eine Politik, die das Zusammenleben von Deutschen und Ausländern regelte, hatte allerdings auch über zwanzig Jahre nach der Ankunft der ersten Gastarbeiter keine der bisherigen Bundesregierungen verfolgt.

»Deutschland den Deutschen«

Versteht man den 1973 erlassenen Anwerbestopp als erstes Zeichen des Umdenkens, so setzte die sozial-liberale Regierung unter Bundeskanzler Helmut Schmidt 1978 ein noch deutlicheres Signal, indem sie das Amt eines Integrationsbeauftragten schuf. Die genaue Bezeichnung lautete »Beauftragter der Bundesregierung für die Integration der ausländischen Arbeitnehmer und ihrer Familienangehörigen«. Erster Amtsinhaber wurde der Sozialdemokrat und langjährige nordrhein-westfälische Ministerpräsident Heinz Kühn. Nach einer gründlichen Bestandsaufnahme legte Kühn 1979 ein Memorandum vor, in dem er sich ausdrücklich für einen Politikwechsel aussprach und feststellte, dass die Entwicklung vom Gastarbeiter hin zum Einwanderer unumkehrbar sei. Deshalb müsse fortan die Integration der in Deutschland lebenden Ausländer im Vordergrund stehen.[12] Zu diesem Zweck wollte er die Einbürgerung von Jugendlichen erleichtern und ein Kommunalwahlrecht für Ausländer schaffen. Das waren Sätze von historischer Bedeutung. Kühn legte das Bekenntnis ab, Deutschland sei Einwanderungsland. Diese mit den Anwerbeverträgen geschaffene Tatsache hatte bis zu jenem Zeitpunkt kein anderer deutscher Politiker ausgesprochen. Und außer ihm wollte sie auch kein anderer wahrhaben. Sogar die Bundesregierung stellte sich gegen seine Pläne.

Ganz sicher lag der Schlüssel zu der von Kühn vertretenen, weitsichtigen Integrationspolitik in seinen Erfahrungen als Ministerpräsident des größten Bundeslandes. Schon früh hatten die industriellen Zentren dort Gastarbeiter aufgenommen. In Köln lag der Ausländeranteil 1980 bereits bei 14,5 Prozent, in Düsseldorf bei 13,7, in Duisburg bei 13 und in Hagen bei 10,6 Prozent.[13] Besonders die Türken waren zum festen Bestandteil des Stadtbildes geworden. Und beim täglichen Einkauf oder beim Spaziergang fiel es den Deutschen zunehmend schwerer, ihnen aus dem Weg zu gehen. Näher kamen sich Deutsche und Türken jedoch auch nicht. Aus Erhebungen des Mannheimer Zentrums für Umfragen (ZUMA) geht hervor, dass 1980 erst 12 Prozent der Deutschen nachbarliche Kontakte zu Ausländern pflegten. Nur 15 Prozent zählten Ausländer zu ihrem Freundes- und Bekanntenkreis. Als ehemaliger nordrhein-westfälischer Landesvater wusste Kühn um die Ausländerghettos mit ihren sozialen Missständen, kannte die Bildungsdefizite und kulturellen Konflikte. Er war näher dran an den Sorgen der Menschen, an den Veränderungen im Land, konnte aber auch nicht verhindern, dass sich um 1980 herum das politische Klima grundlegend zu Lasten der Immigranten veränderte. Plötzlich war die Ausländerproblematik auch Thema heftiger bundespolitischer Auseinandersetzungen. Diese mündeten zunächst in der vom Bundestag im Dezember 1981 beschlossenen Absenkung des Nachzugsalters bei der Familienzusammenführung von 18 auf 16 Jahre. Mit diesem Schritt wollten die Regierungsparteien die Zahl der nach Deutschland nachkommenden Türken reduzieren. CDU und SPD wetteiferten um die radikalste »Das-Boot-ist-voll«-Politik. Um das zu begreifen, muss man sich die politische Gesamtsituation Ende der siebziger Jahre vor Augen halten.

Erstmals seit dem Ende des Zweiten Weltkriegs hatten die Deutschen wieder Kollektivängste befallen. Sie fühlten sich bedroht durch den Terrorismus der Roten Armee Fraktion, sie begannen, sich vor der Kernkraft und einem finalen Atomkrieg zu fürchten. Sie sorgten sich um die Zerstörung ihrer Umwelt durch die Industrie und den Verlust ihrer Gesundheit. Ausgerechnet die Nation, die nach dem Zweiten Weltkrieg einen beispiellosen Aufstieg hinlegte, geriet ins Zweifeln und verzagte. Sie sah ihren Wohlstand in Gefahr, beäugte die jährlich wachsende Zahl in Deutschland lebender Ausländer. Sie registrierte die zunehmende Arbeitslosigkeit unter den Immigranten. Und die aufkommende Ängstlichkeit gebar ihrerseits den Neid, vor allem den Neid auf die Inanspruchnahme von Sozialleistungen. »Die liegen uns nur auf der Tasche«, hieß es im Volksmund angesichts der steigenden Zahl arbeitslos gewordener Ausländer. Und die Politik nahm diesen Vorwurf auf, ohne ihm die wirtschaftliche Leistung der Immigranten gegenüberzustellen. Sogar der Integrationsbeauftragte Kühn schien in dieser Situation auf die Gefühlslage der Menschen einzugehen, als er 1980 konstatierte: »Wenn die Zahl der Ausländer, die als Minderheit in einer Nation leben, eine bestimmte Grenze überschreitet, gibt es überall in der Welt Strömungen des Fremdheitsgefühls und der Ablehnung, die sich dann bis zur Feindseligkeit steigern«.[14] Diese Feststellung war aber wohl eher als Relativierung gemeint in dem Sinne, dass Deutschland sich, wie andere Nationen auch, den Schwierigkeiten der Integration stellen müsse. Die bereits in der Bundesrepublik lebenden Ausländer würden dauerhaft bleiben, und die Deutschen müssten lernen, mit ihnen zu leben. Statt jedoch, wie von Kühn gefordert, über Integration und einen gemeinsamen Aufbruch in die Zukunft nachzudenken, verschärften auch SPD-Spitzenpolitiker den Tonfall gegenüber den Immigranten. Bundeskanzler Helmut Schmidt etwa wird im Februar 1982 im Hinblick auf die arbeitsmarktpolitischen Friktionen mit dem Satz zitiert[15]: »Mir kommt kein Türke mehr über die Grenze.« Betont deutschnational argumentierte die Rechte in der CDU. Ihr Sprachrohr Alfred Dregger forderte, die Rückkehr der Ausländer in ihre Heimat dürfe nicht die Ausnahme, sondern müsse die Regel sein. »Es ist nicht unmoralisch zu fordern, dass der uns verbliebene Rest Deutschlands in erster Linie den Deutschen vorbehalten bleibt«, sagte Dregger.[16]

Derartige Formulierungen wurden in jener Zeit vom Wähler durchaus honoriert. Die Mitte der achtziger Jahre neu gegründete rechtspopulistische Partei »Die Republikaner« beispielsweise erzielte 1989 bei der Wahl zum Berliner Abgeordnetenhaus 7,5 Prozent der Stimmen und 7,1 Prozent bei den Wahlen zum Europäischen Parlament.[17] »Wir wollen nicht Fremde werden im eigenen Land, wie beispielsweise im Hamburger St. Georg, wo über 30 Prozent Ausländer wohnen«, heißt es in einer Publikation der Partei.[18] Auch trug die sich hochschaukelnde Ausländerdebatte sicherlich ihren Anteil zum Sturz von Bundeskanzler Helmut Schmidt bei. In den anschließenden Koalitionsverhandlungen zwischen CDU und FDP nahm die Ausländerfrage breiten Raum ein und wurde schließlich zu einem Schwerpunkt des Dringlichkeitsprogramms der neuen Regierung unter Bundeskanzler Helmut Kohl. Bund, Länder und Gemeinden entsandten Vertreter in eine von der Kohl-Regierung ins Leben gerufene Ausländerkommission. So offensiv war das Thema bis dahin noch nie behandelt worden. Gleichwohl vermied Kohl in Bezug auf die Immigranten jede eindeutig chauvinistische Äußerung. Ohne das Nationale direkt anzusprechen, redete er einer radikalen Reduzierung des Ausländeranteils das Wort. »Die Zahl der Ausländer in Deutschland muss halbiert werden«, sagte der CDU-Politiker.[19] Kohl regierte etwa ein Jahr, als der Bundestag am 28. November 1983 schließlich das »Gesetz zur Förderung der Rückkehrbereitschaft von Ausländern« verabschiedete. Zielte der Anwerbestopp 1973 noch darauf ab, die Zahl der in Deutschland lebenden Ausländer auf den damaligen Stand zu begrenzen, so wollte die Kohl-Regierung, vorneweg Bundesinnenminister und CSU-Politiker Zimmermann, vor allem bei den Türken durch finanzielle Anreize eine Heimreisewelle einleiten. »Ein konfliktfreies Zusammenleben wird nur möglich sein, wenn die Zahl der Ausländer bei uns begrenzt und langfristig vermindert wird, was vor allem die großen Volksgruppen betrifft«, sagte Zimmermann.[20] Mit den großen Volksgruppen meinte er die Türken. Von der vier Jahre zuvor durch den Integrationsbeauftragten Kühn versuchten Wende in der Ausländerpolitik war nichts mehr übrig geblieben. Die schwarz-gelbe Koalitionsregierung verwarf seine weitsichtige Feststellung, Deutschland müsse sich der Realität stellen, längst Einwanderungsland geworden zu sein. Sie tat dies wider besseres Wissen, waren doch die zu diesem Zeitpunkt in Deutschland lebenden 4,3 Millionen Ausländer der nicht zu leugnende Beweis für Kühns These.[21]

Kaum war das Gesetz beschlossen, demonstrierten die Sozialdemokraten scheinheilige Empörung. Die Rückführung wurde als unmoralisch und unsolidarisch bewertet. In der Partei wollte sich niemand mehr daran erinnern, dass noch in der Endphase der sozial-liberalen Koalition SPD-Spitzenpolitiker eine vergleichbare »Ausländer-raus«-Politik propagiert hatten. Die Gewerkschaften griffen Zimmermann scharf an, dessen Vorstellungen vom innenpolitischen Frieden neben der Abwanderung von Türken eigentlich keine Option mehr für einen integrativen Ansatz ließen und in dieser Phase vermutlich auch nicht lassen sollten. Im Grunde konnte die Kohl-Regierung gar kein gesteigertes Interesse mehr an Integration haben, da jede Form eines verbesserten Zusammenlebens mit den Deutschen die Lebensqualität der Ausländer erhöht und folglich die Neigung, das Land zu verlassen, eher gesenkt hätte. Also unterblieben weiterhin alle notwendigen politischen Schritte, die eine wenigstens partielle Eingliederung der großen Gruppe der Türken in die Gesellschaft ermöglicht hätten.

Angesichts des sich verändernden politischen Klimas beschäftigten sich damals viele türkische Familien ernsthaft mit dem Gedanken, wieder in der Türkei zu leben. Das vom Bundestag beschlossenen Gesetz zur Förderung der Rückkehrbereitschaft hatte ihre Rolle in der Bundesrepublik radikal verändert. Bis zur Verabschiedung des Gesetzes waren sie offiziell immer noch Gäste der Deutschen gewesen. Jetzt hatte man sie demonstrativ zum Gehen aufgefordert.

Rund 315 000 Türken verließen in den Jahren 1983 und 1984 Deutschland.[22] Das waren deutlich weniger als von der konser-

vativ-liberalen Kohl-Regierung erhofft. Immerhin hatte Kohl
doch angekündigt, die Zahl der in der Bundesrepublik lebenden Ausländer halbieren zu wollen. Bei seiner Strategie der
Rückkehrförderung übersah er jedoch einen entscheidenden
Umstand, nämlich die politische und wirtschaftliche Lage in
der Türkei. Die zum Teil seit zwanzig Jahren in Deutschland
lebenden Türken fürchteten den Neuanfang in der alten Heimat. Die beinahe bürgerkriegsähnlichen Zustände dort Ende
der siebziger Jahre waren erst 1980 durch einen Militärputsch
beendet worden. Viele der in Deutschland lebenden Türken
begegneten auch den neuen Machthabern mit Skepsis.

Andererseits war wohl auch das Angebot der Bundesregierung einfach nicht lukrativ genug. Erstens war die Offerte auf
ein Jahr begrenzt. Zweitens erhielten nur diejenigen eine Rück-
kehrhilfe in Höhe von 10 500 DM zuzüglich 1500 DM für jedes
Kind, die aufgrund des Konkurses ihres Unternehmens arbeitslos geworden oder mindestens ein halbes Jahr von Kurz-
arbeit betroffen waren.[23] Außerdem bekamen die in die Türkei
zurückkehrenden Arbeitnehmer aus der Rentenversicherung
nur den Anteil heraus, den sie selber eingezahlt hatten. Der
Arbeitgeberanteil wurde einbehalten, etwaige Rentenansprü-
che verfielen. Diejenigen, die zwar ihre generelle Bereitschaft
erklärt hatten, in die Türkei zurückzukehren, die Heimreise
aber aus den unterschiedlichsten Gründen aufschoben, wurden spätestens von den Berichten der Rückkehrer endgültig
von diesem Schritt abgehalten. Nach all den Jahren in Deutschland hatten sie sich zu sehr an den Wohlstand, die Lebensqualität gewöhnt, ihren in der Bundesrepublik geborenen
Kindern war die Türkei vollkommen fremd. Oftmals reichte
auch das Geld für den Aufbau einer eigenen Existenz in der
Türkei nicht aus.

Später hat der Leiter des Essener Zentrums für Türkeistudien, Faruk Sen, den politischen Parteien bei der Verabschiedung des Gesetzes zur Förderung der Rückkehrbereitschaft pri-

mär religiös-kulturelle Motive unterstellt. Die deutschen Politiker hätten der türkischen Minderheit in Deutschland die Fähigkeit abgesprochen, sich in ein christlich geprägtes, westeuropäisches Land zu integrieren.[24] Tatsächlich ist diese Diskussion damals nicht geführt worden. Voraussetzung wäre gewesen, dass sich Politiker und Wissenschaftler intensiv mit dem Islam und seiner weitreichenden Bedeutung für den Alltag der aus der Türkei eingewanderten Muslime beschäftigt hätten. Weil dies nicht geschah, war die ideologische Dimension dieser Religion vor zwanzig Jahren kaum jemandem bewusst. Zwar verfolgte die Welt im Jahr 1979 überrascht die islamische Revolution im Iran. Nach einem kurzen Staunen ließ das Interesse der deutschen Öffentlichkeit aber wieder merklich nach. Die bärtigen Muftis um den betagten Revolutionsführer Ayatollah Khomenei galten bestenfalls als unsympathische Karikaturen einer prämortalen, religiös dominierten Kultur. Berichte über barbarische Strafgerichte mit Steinigungen und dem Abschlagen von Fingern oder Händen wurden als Beleg für den Rückfall des Landes in frühzeitliche Zustände angeführt. Sie verstärkten die gesellschaftlichen Vorbehalte der Deutschen gegenüber Türken und den islamischen Arbeitsimmigranten aus Tunesien, Marokko oder Jugoslawien, indem sie das Bild des ungebildeten, rückständigen Muslimen abrundeten.

Umstürze wie im Iran, Kriege und ethnische Verfolgungen führten ab 1980 zu einem neuen Migrationsphänomen, das die sich verhärtende innenpolitische Abwehrhaltung den Ausländern gegenüber potenzierte. Im Zusammenhang mit dem Militärputsch in der Türkei stieg die Zahl der Asylanträge von Türken in Deutschland sprunghaft an. Insgesamt verdoppelte sich die Summe aller Asylanträge im Vergleich zu 1979 von 51 493 auf 107 818 im Jahr 1980.[25] Anschließend gingen die Zahlen zwar wieder zurück, auf nur noch 19 737 im Jahr 1983, kletterten danach aber kontinuierlich auf bis zu 438 191 im Jahr 1992.

Die Bundesregierung geriet enorm unter Druck. In den Unionsparteien setzte sich 1988 die Ansicht durch, der Asylbewerberstrom könne nur noch durch eine radikale Einschränkung des Grundrechts auf Asyl gestoppt werden. Gerade vor dem besonderen Hintergrund der deutschen Geschichte wollten die Liberalen dieses Grundrecht jedoch in vollem Umfang erhalten. Daraufhin nutzte die Union den Wahlkampf 1990 zu der bis dahin schärfsten Kampagne gegen Ausländer mit dem Ziel, das Grundrecht auf Asyl deutlich zu beschneiden. Zwar gewannen Union und FDP erneut, doch der kleine Regierungspartner ließ sich auch bei den Koalitionsverhandlungen nicht auf Abstriche beim Asylrecht ein.

In der Zwischenzeit arbeitete Innenminister Wolfgang Schäuble an einem neuen Ausländergesetz. Die Mehrheit in der Union wollte die Zahl der in Deutschland lebenden Ausländer weiter reduzieren. Schäuble war bestrebt, diesem Wunsch seiner Parteifreunde Rechnung zu tragen, nahm aber auch viele Anregungen der FDP, der Opposition sowie kirchlicher Gruppen und der Sozialverbände auf. Heraus kam eine Mischung aus Begrenzung und mehr Rechtssicherheit für die bereits seit Jahrzehnten in Deutschland lebenden Ausländer. Die Einbürgerung erleichterte es nicht. Die Stimmung im Volk änderte es allerdings auch nicht.

Als das Gesetz am 1. Januar 1991 in Kraft trat, verfestigte sich hingegen bei den Deutschen der Eindruck, von Ausländern überschwemmt zu werden. Auf dem Land wurden Schulgebäude und Turnhallen zu Asylbewerberheimen umfunktioniert. Die Kommunalpolitiker kannten jahrelang kaum noch ein anderes Thema. Sollten sie den Asylbewerbern die Sozialhilfe auszahlen oder lieber Lebensmittelmarken ausgeben? Sie stritten darüber, ob denn die Ausländer auch wirklich gerecht auf die Landkreise verteilt wurden. Gerade die breit gestreute Unterbringung der Flüchtlinge trug die Debatte bis hinein in die tiefste Provinz, die allem Fremden gegenüber traditionell feindselig gegenübersteht. Auf den Dörfern wiesen Eltern ihre Kinder an, das Fahrrad keinesfalls mehr irgendwo unverschlossen abzustellen, da es ansonsten von einem »Asylanten« gestohlen werden könnte. Ähnliche Erfahrungen haben im Übrigen nach dem Zweiten Weltkrieg die aus Ostpreußen geflüchteten oder aus Schlesien vertriebenen Deutschen gemacht, die auf dem norddeutschen Flachland eine neue Heimat finden sollten.

Mit dem Asylbewerberstrom geriet der innere Frieden im Land in Gefahr. Ihn zu sichern gehört aber zu den wichtigsten Aufgaben eines Staates. Den Bundesregierungen von Konrad Adenauer bis Willy Brandt muss man vorhalten, den mit der Aufnahme von Ausländern zwangsläufig entstehenden Friktionen nicht vorgebeugt zu haben. Als die sozial-liberale Koalition unter Willy Brandt 1973 den Anwerbestopp verfügte, unterblieben zukunftsweisende Schritte zur Integration der Ausländer. Es gab keine verpflichtenden Deutschkurse, die den Türken eine Stimme verliehen, ihnen die Kommunikation mit Ämtern und Behörden ermöglicht und den Zugang zu deutschen Medien eröffnet hätten. Es fehlte der verpflichtende staatspolitische Unterricht, der den Menschen das Wesen der bundesrepublikanischen Demokratie sowie die in der Verfassung verbrieften Grundrechte und Pflichten erläuterte. Wo waren die Ministerpräsidenten und Kultusminister, die Lehrer und Erzieher in Schulen und Kindergärten auf die Arbeit mit muslimischen Kindern vorbereitet hätten? Die Bildungspolitik ist eines der bedeutendsten Hoheitsrechte der Bundesländer. Doch statt sich mit den schulischen Leistungen türkischer Kinder zu beschäftigten, kämpften Bildungspolitiker damals für die Einführung der Mengenlehre. Völlig überfordert konnten Lehrer und Erzieher das sich für die Kinder der ersten Gastarbeitergeneration anbahnende schulische Dilemma nicht verhindern.

Statt sich also frühzeitig und dauerhaft um eine Eingliederung zu bemühen, verharrte die Politik in einem Zustand zwischen Hoffen und Bangen; sogar als die Zahl der Ausländer die Vier-Millionen-Marke überschritt, erklärten die Politiker, die Zahl der Ausländer in Deutschland doch noch irgendwie reduzieren zu können. Sie trieben ein gefährliches Spiel, indem sie viel zu lange die eigene Unfähigkeit tolerierten, den integrativen Notwendigkeiten einer durch sie selbst geschaffenen Einwanderungssituation gerecht zu werden. Es war eine tödliche Toleranz. Denn mit dem Scheitern der von der Kohl-Regierung initiierten Rückkehrförderung bei gleichzeitig rasant hochschnellenden Asylbewerberzahlen und in Verbindung mit einer radikalisierten politischen Debatte schlug die latent vorhandene Ausländerfeindlichkeit in hemmungslose Gewalt um. Finstere Erinnerungen an das Dritte Reich wurden geweckt. Niemand hatte es für möglich gehalten, und doch wurde Deutschland wieder von Pogromen erschüttert.

Pogrom-Stimmung

Den Anfang machte Hoyerswerda. Ebenso gut hätte es jede andere Kleinstadt sein können. Aber es war Hoyerswerda, und es wäre falsch, die Vorboten des Unheils zu leugnen.

Deutlich wurden sie auf einer Bürgerversammlung im Fritz-Kube-Altenheim. Eigentlich ist es schwer, die Menschen für Politik zu begeistern. Doch an diesem 18. Juli 1991 war das Interesse riesengroß. Gut 300 Leute drängten in den Saal. Thema waren die 260 Asylbewerber, größtenteils Muslime, die das Land dem Landkreis kürzlich zugewiesen hatte. Statt sie auf mehrere Ortschaften zu verteilen, hatte der Rat die Ausländer allesamt in leer stehende Wohnungen eines Plattenbaublocks in der Thomas-Müntzer-Straße einquartiert. Und dann gab es da noch die Mosambikaner im Ausländerwohnheim in der Albert-Schweitzer-Straße 20. Sie waren keine Asylbewerber, sondern hatten zu DDR-Zeiten in der Braunkohle gearbeitet und wollten im September wieder nach Hause fliegen. Weil Mosambikaner aber von Natur aus lebensfrohe Menschen sind, waren sie schon jetzt, im Juli, kräftig dabei, die Rückkehr zu feiern. Jedenfalls behaupteten die Leute auf der Bürgerversammlung, dass die Mosambikaner sehr laut feierten. Noch dazu in der Nacht.

Auch den Asylbewerbern warfen sie lärmendes Verhalten vor. In deren Wohnungen liefen die Radios lautstark bis in die Frühe, beschwerten sich deutsche Plattenbaubewohner aus der Thomas-Müntzer-Straße. Viel schlimmer aber sei es, dass die Muslime Schafe auf dem Balkon geschächtet hätten. Der Anblick der ausblutenden Tiere sei unerträglich gewesen. Die anwesenden Kommunalpolitiker versprachen, sich der Sorgen der versammelten Bürgerschaft anzunehmen und Abhilfe zu schaffen.

So ging der Sommer dahin. Mitarbeiter der Verwaltung schauten bei den Asylbewerbern nach dem Rechten, und die Mosambikaner zählten wohl schon die Tage bis zu ihrer Heimreise, als sich am Dienstagnachmittag, dem 17. September, angestoßen durch ein mehr oder weniger belangloses Ereignis, in dem beschaulichen ostsächsischen Örtchen eine Gewalt Bahn brach, die den Namen Hoyerswerda zum Synonym für Ausländerhass im wiedervereinigten Deutschland machen sollte.

Ausgangspunkt war der Lausitzer Platz. Auf einmal standen die acht Skins da, wie aus dem Boden gewachsen. Sie rochen nach Alkohol und schienen auf Streit aus zu sein. Jedenfalls pöbelten sie die vietnamesischen Händler an. Als die sich ihnen unerwartet selbstbewusst entgegenstellten, wurden die Glatzköpfe handgreiflich. Irgendjemand informierte die Polizei, die den Händel beendete. Die Skins zogen sich zurück. Aber sie wollten die Angelegenheit nicht auf sich beruhen lassen. Der Trupp sammelte sich mit dem Kalkül, der sich sicher wähnenden Polizei den Einsatz abends heimzuzahlen. Es war kaum dunkel, da flogen die ersten Steine auf einige Einsatzwagen. Erschrocken sahen die Beamten eine ganze Horde von Skinheads grölend vor das Ausländerheim in der Albert-Schweitzer-Straße ziehen. Wieder wurden Steine geworfen, Fensterscheiben klirrten. Der Lärm der zerberstenden Scheiben und das Gegröle der Skins lockten die Menschen aus ihren Wohnungen. Die Bürger von Hoyerswerda schalteten den Fernseher aus und tauschten die seichte TV-Unterhaltung mit einem gewalttätigen Schauspiel. Sie sahen, dass jetzt auch die Ausländer Gegenstände vom Dach des Gebäudes warfen. Verwundert erkannten die Zuschauer, dass die Polizei Mühe hatte, die Lage in den Griff zu bekommen. Die Beamten nahmen zwölf Rechtsradikale fest. Erst gegen Mitternacht kehrte Ruhe ein.

Leider trog der Schein. Denn die Pause der gewalttätigen Auseinandersetzungen dauerte gerade mal so lange, wie die Skins brauchten, um sich richtig auszuschlafen. Am Nachmittag des folgenden Tages marschierten sie erneut vor das Ausländerwohnheim. Und diesmal war halb Hoyerswerda frühzeitig mit von der Partie. Unter dem Jubel der Stadtbewohner begann ein Kampf mit Molotowcocktails. Zu den Angriffen der Rechtsradikalen riefen die Bürger »Ausländer raus«. Wieder verhaftete die Polizei Randalierer. Aber sie konnte die Gewalt nicht stoppen.

Mit jedem Tag wuchs die Gruppe der Skins weiter. Die Polizei forderte zur Verstärkung Wasserwerfer und Hubschrauber an. Am Sonntag dauerten die Unruhen nun schon sechs Tage, als, vermutlich angelockt von den Medienberichten, auch noch ein Schlägertrupp der Links-Autonomen aus Berlin mit dem Ziel anreiste, ihrerseits nun die Skins zu verprügeln. Was dann auf den Straßen der Kleinstadt geschah, ist kaum zu beschreiben. Autonome kämpften gegen Skins, die Skins gegen die Ausländer und sowohl die linken als auch die rechten Schlägertrupps kämpften gegen die Polizei. Schließlich mussten die Beamten das Asylbewerberheim doch noch evakuieren. Seine Bewohner wurden auf andere Orte verteilt. Es war, als hätte sich in dieser Woche ein Wirbelsturm in Hoyerswerda ausgetobt. All die Emotionen, all die Aversionen, die in den vergangenen Wochen in der Luft lagen, schienen verflogen. Die Kreisstadt war jetzt ausländerfrei – das Problem aber nur verlagert. Denn der Sturm zog weiter.

Nach Hoyerswerda tauchten in den Berichten aller deutschen Polizeireviere permanent Konflikte zwischen Skinheads und Ausländern auf. Immer gingen die Aggressionen von den zumeist ungebildeten, alkoholbenebelten Rechtsradikalen aus. Da sich die Zustände in den Asylbewerberlagern seit den Krawallen in der sächsischen Kreisstadt nicht geändert hatten, blieben sie ein dauerhaftes Ärgernis und waren geeignet, jede Stammtischrunde zu ausländerfeindlichen Äußerungen zu verleiten. Die Bürger hatten kein Verständnis für die Asylpolitik der Bundesregierung.

Hoch im Norden, in der Ostsee-Hafenstadt Rostock, war der Unmut besonders groß. Dort pferchten die Behörden eine Gruppe Sinti und Roma auf einer Wiese mitten im Wohngebiet Lichtenhagen sogar in Zelte. Die Menschen mussten im Freien übernachten, weil die Zentrale Aufnahmestelle für Asylbewerber (Zast) des Landes Mecklenburg-Vorpommern überfüllt war. Auf der Wiese gab es weder sanitäre Anlagen noch Verpflegung. Notgedrungen urinierten die Asylbewerber draußen. Der Geruch belästigte die Anwohner. Müll lag herum. Seit Monaten beschwerten sich die Bürger über die Zustände. Das alles geschah im Sommer 1992. Seit Hoyerswerda war noch kein Jahr vergangen, das Geschehene noch frisch im Gedächtnis, und doch musste sich Deutschland am 24. August 1992 vor der Welt für ein lichterloh brennendes Ausländerwohnheim in Rostock-Lichtenhagen verantworten.

Drei Tage lang versuchte eine weitgehend hilflose Polizei, randalierende Rechtsradikale einzufangen. Anfangs standen sie den mit Plastersteinen werfenden Skinheads sogar ohne Schutzausrüstung gegenüber. Viele Beamte erlitten Schienbeinbrüche und andere schwere Verletzungen. Der ganze Einsatz war ein Desaster. Endlich sollte die Ursache der Ausschreitungen beseitigt werden. Alle Asylbewerber wurden aus Rostock evakuiert und aufs ganze Land verteilt. Damit, so glaubten die Behörden, werde sich die Situation wieder normalisieren. Sie irrten sich. Zu sehr hatte sich die Stimmung inzwischen aufgeheizt, viel zu viele Bürger stärkten den gewalttätigen Rechtsradikalen den Rücken.

»Deutschland den Deutschen« und »Ausländer raus« grölten die Skinheads und zogen nun vor das zweite, nicht evakuierte Ausländerwohnheim. Einige von denen, die den Ausländern Morddrohungen entgegenschrieen, waren gerade mal elf Jahre alt.

In diesem Wohnheim in der Mecklenburger Allee 19, unmittelbar neben der Aufnahmestelle für Asylbewerber, lebten während der Skinaufmärsche 150 Vietnamesen, unter ihnen viele Frauen und Kinder. Sie waren als Vertragsarbeiter in die DDR gekommen. An diesem 24. August erhielten sie Besuch vom Rostocker Ausländerbeauftragten Wolfgang Richter und einem ZDF-Fernsehteam, das über die Situation in der Hansestadt berichten wollte. Beunruhigt verfolgten die Vietnamesen gemeinsam mit ihren Besuchern aus dem Inneren des Gebäudes den erneuten Aufmarsch der Rechten. Sie sahen, wie die Skins Steine in die Fernster der unteren Etagen des elfstöckigen Gebäudes warfen. Dann schleuderten sie Brandsätze hinterher.

Immer mehr Anwohner stießen hinzu. Erst waren es Hunderte, irgendwann 3000. Mit rhythmischem Klatschen begrüßten sie jede ins Haus fliegende Brandflasche. Die Polizei versuchte, das Gebäude zu sichern, damit die Feuerwehr löschen konnte. Doch der Mob schob die Beamten einfach zur Seite und drang ins Haus ein. Junge und Alte, Skinheads und bis dahin unbescholtene Bürger schlugen alles kurz und klein.

Feuerwehr und Polizei ergriffen die Flucht. Bald stand das Haus in Flammen.

Die vietnamesischen Familien litten Todesängste angesichts des wütenden Mobs. Für sie herrschte dort draußen Meuchelstimmung.

Über das Treppenhaus drang der Qualm schnell in die oberen Stockwerke, in die sich Richter, die Asylbewerber und die Journalisten zurückgezogen hatten. Den Eingeschlossenen blieb nur noch eine Überlebenschance: Sie mussten die Dachluke aufbrechen und auf das elfstöckige Gebäude flüchten. Fast jeder trug ein Kind auf dem Arm. Von unten drang das Gegröle der Skins und Gejohle der Bürger herauf. Zum Glück entdeckten die Flüchtenden einen Zugang zum Nachbarhaus. Dort gingen sie nur langsam die Treppe hinunter, aus Angst, der Mob könne sie entdecken und auch dieses Haus angreifen. Sie klingelten an jeder Tür. Bis auf eine blieben alle verschlossen.

Auf unterschiedliche Art und Weise wurde versucht, dieses Ereignis aufzuarbeiten. Wirklich gelungen ist es bis heute nicht. Immer wieder hört man zwar die Vermutung, zu einem gewissen Grad seien die Ausschreitungen von den Behörden bewusst toleriert worden. Sie hätten damit die Bundesregierung beeinflussen und eine radikale Verschärfung des Asylrechts erreichen wollen. Bis heute ist weder dieser Vorwurf noch das Gegenteil glaubhaft belegt worden. Wäre es so gewesen, hätten die Verantwortlichen aus Politik und Verwaltung bewusst Menschenleben aufs Spiel gesetzt. Eine ungeheuerliche Vorstellung.

Damals verbreitete sich die Ansicht, der rassistisch begründete Ausländerhass sei eine Erscheinung der neuen Bundesländer. Die Einheit habe den durch die Diktatur des real existierenden Sozialismus geprägten Menschen ein neues deutsch-nationales Grundgefühl vermittelt. Dadurch seien die Auswüchse befördert worden. Diese Einschätzung ist fehlerhaft und lässt wesentliche Aspekte außer Acht.

Denn dadurch wird die schlimme Rolle jener Politiker, die das Thema machtpolitisch instrumentalisierten, aber diese Probleme nicht lösten, vergessen. So sprach im Oktober 1992 Bundeskanzler Helmut Kohl vom »Staatsnotstand«[26], der durch die Asylbewerber ausgelöst worden sei. Eine solche Schuldzuweisung an ethnische und religiöse Minderheiten in Deutschland zu einem Zeitpunkt, an dem sie von Deutschen tätlich angegriffen und tödlich bedroht worden waren, erinnerte auf fatale Art und Weise an die Agitation gegen die Juden zur Zeit der Weimarer Republik. Ganz offensichtlich fühlten sich die Rechtsradikalen im Herbst 1992 durch solche Aussagen in ihrem verbrecherischen Handeln bestätigt, ja sogar ermutigt. Denn kaum hatte Kohl vom »Staatsnotstand« gesprochen, da setzten Neonazis im schleswig-holsteinischen Mölln um, was sie in Hoyerswerda und Rostock bereits angekündigt hatten: Sie töteten die ersten Ausländer – und erbrachten so den schaurigen Beweis dafür, dass Fremdenhass kein exklusiv ostdeutsches Phänomen war.

In den Morgenstunden des 23. November 1992 ging folgender Anruf bei der Möllner Feuerwehr ein: »In der Mühlenstraße brennt es! Heil Hitler.« Zwei alte Häuser standen in Flammen. Aus dem ersten konnten sich alle Bewohner selbst retten. In der Mühlenstraße 9 züngelten die Flammen schon durchs Treppenhaus ins Obergeschoss. Das Gebäude im Zentrum des alten Stadtkerns war seit zwanzig Jahren das Zuhause der Familie Arslan. Familienvater Faruk Arslan war in dieser Nacht in Hamburg geblieben, wo er für seine Nichte eine Aufenthaltsgenehmigung beantragt hatte. Während er schlief, fraßen sich daheim die Flammen durch die Wohnräume. Einige Familienmitglieder erwachten rechtzeitig und sprangen aus den Fenstern. Dabei zogen sie sich zum Teil schwere Bruchverletzungen zu – aber sie retteten ihr Leben. Für die 51-jährige Bahide Arslan, ihre zehnjährige Enkelin Yeliz Arslan und die 14-jährige Nichte Ayse Yilmaz kam jede Hilfe zu spät. Sie verbrannten.

Über fünf Stunden war die Feuerwehr im Einsatz. Da entdeckten sie den sieben Jahre alten Ibrahim. Er hockte da, an einen Tisch gekrallt, vom Löschwasser völlig durchnässt und unterkühlt. Stumm. Nicht begreifend, dass er noch lebte – und was er überlebt hatte. Auch über zehn Jahre nach dem Anschlag ist er auf psychologische Hilfe angewiesen.[27]

Anders als in Hoyerswerda oder Rostock hatten die Einwohner von Mölln zu keinem Zeitpunkt Ausschreitungen gegen Ausländer unterstützt. Vielmehr gingen am Abend nach der Brandnacht 6000 der rund 18 000 Einwohner auf die Straße und protestierten gegen rechtsradikalen Terror. Eine Woche später waren fast alle dabei. Außerdem reisten von überall her Bundesbürger an, um an den Veranstaltungen zum Gedenken der Opfer teilzunehmen.

Mölln machte zweierlei deutlich. Sollte mit der Einheit eine deutsch-nationale Grundhaltung reaktiviert worden sein, dann war dies auch in den alten Bundesländern geschehen. Eine weitere erschreckende Erkenntnis aus dem Pogrom von Mölln ist der darin zum Ausdruck kommende tiefe Hass gegenüber der türkisch-muslimischen Bevölkerungsgruppe. Es ist davon auszugehen, dass dieser Hass nicht isoliert in den Köpfen einiger weniger Einzeltäter entstanden ist, sondern erst durch ein latent ausländerfeindliches Umfeld möglich wurde. Manche Deutsche betrachteten folglich die Türken, mit denen sie schon seit den frühen sechziger Jahren zusammenarbeiteten, deren Nachbarn sie waren und deren eigenständige kulturelle Entfaltung sie über drei Dekaden in Form einer separatistisch ausgerichteten Toleranz hingenommen hatten, in Wahrheit immer noch als störende Eindringlinge.

Die überaus begrüßenswerten Solidaritätsbekundungen für die Opfer von Mölln standen dazu in keinem Gegensatz. Sie waren größtenteils Ausdruck tiefer Betroffenheit und ehrlichen Mitgefühls mit den Opfern. Sie waren aber auch gezeichnet von der Scham darüber, dass es in ihrer unmittelbaren Nachbarschaft, sozusagen unter ihren Augen, erstmals seit der Naziherrschaft wieder zu rassistisch motiviertem Mord an Ausländern gekommen war. In diesem Sinne empfanden die Bürger eine Art Mitschuld dafür, dass Deutschland weltweit für diese Tat angeklagt, dass erneut das Bild der Nazis auf die deutsche Gesellschaft projiziert wurde. Es ist sicherlich nicht falsch zu behaupten, die Deutschen hätten ein weitaus unverkrampfteres Verhältnis zu Ausländern, wären sie nicht durch den Massenmord an den Juden auf schier unüberwindbare Weise historisch-moralisch vorbelastet. Unverkrampft in diesem Sinne meint aber auch, dass Rassismus sowie die Ablehnung kultureller und religiöser Andersartigkeit weitaus offener in den Bürgerschichten zum Ausdruck gebracht würden, die sich heute aufgrund der historisch begründeten nationalen Schuld zurückhalten. Dieser moralische Zwang, wider das eigene Empfinden zu handeln oder es doch wenigstens zu unterdrücken, hat überhaupt erst die allein auf Abgrenzung ausgerichtete besondere Form der deutschen Toleranz möglich gemacht. Man ließ den anderen gar nicht erst an sich heran. Durch diese Haltung wurden über Jahrzehnte in der alten Bundesrepublik Konflikte mit den Ausländern verhindert, die für ein Zusammenleben, noch mehr aber für ein Zusammenfinden notwendig gewesen wären. Na, habt ihr euch wieder zusammengerauft?, fragt man Kinder. Diese Chance haben die Deutschen sich selbst und den ausländischen Mitbürgern verweigert.

Bundeskanzler Helmut Kohl meinte wohl das Richtige, als er im Zusammenhang von Lichterketten und Solidaritätskundgebungen nach dem Pogrom von Mölln von einem »Beileidstourismus« sprach und diesen so einer beklagenswerten Oberflächlichkeit zieh. Allerdings war diese Wortwahl nach dem fürchterlichen Ereignis nicht angebracht. Außerdem missachtete der Bundeskanzler die Notwendigkeit des gemeinschaftlichen Trauer-Erlebnisses zur Bewältigung solcher nationalen Erschütterungen.

Ohne Zweifel hatte das Pogrom von Mölln die Änderung der Asylpraxis in Deutschland massiv beschleunigt. Während Menschenrechtsorganisationen, unterstützt von Grünen und dem linken Flügel der Sozialdemokraten, zu Demonstrationen gegen Rassismus und Ausländerfeindlichkeit aufriefen und für eine Beibehaltung des geltenden, sehr weit gefassten Asylbegriffes plädierten, wollten konservative Politiker aller etablierten Parteien die Notbremse ziehen. Zu oft hatten sie sich in ihren Wahlkreisen für die Folgen der Asylpolitik rechtfertigen müssen. Sie waren zu der Überzeugung gelangt, es sei den Bürgern nicht länger zuzumuten, dass Deutschland etwa ein Drittel aller Asylbewerber innerhalb der Europäischen Gemeinschaft aufnehme. Außerdem seien die damit verbundenen, neben den Aufwendungen für die Deutsche Einheit zusätzlich zu erbringenden Sozialleistungen volkswirtschaftlich nicht mehr tragbar.

Nach hitzigen Debatten wollte der Bundestag am 26. Mai 1993 über eine Änderung des Asylrechts abstimmen. Auf den Straßen des Regierungssitzes in Bonn versammelten sich 10 000 Menschen, um gegen eine Verschärfung der Bestimmungen zu demonstrieren. Im Bundestag meldeten sich über 80 Redner zu Wort. Weitere hundert gaben ihre Reden zu Protokoll.[28] Schließlich stand eines der fundamentalsten Rechte der Bundesrepublik zur Disposition.

Unzählige Abgeordnete erinnerten an die vor den Nazis geflüchteten Deutschen, denen in anderen Ländern Asyl gewährt worden war. Diese Erfahrungen hätten die Väter des Grundgesetzes vor Augen gehabt, als sie den Artikel 16 formulierten. Die überwältigende Mehrzahl der Parlamentarier aber votierte aus ökonomischen und innenpolitischen Gründen für eine Änderung. Mit 521 gegen 132 Stimmen verabschiedete der Bundestag den so genannten Asylkompromiss.[29] Der Grundgesetzartikel 16 wurde durch den neuen Artikel 16 a ersetzt. Danach haben Einreisende aus Ländern, in denen die Grundfreiheiten und der Schutz vor politischer Verfolgung ausreichend gewährleistet sind, keinen Anspruch mehr auf Asyl in Deutschland. Ausnahmen werden nur dann gewährt, wenn der Betroffene nachweisen kann, dass er dennoch politisch verfolgt wird.

Die Tinte unter dem Gesetz war noch nicht trocken, da schlugen die Neonazis erneut zu. Wieder in Westdeutschland, und wieder warfen sie Brandsätze auf ein von Türken bewohntes Haus. Der Angriff überraschte die in Solingen lebende Familie Genc in der Nacht zum 29. Mai 1993. Die in das Haus geschleuderten Brandsätze töteten fünf Menschen. Die neunjährige Hülya Genc, der 13-jährige Gülüstan Öztürk und die 18-jährige Hatice Genc wurden Opfer der Flammen. Bei dem Versuch, sich mit einem Sprung aus dem Fenster vor dem Feuertod zu retten, starben die 27-jährige Gürsun Ince und der kleine, erst vierjährige Saime Genc. Lebensgefährliche Verletzungen erlitten ein sechs Monate alter Säugling, ein dreijähriges Kind und ein fünfzehn Jahre alter Junge.

Die Ermittlungen der Polizei blieben zunächst ohne greifbares Ergebnis. In gewisser Hinsicht war die Bundesregierung gar nicht böse darum. Denn nichts war schlimmer, als der Weltöffentlichkeit erneut eingestehen zu müssen, dass auch dieser Mordanschlag neonazistisch-rassistisch motiviert war. Bundeskanzler Kohl versicherte weiterhin, es handle sich um »unzusammenhängende, einzelne Untaten«.[30]

Letztlich kam es dann allerdings ganz anders, als Kohl oder Lambsdorff es sich gewünscht hatten. Die Polizei nahm vier Verdächtige aus der rechtsextremen Szene fest. Sie gehörten allesamt zu einer Kampfsportgruppe, die ein V-Mann des nordrhein-westfälischen Verfassungsschutzes in Solingen gegründet hatte. Unter seiner Führung waren die vier auch in den »Arbeitskreis Deutsche Interessen« eingetreten. Plötzlich ging es nicht um »Achtundsechzigerdenken«, sondern um die Auswüchse des Überwachungsstaates. Inwieweit hatte das nord-

rhein-westfälische Innenministerium rechtsradikale und aus-
länderfeindliche Agitation des V-Mannes toleriert? Und hatte
diese Toleranz am Ende vielleicht gar zu dem Mordanschlag
geführt? Das Innenministerium bestritt Vorhaltungen dieser
Art. Der V-Mann sei selbst kein Rechtsextremist gewesen.

Der Verlauf der Dinge gefiel den Strategen im Bonner Kanz-
leramt gar nicht. Langsam wurde den Vertrauten Helmut
Kohls klar, dass diese Bluttaten tief in die Migrantenviertel
hineingewirkt hatten. Sie bekamen es mit der Angst, die Ausländer könnten zurückschlagen. Natürlich hatten die muslimischen Verbände die Pogrome scharf verurteilt. Aber niemand
rief zur Gegengewalt auf. Bis auf einige Protestmärsche blieb
es ruhig.

Beruhigt war auch die Bundesregierung, als nach dem 1993
vom Bundestag beschlossenen Asylkompromiss die Asylbewerberzahlen zurückgingen. Die Summe der Anträge sank von
322 599 im Jahr 1993 auf 127 210 im Jahr 1994.[31] Zum Ende des
Jahrzehnts fiel sie mit rund 95 000 auf den niedrigsten Stand seit
1987. Das Gesetz verfehlte seine beabsichtigte Wirkung also
nicht und entspannte die Situation in den Städten und Gemeinden spürbar. Unterstützt wurde diese Wirkung zusätzlich von
dem einige Monate später in Kraft getretenen Asylbewerber-
leistungsgesetz. Es verschlechterte die materiellen Bedingungen
für Asylbewerber in Deutschland radikal. Begründet hatten die
Politiker den Schritt mit dem weiter zunehmenden Missbrauch
des Asylrechtes. Das neue Gesetz senkte die Leistungen für den
Lebensunterhalt der meisten Flüchtlinge unter das Sozialhilfe-
niveau. Vielerorts wurde kein Geld mehr ausgegeben. Die Ausländer erhielten stattdessen Warengutscheine.

Die Hoffnung aber, dass sich mit den zurückgehenden Asyl-
anträgen auch die Zahl der insgesamt in Deutschland lebenden
Ausländer verringern könnte, wurde enttäuscht. Die ausländische Bevölkerung wuchs von 5,8 Millionen im Jahr 1991 auf
7,3 Millionen Ende 1999.[32] Verursacht haben den Anstieg vor

allem anerkannte Asylbewerber, nachziehende Familienmitglieder und die hohen Geburtenraten der muslimischen Bevölkerung. Bis Ende 1999 stieg der Ausländeranteil auf 9 Prozent,
1960 waren es gerade mal 1,2 Prozent gewesen. Da parallel
zu der weiterhin ungebremsten Zunahme der Ausländer auch
noch der kurz nach der Deutschen Einheit eingesetzte wirtschaftliche Aufschwung verpuffte, blieben die Migranten im
Fokus konservativer Politiker, die in ihnen weiterhin die ner-
venden Gäste sahen, die partout nicht gehen wollten. Auf dieser Basis wurde während des Bundestagswahlkampfes 1994
eine Debatte über die Einbürgerung der bereits seit vielen Jahren in Deutschland lebenden Ausländer entfacht. Die Union
wehrte sich gegen allzu liberale Forderungen ihres Koalitionspartners. In einer Wahlkampfrede im März 1994 sagte Bundeskanzler Kohl vor applaudierenden Unternehmern in Baden-
Württemberg: »Die Existenzgrundlage unseres Landes geht
kaputt, wenn erst die Schleusen für die Ausländer geöffnet
sind.«[33]

Die Liberalen hingegen fanden Gefallen an dem Gedanken,
Deutschland vom ethnisch-völkischen Nationalstaat zur offenen Republik zu verwandeln. Das war mit der Union jedoch
nicht zu machen. Dennoch vereinbarten die Regierungsparteien nach dem Wahlsieg eine umfassende Reform des Staatsan-
gehörigkeitsrechts, welche die rechtlichen Grundlagen für eine
langfristige Lebensplanung der Migranten in Deutschland verbessern sollte.

Ab Mitte der neunziger Jahre sank das öffentliche Interesse
an den weiterhin vorkommenden rechtsradikalen Übergriffen
auf Ausländer. Die schwarz-gelbe Koalition schob ihre Verein-
barung für ein neues Staatsbürgerschaftsrecht so weit vor sich
her, dass sie dieses nicht mehr beschließen konnte. Nach
16-jähriger Amtszeit wurde die Kohl-Regierung 1998 abgewählt
und übergab die Regierungsgeschäfte zum ersten Mal in der
Geschichte der Bundesrepublik an eine rot-grüne Koalition.

Unter Bundeskanzler Gerhard Schröder strebte dieses Bündnis eine grundlegende Wende in der Ausländerpolitik an. Ein neues Staatsangehörigkeitsrecht war eines der vordringlichsten Ziele. Schon bald legte die Regierung einen Gesetzentwurf vor, der weitreichende Änderungen beinhaltete und die Debatte sofort neu polarisierte. Der Entwurf sah den automatischen Erwerb der deutschen Staatsangehörigkeit durch Geburt in Deutschland vor. Zugleich sollte in bestimmten Fällen die Möglichkeit der doppelten Staatsbürgerschaft eingeräumt werden.

Diesen Umstand nutzte der CDU-Spitzenkandidat bei der hessischen Landtagswahl 1999, Roland Koch, für eine der erfolgreichsten Wahlkampfaktionen. Er sammelte Unterschriften gegen den so genannten Doppelpass. Ohne Umschweife instrumentalisierte er die Angst der Deutschen vor einer Überfremdung der Gesellschaft für seine Karriere – und wurde Ministerpräsident. Koch beförderte die Ressentiments wieder in die Öffentlichkeit.

Auf dem Höhepunkt der Kampagne erlebte Deutschland wieder einen tödlichen Übergriff auf einen Ausländer. Ein direkter Zusammenhang mit der Koch-Kampagne ist nicht ersichtlich, aber der Hesse heizte die Stimmung in einer Form an, wie es die Unionspolitiker vor dem Asylkompromiss 1993 getan hatten.

Am 5. März 1999 wurde im brandenburgischen Guben ein Muslim zu Tode gehetzt. Der Algerier Omar Ben Noui verließ um fünf Uhr morgens gemeinsam mit seinen beiden Freunden Bensaha Khaled und Issaka Kaba die Disco »Danceclub«. In der Disco hatten sie sich mit Rechtsradikalen geprügelt und einen dabei mit dem Messer verletzt. Als Ben Noui aus dem Lokal trat, warteten die Deutschen bereits auf ihn. Es waren 15 Rechtsradikale mit mehreren Autos. Sie gaben Gas. Noui begann zu rennen. Er lief um sein Leben. In die Enge getrieben, versuchte er sich in ein Wohnhaus zu retten. Doch die Tür war verschlossen.

Er trat die Glastür ein und verletzte sich dabei so schwer am Bein, dass er innerhalb von nur 15 Minuten verblutete.

Wieder wurden Kerzen angezündet, das Geschehene bedauert. Den politischen Erfolg von Kochs Unterschriftenaktion beeinflusste der Tod des Algeriers nicht. Im Gegenteil: Die Bundesregierung geriet durch den Erfolg der Anti-Doppelpass-Kampagne massiv unter Druck. Sie musste ihren Entwurf für ein neues Staatsbürgerschaftsrecht weitgehend an die Vorstellungen der FDP anpassen, um das Vorhaben zu retten. Gegenüber den bis dahin geltenden Bestimmungen war es aber immer noch ein radikaler Wandel. Das zum 1. Januar 2000 in Kraft getretene Gesetz sah vor, dass in Deutschland geborene Kinder sofort die deutsche Staatsbürgerschaft erhielten, sofern die Eltern eine Aufenthaltsberechtigung oder seit drei Jahren eine unbefristete Aufenthaltserlaubnis besaßen oder seit mindestens acht Jahren in Deutschland lebten. Bis zum 23. Lebensjahr sollten sich die Kinder entscheiden, ob sie die deutsche Staatsbürgerschaft behalten oder die der Eltern annehmen wollten. Jeder Erwachsene konnte fortan eingebürgert werden, der seit acht Jahren in Deutschland lebte sowie eine Aufenthaltserlaubnis oder -berechtigung besaß. Dazu musste er jedoch seine bisherige Staatsbürgerschaft aufgeben. Nach der alten Regelung war eine Einbürgerung erst nach 15 Jahren Daueraufenthalt in Deutschland möglich.

Rechtlich veränderte sich mit der rot-grünen Koalition also viel für die in Deutschland lebenden Ausländer. Den Dimorphismus der deutschen Gesellschaft, die strikte Trennung der Lebensbereiche von Ausländern oder auch Deutschen einer anderen ethnischen Herkunft, beeinflusste diese Politik nicht.

Elf Jahre mussten vergehen, bis etwa Hoyerswerda, der Ort der ersten gewalttätigen Übergriffe auf Ausländerheime, sich zutraute, wieder Asylbewerber aufzunehmen. Im Dezember 2002 kamen kurzzeitig Familien aus dem Irak, aus Afghanistan, der Türkei, Ex-Jugoslawien, Russland und Polen. Die

Furcht, dass etwas passieren könnte, war groß. Sozialarbeiter kümmerten sich um die insgesamt 27 Ausländer, deren Asylverfahren schon bald beendet wurden. In Rostock, Mölln und Solingen erinnerten jeweils am zehnten Jahrestag Gedenkveranstaltungen an die Ereignisse. Kaum jemand außerhalb der Stadtgrenzen nahm wirklich Notiz davon. An diesem Verhalten, dem sicherlich ehrlichen Desinteresse, wird nochmals deutlich, wie wenig von dem durch Helmut Kohl kritisierten »Beileidstourismus« übrig geblieben war.

Multikulturelle Gesellschaft

Der Begriff der multikulturellen Gesellschaft kam etwa zeitgleich in allen Ländern Europas auf, die Millionen Ausländer aufgenommen hatten. Er sollte die postmoderne Gesellschaftsform beschreiben, in der mehrere Kulturen ohne tiefgreifende ethnische, religiöse oder rassistische Konflikte nebeneinander existieren können. Die multikulturelle Gesellschaft war keine als politisches Ziel formulierte Idee, und sie war nicht das Ergebnis zielgerichteter Politik. Vielmehr umschrieben ihre Befürworter damit zunächst schlicht einen Zustand, der das Resultat großer Zuwanderungsströme war, nämlich die Anwesenheit fremder Kulturen in Deutschland. Sie goutierten die Präsenz einer Kulturenvielfalt, und so war ihr Denken in diesem Sinne nicht auf Veränderung angelegt. Man kann jedoch sagen, es war eindeutig optimistisch, da es die gegenwärtigen Verhältnisse mit in die Zukunft nehmen wollte.

Allerdings stand diese Auffassung in krassem Gegensatz zur Mehrheitsmeinung im Volk. Die meisten Deutschen lehnten es in den späten siebziger und frühen achtziger Jahren ab, die Immigranten als dauerhaft festen Bestandteil der Gesellschaft zu begreifen. Die Politik der Volksparteien CDU/CSU und SPD war Ausdruck dieser Geisteshaltung. Erst mit der Gründung der Grünen wurde die multikulturelle Gesellschaft auch parteipolitisch zum Programm. Kaum eine Wortschöpfung prägte danach die Ausländerdebatte so sehr wie dieser Begriff. Die Gegner leiteten daraus das schlimmstmögliche Szenario einer Überfremdung der Gesellschaft ab und fürchteten um ihre nationale Identität. Wo immer dieser Begriff fiel, folgte also eine leidenschaftliche Kontroverse.

Für die Konservativen war es ein schwerer Schlag, als der CDU-Politiker Heiner Geißler 1990 für sich die Unumkehrbarkeit der gesellschaftlichen Verhältnisse in Deutschland feststellte: »Die Frage ist nicht mehr, ob wir mit Ausländern zusammenleben wollen, sondern nur noch, wie wir mit ihnen zusammenleben werden. Wir müssen uns darauf einstellen, in der Zukunft mit Millionen von Menschen zusammenzuleben, die eine andere Muttersprache, eine andere Herkunft, ein anderes Lebensgefühl, andere Sitten und Gebräuche haben. Deswegen werden wir unsere nationale Identität nicht verlieren.«[34] Geißlers Aussage stand in diametralem Gegensatz zu den Auffassungen von CDU und CSU. Die Option, die Zahl der Ausländer deutlich senken zu können, hatte er kurzerhand gestrichen und damit die Glaubwürdigkeit der Union in diesem Punkt infrage gestellt. Das eine nahm man ihm mindestens so übel wie das andere.

Innenpolitisch gesehen stellte sich Geißler den Tatsachen. Die Koexistenz mit Millionen von Menschen aus anderen Kulturkreisen war zu diesem Zeitpunkt längst Wirklichkeit geworden. Zwischen 1980 und 1990 war die Zahl der in Deutschland lebenden Ausländer von 4,5 Millionen auf 5,3 Millionen angestiegen.[35] In dem Jahrzehnt, in dem Millionen Deutsche gegen den Bau von Atomkraftwerken oder gegen die Stationierung von atomar bestückten Mittelstreckenraketen des Typs »Pershing II« auf die Straße gingen, hatten sich die Gastarbeiter unbemerkt zu Einwanderern gewandt. Wer die Rückführungsförderung nicht in Anspruch genommen hatte, der wollte ab jetzt dauerhaft bleiben. Die Immigranten ließen also keine Frage offen, ihre Intention war eindeutig. Dennoch traf sie die Deutschen unvorbereitet, und das nach dreißig Jahren Zuwanderung.

Am Selbstverständnis der deutschen Nation hatte sich nämlich nichts geändert. Die deutsche Identität war auch nach dem Zweiten Weltkrieg eine ethnische. Man war Deutscher aufgrund seiner Abstammung. Deutschland war ein völkischer Nationalstaat, und niemand wäre auf die Idee gekommen, das in Zweifel zu ziehen. Doch nun sollte dieser Staat Millionen von Türken dauerhaft aufnehmen. Hinzu kamen weitere Millionen von Asylbewerbern, die das Land nicht wieder verlassen wollten. Die Angst, die eigene Kultur zu verlieren, war groß.

Gemocht hatten die Deutschen diese Ausländer schließlich von Anfang an nicht. Schon der Jubel für die ankommenden Fremdarbeiterzüge war bestellt gewesen. Politiker und Medien hatten ihn inszeniert. Die Bundesbürger ließen die Ausländer nur deshalb ohne Protest ins Land, weil man ihnen erklärt hatte, die Fremdarbeiter würden der Volkswirtschaft nutzen und somit ja mehr oder weniger im Dienste der Allgemeinheit stehen. Diese Auffassung implizierte ein Herrschaftsdenken, das wiederum hartnäckig die Vorstellung am Leben erhielt, die Fremden jederzeit wieder in ihre Heimatländer zurückschicken zu können. Je mehr Ausländer nun aber Lebensraum, Arbeitsplätze und Leistungen des deutschen Staates in Anspruch nahmen, desto stärker wurde das Bedürfnis, sie wieder loszuwerden.

Diesem Wunsch hielten Grüne und Linksliberale zunehmend die besondere historische Verpflichtung Deutschlands im Umgang mit Angehörigen anderer Kulturen entgegen. So wurden der Zweite Weltkrieg und die ungeheure nationale Schuld an der Ermordung von Millionen Juden mit der Ausländerdebatte gemischt. Derart belastet konnte es freilich keinen fruchtbaren Diskurs mehr geben. Durch die Instrumentalisierung der Naziverbrechen zum Zweck der Stigmatisierung konservativer Kreise und ihrer Ausländerpolitik verflachte die wichtige innenpolitische Auseinandersetzung zu billigster Polemik. Niemand machte sich beispielsweise Gedanken darüber, wie man neue nationale Identitäten schaffen könnte, die Ausländer und Deutsche unter einem gemeinsamen Dach hätten einen können. Von keiner Seite kamen Vorschläge für eine integrative Politik, mit der die türkisch-muslimische Bevölkerungsminderheit in der Gesamtgesellschaft hätte aufgehen können und die den Türken auch eine integrative Leistung abverlangt hätte. Alle Vorschläge in diese Richtung wurden als Assimilierungsversuche beschimpft und standen somit gleich wieder unter Naziverdacht.

Stattdessen hielten die Anhänger der multikulturellen Gesellschaft ihren politischen Gegnern gern die Praxis in anderen Ländern entgegen. Als Beispiele wurden etwa Großbritannien mit seiner Commonwealth-Geschichte oder auch die Niederlande genannt. Im Kern ging es den »Multikulti«-Befürwortern darum, den Ausländern möglichst weitreichende Rechte einzuräumen. Ihr Einfluss auf die Rechtsprechung in dieser Zeit war enorm.

Interessant ist zu beobachten, wie vorsichtig die SPD in den achtziger Jahren ihre Position veränderte. Im Parteiprogramm von 1989, dem so genannten Berliner Programm, stellten die Sozialdemokraten fest: »Die Länder Europas sind multikulturell geworden.«[36] Deutschland ausdrücklich hervorzuheben wagte man damals offenbar nicht, fügte jedoch das Bekenntnis an: »Kulturelle Vielfalt bereichert uns.« Nach langen Diskussionen nahm die SPD zudem das Versprechen auf, den Ausländern das kommunale Wahlrecht zu gewähren und das Aufenthaltsrecht zu verbessern. Die beiden letzten Punkte waren kluge und weitsichtige Ansätze. Eine Beteiligung der Ausländer am demokratischen Entscheidungsprozess zwingt sie in die Mitverantwortung. Etwa zur gleichen Zeit schrieb

Geißler: »Multikulturelle Gesellschaft bedeutet die Bereitschaft, mit Menschen aus anderen Ländern und Kulturen zusammenzuleben, ihre Eigenart zu respektieren, ohne sie germanisieren oder assimilieren zu wollen. Das heißt auf der anderen Seite, wenn sie es wollen, ihnen ihre kulturelle Identität zu lassen, aber gleichzeitig von ihnen zu verlangen, dass sie die universellen Menschenrechte und die Grundwerte der Republik (...) achten und zweitens die deutsche Sprache beherrschen.«[37]

Von der ersten Begriffsdefinition bis hin zu dieser klaren Funktionsbeschreibung war es ein weiter Weg gewesen. Zu diesem Zeitpunkt hatte noch kein anderer deutscher Politiker die Ansprüche an die Mitglieder einer multikulturellen Gesellschaft so klar umrissen. Auf den ersten Blick lesen sich Geißlers Sätze eher liberal. Bezieht man sie jedoch auf die in Deutschland lebenden Türken, forderte er das Bekenntnis zu einer neuen Identität ein. Geißler wollte die Türken nicht germanisieren oder assimilieren. Er verlangte von ihnen, Verfassungspatrioten zu sein.

Erfunden hat diesen Begriff Dolf Sternberger in den siebziger Jahren. Sternberger sah im »Verfassungspatriotismus« eine »Staatsfreundschaft«, also eine besonders enge Verbundenheit der Bürger mit der Politik, ähnlich der griechischen Polis. Seiner Ansicht nach passte Verfassungspatriotismus zu einer Bundesrepublik, der als halbe Nation die halbe nationale Identität fehlte. Als Jürgen Habermas den Gedanken in den achtziger Jahren aufnahm, beschrieb er damit das bürgerliche Staatsverständnis nach der Überwindung des Nationalen. Das kollektive Bewusstsein der »postnationalen« Bürger werde nicht mehr vom Stolz auf die nationale Kultur und die völkische Geschichte bestimmt, sondern von den Prinzipien der Verfassung. In diesem Sinne beschrieb Habermas die Bundesrepublik der achtziger Jahre, der er auf diese Weise einen Sonderstatus in der westlichen Welt einräumte. Wer also einen so verstandenen Verfassungspatriotismus zur Voraussetzung für das Funktionieren einer multikulturellen Gesellschaft macht, stellt hohe Ansprüche. Er verlangt, dass sich die Vernunft über emotional bindende Elemente wie die Volkszugehörigkeit oder die Religion erhebt und eine kollektive rationale Identität ermöglicht.

Die Auffassung, dass es in der multikulturellen Gesellschaft ein alle Individuen verbindendes Element geben muss, hat sich mit der Zeit durchgesetzt. Zehn Jahre nach dem von Geißler klar umrissenen Anforderungsprofil verständigten sich die Grünen mit der Formel »kultureller Pluralismus und Integration« auf einen Parteiratsbeschluss. Darin hieß es: »Die multikulturelle Gesellschaft hat eine positive Dimension, weil sie die selbstverständliche kulturelle Freiheit jedes Einzelnen bekräftigt, eine Differenzierung zulässt und sich abgrenzt, beispielsweise zu der Idee einer deutschen Leitkultur, die zur Assimilation und Unterordnung verpflichten will.«[38] Und weiter: »Zur gesellschaftlichen Perspektive einer pluralistischen, multikulturellen Einwanderungsgesellschaft gehört aber auch die politische Zielvorgabe. Dazu braucht es ein einigendes Band, das die gemeinsamen Regeln des Zusammenlebens beschreibt. Dieses einigende Band sind die zentralen Werte der allgemeinen Erklärung der Menschenrechte, der europäischen Verfassungstradition und unseres Grundgesetzes: Demokratie, Gleichheit aller Menschen und Gleichheit der Geschlechter.«[39] Die Grünen dringen auf einen Wertekonsens und meinen im Grunde nichts anderes als den von Sternberger und Habermas ins Spiel gebrachten Verfassungspatriotismus.

Auch der CDU-Politiker Friedrich Merz verlangte im Oktober 2000 die Anerkennung gemeinsamer Werte, sprach allerdings von den in Deutschland geltenden Werten. Die Ausländer müssten sich in die öffentliche Ordnung eingliedern und sich so insgesamt an der »deutschen Leitkultur« orientieren. Merz erntete einen Sturm der Entrüstung. Er wecke Erinnerungen an das Dritte Reich und belaste das Verhältnis zu den Ausländern unnötig, wurde ihm vorgeworfen. Zu Unrecht, denn Merz hatte lediglich einen von Bassam Tibi erdachten Begriff aufgenommen und verändert.

Tibi warb nämlich für einen demokratischen, laizistischen sowie an der zivilisatorischen Identität Europas orientierten Wertekonsens als unerlässliche Klammer zwischen den Gruppen der multikulturellen Gesellschaft.[40] Diese Klammer müsse als europäische Leitkultur verstanden werden, die das Primat der Vernunft vor die religiöse Offenbarung stellt, so Tibi.

Die alles entscheidende Frage wird sein, ob der Islam dazu in der Lage ist, ob sich gemäßigte Kräfte gegen die radikalen Umstürzler durchsetzen. Seit den siebziger Jahren bröckelt der Nationalismus unter den Völkern muslimischer Länder. Die Kriege, die sie gegeneinander führten, sind die Ausnahmen, welche die Regel bestätigen. Die Araber verstehen sich in erster Linie als Muslime, dann erst sind sie Ägypter, Iraker oder Jordanier. Dieses religiöse Kollektivbewusstsein teilen im Übrigen auch die Türken. Die Muslime haben ihr verbindendes Element also bereits gefunden. Es ist die Religion.

Der Islam unterscheidet sich in einem Punkt gravierend von anderen Religionen: Er hat ein eigenes religiöses Recht entwickelt, das alles menschliche Handeln nach islamischer Ethik bewertet und durch Gesetze regelt. Dieses Recht heißt Schari'a. Es umfasst ein Steuerrecht, Handelsrecht, Familienrecht, Strafrecht und alle Gebote zur Ausübung der Religion. Ziel der strenggläubigen Muslime ist es, nach diesen Gesetzen zu leben, die allerdings mit dem deutschen Grundgesetz nicht vereinbar sind. Offiziell bekennen sich zwar alle islamischen Verbände in der Bundesrepublik zur Verfassung. Doch was ist ein solches Bekenntnis wert, wenn es von den Menschen nicht eingehalten wird? In Deutschland praktizieren Millionen Muslime ein Patriarchat, das die Bildung der Mädchen bewusst vernachlässigt. Junge Menschen werden gegen ihren Willen verheiratet. Nach der islamisch-religiösen Doktrin dürfe sich kein Muslim einer nichtislamischen Gemeinschaft einfügen, sagt Bassam Tibi.

Legt man das von den Grünen geforderte »einigende Band« also an den in Deutschland praktizierten Islam an, wäre es in diesem Fall ein ausschließendes Element. Denn der eingeforderte Minimalkonsens wird von den Muslimen nicht erzielt. Die von den Grünen aufgestellten Bedingungen für eine multikulturelle Gesellschaft sind nicht erfüllt.

Zu Beginn des neuen Jahrtausends wird europaweit der Glaube an die Vorstellung von der friedlichen multikulturellen Gesellschaft mit Muslimen erschüttert. In Großbritannien und den Niederlanden, wo die Anwesenheit von Menschen aus anderen Kulturkreisen als Beleg der eigenen Weltoffenheit galt, hat sich eine bittere Erkenntnis eingestellt. Die hohe Zahl von Immigranten und die damit verbundenen Veränderungen führten in der niederländischen Gesellschaft zu einem weitreichenden Verlust von protestantischen Wertvorstellungen. Das Bürgertum dort ist zutiefst verunsichert, fühlt sich fremd im eigenen Land. Die destruktive Wirkung zeigt sich an den Rändern der Gesellschaft, wo Bildung und Arbeit Mangelware sind. Dort wachsen die Aggressionen gegen Ausländer. Nur so wurde der Erfolg des im Wahlkampf ermordeten Rechtspopulisten Pim Fortuyn möglich. Unter dem christdemokratischen Premierminister Peter Balkenende wurde der Familiennachzug für Ausländer stark eingeschränkt. Die neue Regierung halbierte die Asylbewerberzahlen und droht mit empfindlichen Strafen, wenn diese trotz eines abgelehnten Asylantrages im Land bleiben.

Auch in Großbritannien ist die Stimmung gekippt. Über viele Jahre galt die Stadt Bradford als Paradebeispiel für multikulturelles Zusammenleben. Pakistanis, Inder und Immigranten aus der Karibik wohnen dort. Seit 1984 gab es an den Schulen geschächtetes Fleisch, ein Jahr später wurde ein Pakistaner zum Bürgermeister gewählt. Die Streifenpolizisten trugen Turbane, wenn sie Sikhs waren. Spätestens jedoch 1989, als Salman Rushdies Buch *Die satanischen Verse* auf der Straße verbrannt wurde, war es vorbei mit dem friedlichen Nebeneinander unterschiedlichster Kulturen. Mit dem höchsten Arbeitslosenanteil sahen sich die pakistanischen Muslime als die Verlierer der Entwicklung in Bradford. Zum Ausbruch regelrechter Rassenunruhen kam es 1995. Die Bilder von brennenden Autowracks, vermummten und mit Steinen werfenden jungen Muslimen und Sikhs gingen um die Welt.

Die aufgeführten Beispiele zeigen, wie schwer es ist, einen Wertekonsens zu erzielen, auf dem ein friedliches Nebeneinander unterschiedlicher Kulturen in einem Staat aufbauen kann. Die Euphorie, mit der vor fast drei Jahrzehnten die Diskussion um eine multikulturelle Gesellschaft begann, ist längst verflogen. Stattdessen wächst die Furcht, importierte regionale und religiöse Konflikte könnten in der neuen Umgebung wieder aufbrechen.

Und dann ist da die Angst vor dem Terror. Mit den Anschlägen vom 11. März 2004 in Madrid hat er Europa erreicht. Die Länder Europas glaubten die Katastrophen des 20. Jahrhunderts überwunden zu haben. Nun erleben sie die Rückkehr des Totalitären in Form eines Islamismus, der mit seiner terroristischen Tötungsmacht die liberalen Gesellschaften in einen Krieg zwingt. Die verführerischen Reden der Apologeten dieser panislamischen Ideologie erreichen via Satellit auf arabischen Fernsehkanälen jeden muslimischen Haushalt in Deutschland.

Die Ex-Präsidentin des Bundesverfassungsgerichts, Jutta Limbach, sagt, Deutschland sei ein multikultureller Staat.[41] Die zunehmende Vielfalt der Kulturen und Religionen führe zu Spannungen und Konflikten. Dennoch sei unter »der Herrschaft des Grundgesetzes«, das die Freiheit des Glaubens, des Gewissens und des weltanschaulichen Bekenntnisses schütze, »ein Streben nach geistig-geistlicher Vorherrschaft im Sinne einer Leitkultur von vornherein fehl am Platz«. Die Empfehlung, die Türken mögen sich doch bitte den Gebräuchen ihres Gastlandes anpassen, verdiene kein Gehör. Das Mehrheitsprinzip sei zwar ein wichtiges Element, doch bestimme es nicht allein das Wesen der bundesrepublikanischen Demokratie. Es gebe schließlich auch noch das Gebot der Toleranz. Auch wenn dieses nicht unmittelbar in der Verfassung stehe, seien sich Rechtsprechung und Lehre einig, dass sich dieses Prinzip aus dem Gesamtsinn des Grundgesetzes ergebe.

Toleranz ist im Zusammenleben unabdingbar. Aber sie muss von beiden Seiten geübt werden, darf nicht in Gleichgültigkeit verfallen und muss Grenzen definieren. Nur dann kann jene Form von Integration erzielt werden, bei der sich Deutsche und Ausländer im Einklang mit ihren individuellen Bedürfnissen und mit den Erwartungen der jeweiligen Gegenseite verhalten.

Noch aber leben in Deutschland im Großen und Ganzen zwei getrennte Gesellschaften: eine ursprünglich christlich geprägte, inzwischen aber weitgehend säkularisierte Gesellschaft und eine islamische Gesellschaft.

Es kann nicht verwundern, dass den Deutschen Zweifel kommen, ob es gut ist, eine Religion zu tolerieren, in deren Namen ein Terrorkrieg geführt wird und die, in der Auslegung radikaler Kräfte, nicht nur Religion sein soll, sondern eine eigenständige Ideologie. Immerhin will der orthodoxe Islam die grausamen Gesetze der Schari'a zum allgemein gültigen Staatsrecht erheben oder es zumindest daran orientieren.

Jutta Limbach hat mit ihrer Meinung, dass sich aus der Verfassung das Gebot der Toleranz ergibt, vollkommen Recht. Doch es kann weder uneingeschränkte noch ausnahmslose Toleranz geben. In einer multikulturellen Gesellschaft, wie sie vielen Politikern in Deutschland vorschwebt, ist eine wechselseitige Toleranz unerlässlich. Ein ideologisierter Islam jedoch lässt eine solche Toleranz nicht zu, da er im Kern andere politische und gesellschaftliche Verhältnisse anstrebt. Das Recht auf freie Meinungsäußerung und Religionsausübung ist von unschätzbarem Wert. Aber eine Demokratie praktiziert eine tödliche Toleranz, wenn sie diese Rechte höher veranschlagt als das Recht auf ihre eigene Existenz.

KAPITEL ZWEI

Leben im Ghetto

Abschied aus Anatolien

Als die Großväter oder gar Urgroßväter der heute in der Bundesrepublik lebenden Türken oder türkischstämmigen Deutschen kamen, stellten sie keine großen Ansprüche. Sie kamen nur mit dem Nötigsten. Und das war fast alles, was sie besaßen: ein Hemd, ein paar Socken und Unterwäsche zum Wechseln. Keiner von ihnen ahnte, auf was er sich einlassen würde. Zwar hatte die Bundesrepublik Außenstellen der Bundesanstalt für Arbeit in der Türkei eingerichtet. Doch selbst wenn man ihnen dort alles korrekt übersetzte, wie hätten sie sich ein boomendes Industrieland vorstellen sollen?

Zunächst wagten die gut ausgebildeten Arbeitskräfte aus dem Westen der Türkei den Weg nach Deutschland.[42] In ihrer Heimat stockte das Wirtschaftswachstum, und aus Anatolien drängten seit 1950 ganze Heerscharen von Hirten und Bauern in die türkischen Metropolen. Deutschland hingegen lockte mit guten Einkommen und erweckte in der türkischen Öffentlichkeit den falschen Eindruck, nur Interesse an qualifizierten Arbeitskräften zu haben. Anlass hierzu gaben die Prüfungen, denen sich die ersten Gastarbeiter zu unterziehen hatten.[43] Die Bewerber mussten den Arbeitsvermittlern vorlesen, über ihren Beruf berichten und praktische Beispiele geben. Darüber hinaus war für alle eine medizinische Untersuchung verpflichtend, die an die Musterung beim Militär erinnerte.[44] Man verlangte von den Bewerbern, nur mit einer Unterhose bekleidet vor einem Arzt und einer Arzthelferin Kniebeugen zu machen und auf unterschiedlichste Art und Weise ihre Beweglichkeit zu beweisen. Die Geschlechtsorgane wurden ebenso untersucht wie Blut und Urin, Augen und Ohren. Die Untersuchung der Geschlechtsorgane in Gegenwart einer Frau empfanden die Männer als besonders ehrverletzend.[45] Wer die Tests bestand, wurde in einen Zug nach Deutschland gesetzt. Zwei Tage dauerte die Fahrt ohne warme Mahlzeit. Wer Durst hatte, musste bis zum nächsten Stopp warten und hoffen, dort ein wenig Wasser auftreiben zu können.

Nach der Ankunft in Deutschland kam für viele das große Erwachen. Ihnen wurden ausschließlich einfache, meist schmutzige Arbeiten zugewiesen, für die keinerlei Ausbildung nötig war. Erneut fühlten sich die Männer verletzt. Ihre beruflichen Qualifikationen waren in Deutschland nicht gefragt. Die Unternehmen wollten nichts weiter als ihre Arbeitskraft, und die sollte möglichst kostengünstig sein.

So hatte sich allerdings auch die türkische Regierung die Arbeitsmigration nicht vorgestellt. Die Politiker in Ankara hofften, die Gastarbeiter könnten sich in Deutschland weiterbilden und würden ihr Know-how mit in die Türkei bringen, um auf diese Weise die türkische Wirtschaft zu modernisieren und ihre internationale Wettbewerbsfähigkeit zu erhöhen. Mehr als ein Drittel der Arbeitskräfte, die bis Mitte der sechziger Jahre die Türkei Richtung Deutschland verließen, waren Facharbeiter. Statt einen Nutzen trug die türkische Wirtschaft durch diesen Fachkräfteverlust einen Schaden davon. Während jedoch die Fachkräfte schnell wieder zurückkehrten, zog es zunehmend mehr Bauern und Hirten in die Fremde. Zumeist waren es diejenigen, die schon vor Jahren aus Anatolien nach Ankara, Istanbul oder Izmir gezogen waren, im Glauben, dort Geld verdienen zu können. In ihrer Heimat hatten sie in einfachsten Hütten und auf engstem Raum zusammen mit den

Tieren gelebt. Dort herrschten archaische Verhältnisse. Ihr Alltag wurde bestimmt von der harten Arbeit auf dem Feld und von einem Volks-Islam, der sie dieses bescheidene Dasein durch den Glauben und die Hoffnung auf das Paradies ertragen ließ. Sie hatten ihr Leben Allah gewidmet und befolgten streng die Regeln des Korans, den sie wörtlich auslegten.

An ihrer strengen Gläubigkeit hatte der Aufenthalt in türkischen Städten nichts geändert. Aber auch die Armut war geblieben. Sie wohnten am Rande der Citys in Provisorien aus Holz, Wellblech und Pappe. Das Leben in Istanbul oder Ankara war ihnen ebenso fremd wie das in Frankfurt oder Berlin. Verglichen mit den aufgeklärten, dem Fortschritt verschriebenen Westeuropäern waren die Anatolen gleichermaßen die Antipoden der Moderne.

Den Männern, die in den sechziger Jahren als Gastarbeiter nach Deutschland zogen, war also die kulturelle Dimension ihrer Entscheidung nicht bewusst. Niemand hatte sie gewarnt, niemand hatte sie gelehrt, sich in einer freiheitlich-demokratischen Gesellschaft zurechtzufinden. Und in Deutschland machte sich niemand Gedanken darüber, wie eine wachsende Gruppe größtenteils ungebildeter Arbeiter in diesem wirtschaftlich hochindustrialisierten und aus einem christlich-demokratischen Grundverständnis heraus regierten Land leben sollte. Auf beiden Seiten, bei den Gastarbeitern wie bei den Deutschen, bestanden also die denkbar schlechtesten Voraussetzungen für ein gedeihliches Zusammenleben.

Die Türken kamen ohne jede Vorstellung von ihrem neuen Arbeits- und Lebensumfeld. Für die Arbeit war gesorgt, deshalb hatte man sie ja geholt. Aber schon beim Wohnen fingen die Probleme an. Zunächst wurden alle in Sammelunterkünften untergebracht, die den zweifelhaften Charme von Flüchtlingslagern hatten. Einige waren gar mit Stacheldraht umzäunt. Da diese Unterkünfte häufig weit außerhalb lagen, suchten die Gastarbeiter bald Wohnungen in der Stadt. Weil sie keine Ansprüche stellten und auch wenig Geld für das Dach über dem Kopf ausgeben wollten, zogen sie dort ein, wo nur noch die Deutschen lebten, die sich noch nichts Besseres leisten konnten: in die nach dem Krieg nicht wieder ordentlich instandgesetzten Altbauwohnungen der alten Arbeiterbezirke. Das war in Berlin nicht anders als in Köln, Frankfurt oder Hamburg, wo die Muslime der ersten Gastarbeitergeneration den Stadtteil Altona liebevoll »Altinov«, das goldene Tal, nannten.

Die deutschen Immobilienbesitzer erkannten schnell die Möglichkeit auf ein lukratives Geschäft. Wohnraum war knapp Anfang der sechziger Jahre. Also nutzten sie die Unwissenheit der Türken und deren mangelnde Sprachkenntnisse aus und vermieteten die Altbauwohnungen an ganze Gastarbeitergruppen. So verdienten die Deutschen mit der Vermietung ein Vielfaches von dem, was sie für den Wohnraum normalerweise auf dem Markt bekommen hätten. Andererseits wohnten die Gastarbeiter, jeder für sich genommen, immer noch preiswerter, als wenn jeder eine eigene Wohnung bezogen hätte, und sie waren mitten in der Stadt. Mit der Zeit wurden die Methoden der Immobilienbranche jedoch immer brutaler. Die Hausbesitzer verlangten immer höhere Mieten, stockten die Zahl der Bewohner auf, ohne sich um den zunehmend Besorgnis erregenden Zustand der Wohnungen Gedanken zu machen. Sanitäre Anlagen wurden nur unzureichend oder gar nicht instandgesetzt, was die hygienischen Verhältnisse, in denen die Gastarbeiter lebten, katastrophal verschlechterte.

Die Männer ertrugen all dies in dem Glauben, bald genügend Geld verdient zu haben, um damit in der Heimat eine gesicherte Existenz aufbauen zu können. Also sparten sie fast alles, was sie verdienten. Das war vielleicht nicht viel, aber gemessen an dem Einkommen eines Hirten aus Ostanatolien war es ein Vermögen. Wenn sie nicht arbeiteten, hielten sie sich in den Wohnquartieren auf oder erholten sich bei einem

Spaziergang. Die scheinbar unüberwindbare Sprachbarriere trennte sie von den Deutschen und die Deutschen von ihnen.

In der Türkei sprachen sich die Möglichkeiten des Geldverdienens in Deutschland mit der Zeit herum. Jetzt erst bekamen die Landbewohner dort eine Vorstellung von Wohlstand und Reichtum. Da erschien es zunehmend mehr Männern sinnvoll, das Glück in der Fremde zu wagen, statt sich täglich darum sorgen zu müssen, wie sie Frau und Kinder ernähren sollten. So kamen mit den Jahren immer mehr Arbeiter nach Deutschland. Ihr Geld verdienten sie hauptsächlich in Stahlhütten, im Bergbau, an den Fließbändern der großen Automobilkonzerne und natürlich im Straßenbau. Überall dort, wo die Arbeit körperlich anstrengend, schmutzig und gesundheitsgefährdend war, kamen die Türken unter.

Irgendwann war für die ersten der Zeitpunkt erreicht, an welchem sie das Getrenntsein von der Familie nicht länger ertrugen. Viele gingen zurück in die Heimat. Für sie rückten neue nach. Als eine solche Form der Rotation hatten sich die deutschen Politiker die Beschäftigung von Gastarbeitern auch vorgestellt. Sie dachten, man könne bestimmte Arbeiterkontingente nach einer gewissen Zeit komplett durch neue ersetzen. Aber es gingen eben längst nicht alle Gastarbeiter zurück. Stattdessen entschied sich ein großer Prozentsatz, noch weitere Jahre zu bleiben, weil sie noch nicht genügend Geld angespart hatten. Diese Männer holten ihre Frauen und Kinder nach Deutschland und vollzogen damit den zweiten folgenschweren Schritt in der deutschen Zuwanderungsgeschichte. Denn mit den Ehefrauen und Kindern veränderte sich nicht nur das Leben der Gastarbeiter, sondern auch das der deutschen Gesellschaft. Erst mit dem Zuzug von Frauen und Kindern wurden die Bundesbürger wirklich mit der türkisch-islamischen Kultur konfrontiert. Hatten sie die Männer bislang lediglich als schnauzbärtige Zaungäste ihrer Wirtschaftswunderbürgerlichkeit wahrgenommen, so wurden sie nun plötzlich Nachbarn, die türkischen Kinder gingen mit den eigenen zur Schule. Die Türken wurden Bestandteil des öffentlichen Lebens in Deutschland.

Je mehr türkische Familien Ende der sechziger Jahre in die sanierungsbedürftigen Altbauten einzogen, desto stärker beschleunigte sich der Abwanderungsprozess der noch verbliebenen Deutschen. Ein Kreislauf stellte sich ein, der aus der Ghettobildung in den USA jedem hätte bekannt sein müssen: Dem Auszug der Deutschen folgte wiederum die Vermietung an türkische Familien. In den Arbeiterbezirken entstanden so die ersten Migrantenviertel. In Hamburg waren es Altona und Wilhelmsburg, in Berlin Kreuzberg und Wedding, in Köln die Stadtteile Nippes und Mühlheim. In Köln-Nippes wohnten 1965 bereits rund 4500 Türken, in Mühlheim waren es etwa 2000. Inzwischen war ihre Anwesenheit kaum noch zu übersehen. Mit dem Zuzug von immer mehr Familien wuchs auch das Bedürfnis, wieder stärker die Traditionen der Heimat zu pflegen, Feste zu feiern, so zu essen wie in der Türkei. Aber schon beim Einkaufen fingen die Schwierigkeiten an. Die Frauen kannten die deutschen Produkte nicht. Sie konnten auch die Verpackungsaufschrift nicht lesen und fürchteten ständig, sie würden ahnungslos Schweinefleisch essen.

Hier entstand eine Marktlücke, und die Türken wären nicht so findige Händler, wenn sie das nicht erkannt hätten.

Es dauerte nicht lange, da eröffneten im Frankfurter Bahnhofsviertel die ersten türkischen Geschäfte. Die Kunden waren ihnen sicher und damit ihre Existenz. Also versuchten auch in anderen Großstädten Türken ihr Glück als Einzelhändler. Deutsche Bäcker oder Metzger wiederum gaben ihre Läden auf, weil die Stammkunden die Migrantenviertel verließen. Dann übernahmen Türken die Betriebe. Das geschäftliche Engagement führte zu spürbar steigenden Obst- und Gemüse-Importen aus der Türkei. Türkische Großhändler und Spediteure profitierten davon. Auch das Fleisch für die aus dem Boden sprießenden Restaurants und Imbissbuden kam schon bald aus eigenen Schlachtereien. Der von Türken betriebene Handel wurde mit den Jahren in Berlin zu einem bedeutenden Wirtschaftsfaktor. Im Jahr 2003 existierten in der Hauptstadt insgesamt 5500 türkische Betriebe mit 27 000 Beschäftigten und einem geschätzten Jahresumsatz von 2,2 Milliarden Euro.[46]

Parallel zum Aufbau eigener Wirtschaftszweige wurde aus der Türkei heraus das religiöse Leben der muslimischen Gemeinden gestützt. Von dort holten die Moscheevereine ihre Imame nach Deutschland. In den Moscheen selbst entstanden Koranschulen für die Kinder, eigene Fußballvereine wurden gegründet. Ohne Mitwirken der deutschen Behörden oder gar der deutschen Bevölkerung schufen sich die türkischen Muslime eine eigene Infrastruktur. Zu keinem Zeitpunkt seit ihres Eintreffens in Deutschland gab es den ernsthaften Versuch, am Leben der deutschen Gesellschaft teilzunehmen. Vielleicht ist diese Chance von beiden Seiten gleich bei der Aufnahme der Gastarbeiter vertan worden, als diese, ähnlich wie später die Asylbewerber, in Sammelunterkünften isoliert worden waren. Das damit verbundene klare Signal der Ablehnung verstanden jedenfalls auch alle, die kein einziges Wort Deutsch sprachen. Im Gegenzug gab es von der türkischen Seite keine Bestrebungen nach einer Annäherung. Aber die Türken emanzipierten sich und setzten auf diese Weise Stück für Stück ihre Rechte durch.

Die Männer begannen in den Betrieben gegen die Arbeitsbedingungen und ihre Bezahlung zu protestieren. Unerfahren darin, wie man in solchen Fällen vorgeht und offenbar auch nicht betreut durch die Gewerkschaften, traten sie in so genannte wilde Streiks. Ihr Ziel war die Gleichbehandlung mit deutschen Arbeitnehmern und somit absolut gerechtfertigt.

Als aber die gesamte deutsche Lehrerschaft zu Beginn der siebziger Jahre über die Sexualerziehung in der Schule theoretisierte, empörten sich die muslimischen Türken in Deutschland, weil sie die am Arbeitsplatz angestrebte Gleichbehandlung in der Schule ablehnten. Den für alle Schülerinnen und Schüler verbindlichen Sexualunterricht betrachteten sie als Angriff gegen ihre Werte und gegen den Islam. Sie beteten auf den Straßen für die Abschaffung der Zwangssexualerziehung an den Schulen.[47] Auch als das Bundesverfassungsgericht 1977 gegen sie entschied, ließen die strenggläubigen Muslime nicht locker. Zuletzt scheiterte der Antrag einer türkischen Mutter in Hamburg. Vor dem Verwaltungsgericht der Hansestadt argumentierte sie, ihre beiden Töchter benötigten keinen Aufklärungsunterricht, weil im Islam Sexualität nur in der Ehe stattfinde. Das Gericht wies den Antrag im Januar 2004 mit der Begründung ab, das Thema sei gesellschaftlich so relevant, dass es über den familiären Binnenraum hinausreiche. Eine Befreiung vom Unterricht aus weltanschaulichen Gründen verbiete sich schon deshalb, weil sie das Gefühl der Andersartigkeit fördere.

Diese Andersartigkeit herauszustellen und zu bewahren, darum ging es den Muslimen von dem Zeitpunkt an, da sie als Familien in Deutschland lebten. Sie bauten eigene Gesellschaftsstrukturen auf und versuchten, ihre Segregation auch formell über die Gerichte zu institutionalisieren. Schon aufgrund ihres Bildungsdefizits wären die Angehörigen der ersten Gastarbeitergeneration dazu alleine nicht in der Lage gewesen. Die Hilfe kam von einer Seite, die großes Interesse daran hatte, die enge Bindung der Menschen an den Islam aufrechtzuerhalten.

Das nächste Angriffsziel war der gemeinsame Sportunterricht von Jungen und Mädchen. Es sei den Mädchen selbst dann nicht zuzumuten, daran teilzunehmen, wenn ihnen erlaubt würde, ein Kopftuch zu tragen, urteilte das Bundesverwaltungsgericht ganz im Sinne radikal-islamischer Organisationen. Denn sie müssten dabei den Anblick von Jungen in Sportkleidung und möglicherweise gar flüchtige Berührungen ertragen. In seiner Wirkung war das Urteil nichts anderes als die Verbannung der Mädchen aus dem Sportunterricht. Statt den Islam für die Erziehungsmethoden eines freien, aufgeklärten und demokratisch verankerten Schulsystems zu öffnen, schlossen die Richter die muslimischen Mädchen aus.

Die deutsche Rechtsprechung in diesen Fällen ist ein Abbild des groben gesellschaftlichen Desinteresses der Deutschen an den ins Land geholten Muslimen. In der Hoffnung, die Türken würden bald Ruhe geben, machten die Richter den ungeliebten Gästen leichtfertig folgenschwere Zugeständnisse. Das war die deutsche Auffassung von Toleranz: eine gefährliche, realitätsferne Ignoranz.

Mit solchen Richtern im Rücken setzten die Muslime den Bau von Moscheen, notfalls gar den von Minaretten mit Lautsprecheranlagen durch. Als der Nachbar einer Moschee gegen den Bau eines Minaretts mit Lautsprecheranlage klagte, wies das Oberverwaltungsgericht die Klage ab. In der Begründung tat das Gericht fast so, als seien die Muslime deutsche Staatsangehörige und stellten noch dazu die Bevölkerungsmehrheit. Zwar werde ein Minarett von weiten Teilen der nichtmuslimischen Bevölkerung als fremd empfunden. Das Baurecht könne und solle aber keinen Milieuschutz gewährleisten, urteilten die Richter.[48]

Die juristische Ausdifferenzierung des deutsch-muslimischen Nicht-Verhältnisses griff immer detaillierter in die Tages- und Arbeitsabläufe ein. So erlaubte das nordrhein-westfälische Landesarbeitsgericht Hamm Muslimen, am Nachmittag während der Arbeitszeit eine Gebetspause einzulegen. Schließlich habe der Islamrat das nachmittägliche Gebet als Pflicht eingestuft. Zu guter Letzt wurde auch der Tierschutz höchstrichterlich zugunsten der Muslime eingeschränkt. Nach einem Marsch durch alle Instanzen setzten Vertreter des Islam das Schächten durch. Im Januar 2002 bestätigte das Bundesverfassungsgericht zum Entsetzen aller Tierschutzorganisationen, dass den Muslimen durch Erteilung von Ausnahmegenehmigungen diese Praxis aus religiösen Gründen generell zu erlauben sei.[49]

Es ist erstaunlich, wie sehr sich die deutsche Rechtsprechung von religiösen Vorschriften und mithin vom islamischen Recht beeinflussen ließ. Statt den Muslimen den Willen zur Integration abzuverlangen, wurden weitgehende Möglichkeiten geschaffen, einen orthodoxen Islam zu praktizieren. Gestützt wird dieser von zahlreichen Vereinen und Verbänden, die sich der islamischen Kultur im weitesten Sinne verschrieben haben. Ihr Aufbau vollzog sich langsam, und die Anfänge liegen weit zurück. Muslimische Studenten machten Aachen zum ersten Moscheestandort Deutschlands. Parallel zur Grundsteinlegung 1964 für den Bau der Bilal-Moschee gründeten sie die Muslim-Studenten-Vereinigung in Deutschland. Die Organisationen, in denen die Gastarbeiter aktiv wurden, entstanden erst in den siebziger Jahren. Nachdem der Islamische Weltkongress 1972 eine Korrespondentenstelle in Saarbrücken eingerichtet hatte, gründeten am 15. September 1973 Muslime den Verein Islamisches Kulturzentrum Köln. Die Organisation blieb nicht lange auf Köln beschränkt und wurde in »Verband der Islamischen Kulturzentren« (VIKZ) umbenannt. Heute zählt die Organisation 24 000 Mitglieder verteilt auf 301 Gemeinden, von denen 160 Einrichtungen Eigentum des Verbandes sind.[50] In Berlin befand sich 1979 die Islamische Gemeinschaft deutschsprachiger Muslime & Freunde des Islam e.V.

Es war nur eine Frage der Zeit, bis mit der wachsenden türkischen Bevölkerung in Deutschland auch die innenpolitischen Auseinandersetzungen importiert wurden. Ende der siebziger Jahre plakatierten radikale nationalistische Organisationen wie die »Grauen Wölfe« in Deutschland und Kurden riefen zu Protestaktionen in deutschen Städten gegen die Regierung in Ankara auf. Die türkische Regierung war sehr an der Lage in Deutschland interessiert. Besonders die Aktionen der Kurdischen Arbeiterpartei (PKK), die ab 1984 im Südosten der Türkei einen Guerillakrieg für einen eigenen Staat führte, bereiteten ihr Sorge. In Deutschland sammelte die

PKK Geld für den bewaffneten Kampf gegen das türkische Militär. Somit war das, was sich in den Migrantenvierteln abspielte, für die türkische Regierung zu einem Teil ihrer »Innenpolitik« geworden. Das Erstarken einer extremistischen Kraft hatte zwangsläufig unmittelbare Auswirkungen auf die politischen Verhältnisse in der Türkei. Das Gleiche galt umgekehrt allerdings auch, wie der sprunghafte Anstieg der Asylbewerberzahlen nach dem Militärputsch gezeigt hatte, der die Islamisten aus dem Umfeld des Politikers Necmettin Erbakan nach Deutschland trieb. Aufgrund der Erfahrungen mit den Islamisten im eigenen Land machte die türkische Regierung 1982 per Gesetz Religionsunterricht zur Vorschrift an öffentlichen Schulen. Die zwei Jahre später gegründete Türkisch-Islamische Union der Anstalt für Religion (DITIB) wurde direkt der Obersten Türkischen Religionsbehörde (Diyanet Isleri Bakanligi) unterstellt. So wollte die Regierung endgültig die orthodoxen bis islamistischen Imame und Hodschas durch überzeugte Laizisten ersetzen. Ihr Ziel war die Kontrolle über den gepredigten Islam. Fortan kamen über die DITIB nur noch Imame nach Deutschland, die sich zum Laizismus bekannten. Die Geistlichen blieben für etwa vier Jahre und wurden dann durch neue ersetzt. In den freien Moscheen änderte sich freilich nichts.

Mindestens ebenso entscheidend wie die DITIB wirkte sich die Gründung des Kalifatsstaates 1984 in Köln und ein Jahr später schließlich das Erscheinen der »Vereinigung der neuen Weltsicht in Europa e.V.« (AMGT) aus, der Vorgängerin der »Islamische Gemeinschaft Milli Görüs e.V.« (IGMG). In der AMGT traten die Anhänger des Politikers Necmettin Erbakan erstmals auch institutionell in Erscheinung. Die AMGT war inspiriert von Erbakans Milli-Görüs-Bewegung, die eine Reislamisierung von Gesellschaft, Staat und Politik in der Türkei anstrebte. Zu diesem Zeitpunkt lebten etwa viereinhalb Millionen Ausländer in Deutschland, die meisten davon Türken.

Im Laufe der Jahre waren mit den Arbeitern auch Akademiker nach Deutschland gekommen, die hier ihre Karrierechancen nutzten. Es waren Ingenieure, Ärzte und Wissenschaftler. Sie stammten aus den urbanen Zentren der Türkei. Im Gegensatz zur Landbevölkerung waren sie weit weniger oder gar nicht religiös. Auch hatten sie kaum Kontaktschwierigkeiten, als sie nach Deutschland kamen. Sie sprachen Deutsch und waren aus den türkischen Metropolen bestens mit dem westlichen Lebensstil vertraut. Man sah es an ihrer Kleidung, diese Menschen gingen ins Theater und in die Oper. Doch mit den Türken in den islamischen Ghettos hatten sie fast ebenso wenig Kontakt wie die Deutschen. Sie verstanden sich als Teil einer materiell abgesicherten Elite, die es genauso auch bei den Deutschen gab, und mit welcher sie einen regen Austausch pflegten.

Die breite Masse der in Deutschland lebenden Türken aber war in orthodox-islamisch geprägten Elternhäusern zu Hause, in denen es außer dem Koran kaum ein Buch gab. Es wäre ein Fehler zu sagen, man könne ihre Verankerung im Islam ausschließlich an äußeren Symbolen wie dem Kopftuch festmachen. Die Mädchen und Jungen kleideten sich ebenso modisch wie Nichtmuslime. Doch die modische Übernahme westlichen Lebensstils, die darin zum Ausdruck gebrachte Freiheit und Selbstbestimmung, blieb eine Äußerlichkeit, die nicht in die Familien, die sozialen Strukturen der islamischen Gemeinschaft eindrang. In ihrem Innersten hielten die Jugendlichen immer an den Sitten und Bräuchen, an den Gesetzmäßigkeiten des Lebens ihrer Mütter und Väter fest. Sie standen zu ihrem Glauben, den Traditionen, den Werten des Islam, der den Mann zum Oberhaupt der Familie bestimmt und der Mutter einer Rolle zumisst, welche die Töchter erst mit dem Tod der Mutter in die Entscheidungssouveränität und somit aus einem Jahrzehnte dauernden Abhängigkeits- und Dankbarkeitsverhältnis entlässt.

Überhaupt sind die Jugendlichen bis heute die größten Opfer der desintegrativen Haltung der Muslime einerseits und der Ignoranz der deutschen Gesellschaft andererseits. Denn nirgendwo spürt man das Spannungsverhältnis zwischen einem mitunter mittelalterlich daherkommenden Islam und einer postmodernen Popkultur stärker als bei den Jugendlichen. In den Moscheen versuchen sie anhand des Korans herauszufinden, ob es erlaubt ist, Geld aus der Kasse eines Geschäftes zu stehlen, das Alkohol verkauft[51], während sie im Musikfernsehen ununterbrochen mit Werbekampagnen für Alkopops überschüttet werden und einer Sexualisierung mittels fast schon pornografischer Aufnahmen ausgesetzt sind wie keine Generation vor ihnen.

So fremd sind sie sich

Dort, wo die Rathenower die Perleberger Straße im Berliner Stadtteil Tiergarten/Alt Moabit kreuzt, haben sich vier Gastronomien etabliert. Auf der einen Seite der Perleberger Straße sind es zwei türkische, auf der anderen zwei deutsche. Die türkischen Lokale, in denen neben dem traditionellen Tee auch Kebab und andere Speisen angeboten werden, werden häufiger auch von deutschen Gästen besucht. In den beiden von Deutschen geführten Wirtshäusern auf der anderen Straßenseite bleiben die Deutschen unter sich. Und das liegt nicht daran, dass dort kein Ausländer eingelassen würde. Im Gegenteil, die Türen stehen an warmen Sommerabenden bis spät in die Nacht jedem offen. Dort gibt es Skatrunden, Stammtische, und manchmal schauen sich die Gäste im Fernsehen gemeinsam ein Fußballspiel an. Die Türken sehen sich Fußballspiele lieber in ihrem Lokal an. Sie jubeln auch nicht für Deutschland, obwohl sie hier leben und einige ihrer Jungs Oliver Kahn »echt krass« finden. Sie applaudieren lieber bei jedem Tor, das die deutsche Nationalmannschaft kassiert. Natürlich könnten sie auch mal etwas in einer der deutschen Gaststätten trinken oder essen. Da gibt's nämlich nicht nur Pils und Korn mit Schweinekotelett. Doch Türken gehen einfach nicht in eine deutsche Gastwirtschaft, wenn es in der Nähe auch türkische Lokale gibt.

Im Bezirk Tiergarten/Alt Moabit leben einfache Leute. Nicht wenige sind arbeitslos. Den Deutschen steht es ins Gesicht geschrieben, wenn sie morgens um acht im Kleinen Tiergarten die ersten Bierdosen aufreißen. Türkische Männer gehen bestenfalls am Nachmittag spazieren. Ein Muslim trinkt keinen Alkohol, auch nicht aus Frust.

Die meisten Leute wohnen seit Jahrzehnten hier und sind einander sehr verbunden. Die Türken sind im Schnitt deutlich jünger als die Deutschen. Morgens bringen türkische Väter ihre Kinder in den von deutschen Erzieherinnen geführten Kindergarten hinten in der Birkenstraße, später besuchen die Kinder beider Nationalitäten dieselben Schulen. Aber sie reden nicht miteinander. Sogar an der Bushaltestelle verhalten sie sich wie die Erwachsenen. Die Deutschen albern mit deutschen Altersgenossen, die türkischen Kinder und Jugendlichen mit ihren Landsleuten. Und dabei sprechen sie Türkisch. Einige wenige türkische Mädchen unterhalten sich gelegentlich auf Deutsch; sie sprechen fließend und ohne jeden Akzent. Aber es sind nur einige wenige.

Manchmal sieht man sie auch mit ihren Müttern. Die tragen fast ausnahmslos Kopftücher und weite lange Kleider und Mäntel. Auch einige der Mädchen tragen Kopftücher. Im Gegensatz zu ihren Müttern, die alle fast gleich gekleidet sind, fallen bei der Garderobe der Jugendlichen große Unterschiede ins Auge. Manche wählen grundsätzlich schwarze oder graue Kopftücher und überhaupt nur gedeckte Farben. Andere sieht man mit hellblauen oder weißen Kopftüchern und dazu sehr modischer, Figur betonender Kleidung wie Jeans oder taillierten Jacken und Mänteln. Diese Mädchen schminken sich auch.

Und dann gibt es natürlich noch diejenigen ohne Kopftuch. Sie sehen aus wie alle anderen Mädchen auch.

Die Jungen stolzieren wie die Gockel umher, tragen Turnschuhe und Trainingshosen, begrüßen sich mit Wangenküssen und Handabklatschen, reden laut auf Türkisch und wissen gar nicht wohin mit ihrer durchbrechenden Männlichkeit. Da lassen sie die deutschen Jungen wirklich blass aussehen.

Wer das Verhalten der Menschen in Tiergarten/Alt Moabit beobachtet, hat das Gefühl, sie seien alle über Nacht zusammengewürfelt worden, die Türken und die Deutschen. So fremd sind sie sich. Und weil sie sich aus dem Weg gehen, provozieren sie auch kaum Konflikte. Der letzte für alle sichtbare war ein Konkurrenzkampf. Den haben zwei türkische Bäckereien gegen eine deutsche ausgefochten. Dabei wurden die Schrippen manchmal für weniger als zehn Cent angeboten. Die beiden türkischen Bäckereien haben gewonnen. Der deutsche Bäcker musste seine Filiale an der Perleberger Straße »aus betriebswirtschaftlichen« Gründen schließen. Vielleicht lag es daran, dass der direkte Nachbar zum deutschen Bäcker draußen Bänke und Kaffeetische aufgestellt und abends länger geöffnet hatte. Jedenfalls verbrachten die Maler, die einige Altbaufassaden gestrichen haben, immer dort ihre Frühstückspause. Das waren übrigens Deutsche.

Die Altbauten in Tiergarten/Alt Moabit sind nicht besonders schön erhalten. Viele Wohnungen stehen sogar leer und befinden sich in einem verwahrlosten Zustand. Weil die Eigentümer hier keine hohen Mieten erzielen, investieren sie auch nicht in die Wohnungen und lassen sie verkommen.

Einige Afrikaner haben jetzt ein Geschäft an der Perleberger Straße eröffnet, in dem sie allerlei Handarbeiten aus ihren Heimatländern anbieten. Der Laden fällt auf unter all den türkischen Geschäften. An der Kreuzung Perleberger Straße/Rathenower Straße werden nur noch die Fahrradwerkstatt und die Apotheke von Deutschen geführt.

Wer es sich von den jüngeren Deutschen leisten kann, zieht weg. Zum Prenzlauer Berg vielleicht, oder nach Friedrichshain. Dort im Ostteil sind die Wohnungen top-saniert. Aber eben nicht so billig wie in Tiergarten/Moabit.

Die Türken bleiben. Die Iraner, Iraker, Libanesen, Marokkaner: Wer auch immer aus einem muslimischen Land nach Berlin gekommen ist, sucht die Stadtteile, in denen die Glaubensbrüder und Glaubenschwestern sind, und bleibt dort wohnen. Die Menschen richten sich ihre eigene Welt ein, mit eigenen Supermärkten, Gemüsehändlern, Teestuben, mit dem eigenen Sportverein, den Koranschulen und Moscheen. Und mit dieser Welt zieht eine andere Kultur hinter die verblichenen Jugendstilfassaden, sie tönt als Musik aus geöffneten Fenstern, sie zeigt Männer mit Gebetsketten, die auf der Straße miteinander plaudern und Kinder, die in einer anderen Sprache auf dem Spielplatz nach ihrer Mama schreien. Es ist eine Welt, die reich ist an Gemeinschaft, reich an Traditionen und sinnerfüllt durch einen Islam, der sie abgrenzt gegen die deutsche Gesellschaft. Aber es ist auch eine Welt, die Frauen vom öffentlichen Leben ausschließt, eine Welt ohne Bildungschancen, ohne Arbeit. Und es ist eine Welt, in der die Jungen sich schon mit 14 bewaffnen und statt Deutsch den Einstieg in die Kriminalität lernen. So bitter es klingen mag: Die Heimat der Muslime in Deutschland ist das Ghetto. Die Verhältnisse im Bezirk Tiergarten/Alt Moabit verschlechtern sich beständig. Seit Mitte der siebziger Jahre geht es bergab. Nur wenige Kilometer südlich, in Kreuzberg, kann man heute schon sehen, was Moabit vielleicht in wenigen Jahren bevorsteht.

Wo Armut und Fundamentalismus blühen

Nirgendwo in Berlin gibt es mehr Kinder. Zwei Kindertagesstätten und die Grundschule am Kottbusser Tor im Stadtteil Kreuzberg sind rappelvoll. Die Flucht ihrer Eltern hat die Kleinen hierher geführt. Sie stammen aus verschiedenen Teilen der Welt. Deutsche sieht man kaum.

4350 Menschen leben hier am Kottbusser Tor, 55,2 Prozent offiziell ohne deutschen Pass.[52] Doch die Behörden gehen davon aus, dass mindestens 80 Prozent der Bewohner aus dem Ausland stammen. Es ist ein buntes Völkergemisch. Die Zeiten, da hier vor allem Türken wohnten, sind vorbei. Die türkische und deutsche Mittelschicht ist längst abgewandert. Geblieben sind nur die Armen und Alten, die den Umzug nicht mehr schaffen.

An diesem Ort ist die Hauptstadt einfach nur hässlich. Mietskasernen türmen sich in den grauen Himmel. In den siebziger Jahren wurden sie als Abschreibungsobjekte für westdeutsche Kapitalanleger gebaut. Zwischen ihnen und dem südlicheren »Märkischen Viertel« mit seinen Sozialwohnungen liegt an der Skalitzer Straße der S-Bahnhof Kottbusser Tor.

Das Einzige, was hier blüht, ist die Armut und die Drogenszene. Junkies liegen in den Ecken. Morgens riecht es manchmal nach Erbrochenem und Urin. Kinder spielen mit benutzten Spritzbestecken. Wer am Kottbusser Tor wohnt, kommt nirgendwo anders mehr unter.

Die Stadt weist ausschließlich Ausländer in die Mietskasernen ein. »Während in den sechziger und siebziger Jahren vor allem türkische Arbeitsmigranten mit ihren Familien herzogen, werden heute die Bestände des sozialen Wohnungsbaus mit Zuwanderinnen und Zuwanderern belegt, die hohe Ausgrenzungsrisiken und geringe Chancen für eine Arbeitsmarktintegration mitbringen.«[53] Flüchtlinge aus Bosnien-Herzegowina und dem Kosovo sind darunter, Flüchtlinge aus dem Libanon und anderen arabischen Staaten, Familienangehörige und Ehepartner aus der Türkei, Kurden und Asylbewerber. Allesamt Muslime, die kein Wort Deutsch sprechen. Und dann sind da noch die Spätaussiedler aus Russland, die weder die Araber, Kurden noch die Deutschen verstehen. Es herrscht ein Sprachengewirr wie beim Turmbau zu Babel. Die verbliebenen Deutschen sehen sich als Opfer der veränderten Verhältnisse.

Ein Fünftel der Bewohner ist arbeitslos, über 40 Prozent leben von der Sozialhilfe. Wenn sie nicht vor dem Fernseher sitzen und über Satellitenschüsseln empfangbare arabische und türkische Sendungen schauen, sind die Leute den ganzen Tag auf der Straße. Das birgt jede Menge Konflikte, die vor allem unter den Jugendlichen – vielleicht mangels fehlender Verständigungsmöglichkeiten – vorzugsweise mit der Hand ausgetragen werden. Dabei gehen auch schon mal Fensterscheiben zu Bruch, Türen und Wände werden beschmiert, Müllbehälter zerstört. Die Lehrer sind mit den gewaltbereiten Jugendlichen überfordert.

Sogar an der Jens-Nydahl-Grundschule resignieren die Pädagogen. Sie stehen vor Klassen, in denen sie keiner versteht. Alle Versuche, Kontakt zu den Eltern aufzunehmen, um gemeinsam an den Sprachfähigkeiten zu arbeiten, laufen ins Leere. Stattdessen wählen die Eltern die Abgrenzung: »Viele türkische und arabische Eltern verwehren aus materiellen und kulturellen Gründen ihren Kindern den Besuch des Kindergartens oder des schulischen Freizeitbereichs und schränken damit die Integrationschancen weiter ein.«[54]

Dabei müssten sie doch aufgrund eigener und den Erfahrungen mit den älteren Geschwistern wissen, worauf ein solches Verhalten hinausläuft. Wer nichts gelernt hat, kommt auf dem Arbeitsmarkt nicht unter. Die Muslime vom Kottbusser Tor haben nicht einmal die Chance auf unsichere und schlecht

bezahlte Arbeitsplätze. Es ist hoffnungslos, sich für einen Ausbildungsplatz zu bewerben. Die Personalchefs diktieren post-
wendend die Absage, wenn sie nur die »stigmatisierte Adresse«
Kottbusser Tor auf dem Briefumschlag sehen. Und so verharren die Menschen in der totalen sprachlichen und sozialen Isolation.

Aufgehoben fühlen sie sich nur in der Moschee. Dort spricht
man ihre Sprache, in der muslimischen Kultur finden sie wieder zu sich selbst. Besonders unter den Jugendlichen registrie-
ren die Sozialbehörden eine zunehmende Hinwendung zum
Islam. Die Enttäuschung in der Schule und bei der Suche
nach Ausbildungsplätzen »bildet den Nährboden für Resignation und Überschätzung, Stilisierung und Aggression bis hin
zu einer fundamentalistischen« Orientierung, stellen die Berliner Sozialarbeiter fest. Radikal-islamische Gruppen wie Hizbollah, Milli Görüs oder Hamas gewinnen an Einfluss. Man
zieht Parallelen zwischen der Situation der Palästinenser in
den von Israel besetzten Gebieten und den eigenen Erfahrungen im Ghetto, wird empfänglicher für die Theorie einer
jüdisch-amerikanischen Weltverschwörung gegen die Muslime
und beginnt vom Sieg des Pan-Islamismus zu träumen.

Orte wie das Viertel um das Kottbusser Tor gibt es viele.
Mitten im Ruhrgebiet beispielsweise, unweit des Schalke-
04-Stadions, ist es der Gelsenkirchener Ortsteil Bismarck/
Schalke-Nord. Über Jahrzehnte hinweg färbten dort die Feuer
der zahllosen Hochöfen den Nachthimmel glutrot. Doch dann
verlöschte ein Feuer nach dem anderen, die Nacht wurde
schwarz und schwärzer und die Menschen arbeitslos. Am
stärksten betroffen waren die Ausländer. Sie stellen gut ein
Fünftel der 18 600 Stadtteilbewohner, und von ihnen sind wiederum 75 Prozent Türken. Noch sind sie insgesamt in der
Minderzahl, doch schon in wenigen Jahren wird sich die
Bewohnerstatistik radikal verändern. Denn die in Bismarck/
Schalke-Nord lebenden Deutschen sind zumeist alt, die Tür-

ken jung und kinderreich. Über 70 Prozent der Schülerinnen und Schüler in den Kindertagesstätten und Schulen sind ausländischer Herkunft. Die Lehrer in Bismarck/Schalke-Nord stehen also vor den gleichen Problemen wie ihre Kollegen in Berlin Kreuzberg. Auch hier existieren kaum Kontakte zu den Eltern, die zurückgezogen und abgeschottet leben.

Überhaupt wollen die Deutschen und die Ausländer hier wenig miteinander zu tun haben. Wenn nachmittags eine Gruppe türkischer Männer durch die Straßen rund um die ehemalige »Zeche Bismarck« spaziert, bleiben sie unter sich. Die Deutschen ziehen sich dorthin zurück, wo in den Gärten der winzigen Bergmann-Häuschen Schalke-04-Fahnen oder die von Ferrari im Wind wehen. Wenn sie sich aber doch einmal zu nahe kommen, die Deutschen und die Ausländer oder auch Migranten verschiedener Herkunft, dann wird es schwierig. »Die nachbarlichen Beziehungen zwischen Alteingesessenen und neu Zugezogenen, zwischen deutschen und nicht deutschen Bevölkerungsgruppen, aber auch zwischen den verschiedenen ausländischen Gruppen sind mitunter spannungsreich. Dies gilt besonders für einzelne kleinräumige Quartiere mit sehr hohen Anteilen an Migranten aus unterschiedlichen Kulturkreisen.«[55]

Ein Blick in die Statistiken der Einwohnermeldeämter macht das Wachstum der muslimischen Ghettos in den urbanen Zentren der Republik erschreckend deutlich. Dabei wird aber auch sichtbar, dass dies vor allem ein Phänomen westdeutscher Städte ist. Alle Migranten, die in die Bundesrepublik kommen, wollen dorthin, wo schon Ausländer leben, wo sie ihre Kultur wiederfinden.

Allein in der Hauptstadt Berlin verteilen sich 235 000 Muslime auf die Migrantenviertel.[56] Dort ist fast jeder dritte der 87 674 mit Erstwohnsitz im Bezirk Tiergarten gemeldeten Einwohner Ausländer. Genau sind es 28,9 Prozent oder 25 378 und, bis auf wenige Ausnahmen, allesamt Muslime.[57] Noch höher ist der Ausländeranteil mit 32,1 Prozent im Bezirk Kreuzberg, und im Wedding liegt er gar bei 32,3 Prozent. Kreuzberg beherbergt nach wie vor die größte türkische Gemeinde jenseits der Türkei. Ende 2002 lebten dort allein 23 845 türkische Staatsangehörige, hinzu kommen etliche tausend türkischstämmige Deutsche, die sich der islamischen Kultur in diesem Stadtteil zurechnen. In Kreuzberg sind nicht nur die Geschäfte und Restaurants auf Türkisch beschildert, sogar der Hinweis auf der Brücke über der Adalbertstraße ist zweisprachig: »Kreuzberg Zentrum – Kreuzberg Merkezi.«

In Hamburg ist ein Drittel von Wilhelmsburg orientalisch. 16 592 Ausländer lebten dort im Jahr 2002, das entspricht einem Anteil an der Gesamtbevölkerung von 34,7 Prozent.[58] In absoluten Zahlen liegen Altona und Harburg vorne. In Altona zählte das Einwohnermeldeamt 40 209 Ausländer, in Harburg 40 137. Alles zusammengenommen leben in Hamburg 255 119 Menschen mit anderer Staatsangehörigkeit.

Und in Frankfurt gibt es sogar Ortsteile, in denen die Mehrheit schon nicht mehr die deutsche Staatsbürgerschaft besitzt. Im Bahnhofsviertel beträgt die Ausländerquote 63 Prozent.[59] In ganzen Zahlen ausgedrückt heißt das: Von 2621 Einwohnern sind 1647 Ausländer. In der Innenstadt ist jeder Zweite Nichtdeutscher. Dort kommen auf 3284 Bundesbürger inzwischen 3064 Ausländer. Im – zugegeben – kleinen Gutleutviertel mit nur 5327 Einwohnern beträgt die Ausländerquote 51,2 Prozent. Gut 2200 der hier gemeldeten 2731 Ausländer stammen aus muslimischen Ländern. Und von den 24 811 Bewohnern des Gallusviertels sind 11 276 Immigranten, davon rund 9000 Muslime. Insgesamt leben in der Main-Metropole 623 350 Ausländer.

So manche ostdeutsche Stadt wäre glücklich, wenn sie so viele Einwohner zählte, wie in den genannten Großstädten Ausländer leben. In der Tat sind es fast schon Städte in der Stadt, die sich dort herausbilden. Immer dichter knüpfen Vereine und Verbände das Netz muslimischer Infrastruktur. Weder beim Einkaufen noch bei der Sozialberatung sind die in Deutschland lebenden Muslime mehr auf das Angebot deutscher Organisationen angewiesen. Nur so ist es auch zu erklären, dass Mütter wie die 33 Jahre alte deutsche Staatsbürgerin Türkan A., die in Hamburg zur Schule ging, heute das dort erlernte Deutsch kaum noch über die Lippen bringen.[60] Die Muslime wollen unter sich bleiben.

In einer Untersuchung der Duisburger Stiftung Zentrum für Türkeistudien über die Lebenssituation türkischstämmiger Migranten in Nordrhein-Westfalen räumte die Hälfte der Befragten offen ein, überhaupt keinen freundschaftlichen Kontakt mit Deutschen zu pflegen.[61] Ein Drittel lehnte »weitere Kontakte« demonstrativ ab. Dazu passt das erstmals gestiegene Verbundenheitsgefühl mit der Türkei und die enorme Zunahme der Religiosität. »Die Zunahme betrifft alle sozialen Gruppen innerhalb der türkischen Gesellschaft und ist möglicherweise ein Resultat der kürzlich im Zuge des 11. September und des Zuwanderungsgesetzes begonnenen Diskussion um das Wesen des Islam und der notwendigen Anpassung der Migranten an die deutsche Kultur«, stellen die Essener Forscher fest.[62] Das Zugehörigkeitsgefühl zur Umma, der weltumspannenden islamischen Gemeinschaft, rückt wieder in den Vordergrund und stärkt nochmals die Segregation gegenüber den Deutschen.

Stärker noch als die Deutschen leiden die Ausländer unter der anhaltenden Wirtschaftskrise. In Berlin und Nordrhein-Westfalen sind über 40 Prozent der Migranten arbeitslos. Ihr durchschnittliches Haushaltseinkommen ist geringer als das der Deutschen und sie leben in schlechteren Wohnungen.

Das islamische Leben in der Bundesrepublik bewegt sich in einem gefährlichen Teufelskreis: Die Kleinkinder wachsen bei ihren Müttern oder Großmüttern auf. Als Muttersprache lernen sie Türkisch. Dann gehen die Kleinen in Kindergärten, in denen zuweilen bis zu 90 Prozent Ausländerkinder sind, sie besuchen Grund- und Hauptschulen, in denen es nicht anders aussieht. Sie haben nicht die geringste Chance, die deutsche Sprache zu erlernen. Der Schlüssel zur westlichen Gesellschaft, zu ihrer Kultur und zu ihren Menschen wird diesen Kindern vorenthalten. Wenn ihnen nicht das Glück beschieden ist, Bekannte oder Verwandte zu haben, welche die Bedeutung von Bildung erkennen und die Kinder unterstützen können, dann haben sie von vornherein keine Chance auf ein erfolgreiches Leben in der sie umgebenden hochindustrialisierten Welt. Sie bleiben in einem religiös-kulturellen Ghetto, in dem die soziale Not mit der anhaltenden Massenarbeitslosigkeit wächst. Mitten in Deutschland, einem der technologisch hochentwickeltsten und liberalsten Länder der Welt. Ihre Großväter haben sich die Lebensweise halb ausgesucht, halb wurden sie von den Deutschen dazu gedrängt. Die Zukunft der Enkel sieht düster aus.

KAPITEL DREI

Die »göttliche Ideologie«

Ursprünge einer neuen Bewegung

Für die nach Deutschland eingewanderten Muslime bildete der Glaube stets ein stabilisierendes Moment in einer fremden Umgebung. Er war kulturelle Heimat und Identifikationsfaktor zugleich. Und so legten sie von Beginn an großen Wert auf die Einhaltung der islamischen Gebote. Ihr vornehmliches Interesse galt nicht der Teilhabe an der deutschen Gesellschaft, sondern der Bewahrung einer eigenen kulturellen Identität. Neben türkischen Medien waren ihre wichtigsten Informationsquellen über politische Veränderungen in der Welt die Predigten in den Moscheen. Über die aus den Herkunftsländern kommenden Imame erreichte sie die Botschaft eines zunehmend politisierten Islam.

Praktisch mit Beginn der Migration nach Deutschland Anfang der sechziger Jahre gewannen in den muslimischen Heimatländern neue Strömungen innerhalb des Islam an Bedeutung. Sie verstanden die Religion auch als Modell für Gesellschaft und Staat. Entstanden waren sie mit den Umwälzungen, die der Kolonialismus mit sich gebracht hatte. Zu ihren bedeutendsten Vordenkern zählen der pakistanische Journalist und Schriftsteller Abu l-A'la al-Maududi sowie der Ägypter Sayyid Qutb. Beide wandten sich gegen den damals in den muslimischen Ländern herrschenden Nationalismus, der die Bedeutung des Religiösen innerhalb der Gesellschaft, aber auch den Einfluss der Gelehrten zurückdrängte. Ihr Ziel war es, den Nationalismus durch einen ideologisierten Islam, den Islamismus zu ersetzen.

Qubt wurde Anfang der fünfziger Jahre Mitglied der Muslimbruderschaft, der bis heute einflussreichsten islamistischen Gruppierung. Hassan al-Banna hatte sie 1928 in Ismailia gegründet und innerhalb kürzester Zeit Anhänger im gesamten arabischen Raum gewonnen. Von Anfang an stellte sie sich gegen die Errichtung eines unabhängigen Staates nach dem Muster europäischer Demokratien. »Für sie waren Demokratie und Verfassung überflüssig, denn – so einer ihrer bekanntesten Leitsprüche – : ›Der Koran ist unsere Verfassung‹«, schreibt Gilles Kepel.[63] Als Gamal Abdel Nasser im Juli 1952 in Ägypten die Macht übernahm, bekämpfte er die Bruderschaft mit allen ihm zur Verfügung stehenden Mitteln. Nach einer Welle von Säuberungsaktionen saßen 1955 bereits Tausende Muslimbrüder in ägyptischen Gefängnissen. Ihren Widerstand konnte das Regime damit jedoch nicht brechen. Während einer öffentlichen Rede versuchten die Islamisten, Nasser zu erschießen. Daraufhin ließ dieser im Dezember 1954 sechs Führer der Bruderschaft köpfen.

Zu den Mitte der fünfziger Jahre Inhaftierten gehörte auch Sayyid Qubt. Während draußen die Überbleibsel der Gruppe am Wiederaufbau der Organisation arbeiteten, griff er zu Feder und Papier. Bis zu seiner Freilassung im Jahr 1964 schrieb der Journalist sein islamistisches Manifest. Das Werk trägt den Titel *Wegzeichen*. Nassers Massenhinrichtungen, die Erfahrung von Folter und Konzentrationslagern hatten aus Qubt selbst einen Befürworter der Gewalt gemacht. Und so bekennt er sich in seinem Werk dazu, »die gottlose Gesellschaft niederschlagen und auf ihren Ruinen den islamischen Staat errichten« zu wollen.[64] Nach Qubt ist eine Herrschaft nur dann legitim, wenn sie dem Willen Gottes und seinem Gesetz, der Schari'a, entspricht. Er macht keinen Unterschied, ob die

Herrschaft von einem Despoten oder einer demokratisch gewählten Regierung ausgeübt wird. In beiden Fällen werde sie Gott entzogen und sei folglich verwerflich. Im ersten Teil des Buches konstatiert Qubt einen massiven Werteverfall sowohl in der westlichen Welt als auch in den islamischen Ländern. Er sieht die ganze Welt im Zustand der Jahiliya. Qubt definiert Jahiliya als ein Stadium der Unwissenheit, der Ignoranz, des Heidentums und der Verstocktheit, in dem die Menschen wider besseres Wissen verharren.[65] Solange also ein Gläubiger angepasst in der Jahiliya lebt, schreibt Qubt, so lange darf er sich nicht als Muslim bezeichnen, selbst dann nicht, wenn er seine Religion vorschriftsmäßig praktiziert.

Das in den *Wegzeichen* formulierte Endziel ist der Aufbau einer erdumspannenden islamischen Gemeinschaft. Um dieses Ziel zu erreichen braucht man einen Anführer, schreibt Qubt, der weiß, wann und auf welche Weise er in Kontakt zur so genannten Jahiliya-Gesellschaft zu treten und wann er sich aus ihr zurückzuziehen hat.[66]

Der zweite Teil des Buches beschreibt die politische Strategie zur Errichtung des Gottesstaates. Die Zeit bis zum Erscheinen des Anführers unterteilt Qubt in zwei Phasen. In der ersten befreien sich die Gläubigen von den entfremdenden Einflüssen der Jahiliya-Gesellschaft. In der zweiten kämpfen sie den heiligen Krieg, den Dschihad.

Als das Buch nach Qubts Freilassung veröffentlicht wird, verkauft es sich sofort in fünf Auflagen, bis die Regierung es verbietet. Zusammen mit zwei weiteren Muslimbrüdern wird Qubt 1966 verhaftet und nach einem Schnellverfahren gehängt. Die junge Islamistenbewegung hatte ihren ersten Märtyrer. Heute stehen die *Wegzeichen* in den Bücherregalen der meisten arabischen Moscheen – auch in Europa.

Anders als Qubt tritt der Pakistaner Abu l-A'la al-Maududi für den schrittweisen Aufbau eines islamistischen Staates ein. Nicht die gewalttätige Konfrontation mit der gottlosen Gesell-

schaft könne der Weg zu diesem Ziel sein, sondern die ständige
Ausweitung der Partizipation an der staatlich-institutionellen
Regierungsarbeit. In diesem Sinne gründete Maududi 1941
die Partei Jama'at-i Islami, die bis heute existiert. Größere
Wahlerfolge blieben ihr jedoch versagt, weil es ihr nicht gelang,
über die gebildete Mittelschicht Pakistans hinaus Zugang zur
armen Bevölkerung zu finden. Von Anfang an befürwortete
Maududi »die Islamisierung von oben durch einen Staat, in
dem die Souveränität im Namen Allahs ausgeübt wurde und
der die Schari'a anwandte«.[67] Er erklärte die Politik zum »integralen und untrennbaren Bestandteil des islamischen Glaubens« und den islamischen Staat, den die Muslime durch politische Arbeit aufbauen sollten, zum »Allheilmittel für all ihre
Probleme«. Maududi machte die Religion zu einer Ideologie
und damit zu einem Instrument des politischen Kampfes.[68]

Die von Qubt und Abu l-A'la al-Maududi ausgelöste weltanschauliche Debatte drang erst nach der vernichtenden Niederlage der arabischen Armeen im Sechstagekrieg gegen Israel
im Juni 1967 in die deutschen Moscheen. Die Niederlage
erschütterte die gesamte muslimische Welt und mündete in
einer Zukunftsdebatte, in der sich die Palästinenserfrage und
der Islamismus vermengten. Die starke Betroffenheit über die
politisch-moralische Katastrophe, Nakbar, wurde auch von
den Muslimen in Deutschland als Niederlage der islamischen
Völker empfunden.

Der Kriegsausgang destabilisierte die ägyptische Herrschaft
unter Nasser nachhaltig. Sein auf Gewalt und Unterdrückung
basierendes Regime verlor den Rückhalt des Volkes und die
Islamisten erhielten Zulauf. Es waren in erster Linie frustrierte
junge Männer der Mittelschicht, die sich mit Gewalt gegen die
herrschenden politischen und sozialen Verhältnisse stemmten.
Zwischen 1955 und 1975 hatte sich die Bevölkerung in den islamischen Staaten nahezu verdoppelt. Zwei Drittel der dort
lebenden Menschen waren unter 24 Jahre alt. Die Bevölke-

rungsexplosion führte zu einer Verstädterung des öffentlichen Lebens mit der Folge, dass die Ränder der urbanen Zentren zunehmend verslumten. Die jungen Leute sahen die Ursache für Arbeitslosigkeit, Massenelend, Wohnungsnot und Korruption in der mangelnden Anwendung der Regeln des Islam in den islamischen Staaten. Da der seit 1970 regierende ägyptische Präsident Anwar Al Sadat den Islamisten mehr Freiraum ließ, gerieten die bis dahin noch von sozialistischen Gruppen dominierten Hochschulen zunehmend unter islamistischen Einfluss. Dort wurden die Ideologien Qubts, Maududis und nun auch von Ayatollah Ruhollah Khomeneini verbreitet. Wenngleich Ägypten sicherlich das Zentrum dieser Bewegung war, erfasste sie zeitversetzt auch andere Staaten wie Algerien oder die Türkei.

Aufmarsch der Dschihadisten

Etwa ab Mitte der siebziger Jahre nahmen sich die beiden Großmächte USA und Sowjetunion auf ihre Weise den Islamisten an. Mit gezielter Unterstützung versuchten sie, die Bewegungen für ihre Zwecke zu nutzen. Die USA bemühten sich gemeinsam mit ihrem treuen Bündnispartner Saudi-Arabien um Einfluss auf die mit dem Islamismus sympathisierenden bürgerlichen Schichten der arabischen Länder. Sie nahmen an, das Bürgertum könne die radikalisierten armen Jugendlichen aus den Städten neutralisieren. Den verbrauchten nationalistischen Eliten trauten sie dies nicht mehr zu.[69] Mit dem Geld der Saudis gelang der wahhabitisch-islamistischen Strömung schnell eine Verbreitung auf andere Staaten. Auf der anderen Seite unterstützte die Sowjetunion die Khomeini-Revolution im Iran in der Hoffnung, daraus später eine antiimperialistische und antikapitalistische Bewegung schmieden zu können, indem sie den volksnahen Charakter des Islamismus betone. Die einzigen Profiteure dieser Strategien waren letztlich die Islamisten, die zwar das Geld nahmen, sich aber ansonsten weder von der Sowjetunion noch von den USA vereinnahmen ließen.

Die sowjetischen Truppen marschierten in Afghanistan ein, um das kommunistische Regime in Kabul im Kampf gegen die revoltierenden Stämme zu unterstützen. Im Gegenzug begannen die USA, die Aufständischen über Pakistan mit Waffen zu versorgen. Wieder kam das Geld dazu aus Saudi-Arabien, das alle Möglichkeiten nutzte, politische Erfolge eines puritanisch-fundamentalistischen Islam zu erzielen. Im Zuge der Kämpfe schlossen sich immer mehr Afghanen den Mujaheddin an oder flohen ins benachbarte Pakistan. Der Kampf der Muslime gegen die Kommunisten solidarisierte die Bevölkerung in den arabischen Staaten gegen einen gemeinsamen Feind. Saudis, Muslimbrüder und die pakistanische Partei Jama'at-i Islami begannen damit, aus allen Ländern Nachschub für die Mujaheddin zu rekrutieren. Eine Aufgabe, die ihnen vor allem in Ägypten nicht schwer fiel. Denn dort waren die Islamisten nirgendwo mehr vor der Geheimpolizei sicher.

Die von Präsident Sadat Anfang der siebziger Jahre gewährte Freizügigkeit hatte nach vorübergehender Entspannung neue radikale Kräfte hervorgebracht. Zu ihnen gehörte der Agraringenieur Mustafa Schukri. Er führte die Ende der sechziger Jahre entstandene Gruppe namens Al Takfir Wa-l Hijra. Unter seinem Kommando brach sie 1977 mit dem Sadat-Regime, nahm einen Religionsgelehrten als Geisel und ermordete ihn. Schukri hatte sich Qubts Begriff Jahiliya zu eigen gemacht. Seiner Ansicht nach verharrte die ganze Welt in großer Unkenntnis über den wahren Islam. In heilloser Selbstüberschätzung verwarf er die Lehren sämtlicher Ulema (Schriftgelehrter), bezeichnete alle Menschen als Ungläubige und erkannte nur noch seine Anhänger als wahre Muslime an. Zunächst zog er mit seinen Anhängern in abgelegene Berghöhlen, um dort den einzig wahren Islam zu leben. Doch dort wurde es ihnen bald zu einsam, und so kehrten sie in die Großstadt zurück. Da sie von irgendetwas leben mussten, entschlossen sie sich, Prominente zu entführen und Lösegeld zu erpressen. Schließlich kidnappten sie den früheren Minister für islamische Liegenschaften, Mohammed al-Dhahabi. Die Behörden wurden aufgefordert, 200 000 Pfund zu zahlen. Als der Staat nicht auf die Forderung einging, tötete die Gruppe ihre Geisel. Es dauerte nur wenige Tage, bis die Polizei den größten Teil der Gruppe verhaftet hatte. Schukri wurde zum Tode verurteilt.

Seine Hinrichtung verschärfte die Spannungen zwischen den Islamisten und der Staatsmacht weiter. Auf der Seite der Islamisten kam es zu einer weiteren Radikalisierung, die schließlich zur Spaltung führte. Die radikalsten Kräfte schlossen sich in der »Organisation des Dschihad« zusammen. Unter ihrem Anführer Abdessalam Faraj planten sie einen Anschlag auf Präsident Sadat. Bei der Militärparade zum Gedenken an die Überquerung des Suezkanals am 6. Oktober 1981 besetzten sie ein Fahrzeug ausschließlich mit ihren Leuten. Als der Wagen am Präsidenten vorbeifuhr, eröffneten die Islamisten das Feuer und töteten den Präsidenten. Doch die Hoffnung, die Bluttat würde zu einem Volksaufstand führen, erfüllte sich nicht. Den nach dem Attentat in der Islamistenhochburg Assiud organisierten Aufruhr schlug das Militär in kürzester Zeit nieder.

Nach der Tat flohen unzählige Islamisten vor der ägyptischen Geheimpolizei. Sie machten sich auf den Weg nach Afghanistan oder suchten Unterschlupf im Iran.

Derweil lief die Rüstungsmaschinerie der USA für die Mujaheddin in Afghanistan erst richtig an. Im pakistanischen Peschawar richtete der aus Jordanien stammende palästinensische Islamist Abdullah Azzam 1984 eine Rekrutierungsstelle ein. Der Agrarwissenschaftler Azzam war Dozent an der Internationalen

Islamischen Universität in der pakistanischen Hauptstadt Islamabad. Von seinem Gehalt hätte er die Mujaheddin wohl kaum ausrüsten können. Dabei half ihm die saudische Führung. Außerdem hatte er dort auch einen guten Freund gewonnen, der die arabischen Krieger finanziell reichlich unterstützte. Sein Name ist Osama bin Laden. Die beiden hatten sich bei einem von zahlreichen Besuchen Bin Ladens im pakistanischen Lahore kennen gelernt, wo der Saudi dem Hauptquartier der Jama'at-i Islami Spenden für die Mujaheddin übergab, schreiben Michael Pohly und Khalid Durán.[70] Azzam war ein überzeugter Anhänger der Ideologie von Sayyid Qubt und hatte als Soldat die vernichtende Niederlage im Sechstagekrieg gegen Israel miterlebt. Dieses Erlebnis hatte ihn, wie so viele andere Araber auch, radikalisiert. Den Kampf in Afghanistan sah er nur als Beginn eines Dschihad, der den Islam zur Weltherrschaft führen sollte. Er selbst kämpfte diesen Kampf nicht mit dem Gewehr, seine schärfste Waffe war das Wort. In Rundfunkreden und in Schriften bewies er sein dämagogisches Talent. Er und Bin Laden sollen sich auf Anhieb sehr gut verstanden haben. Jedenfalls kam Bin Laden mehrfach nach Peschawar und begleitete Azzam nach Afghanistan in ein von Mujaheddin beherrschtes Gebiet. 1989 starb Azzam unter rätselhaften Umständen. Sein Auto explodierte, als er mit seinen beiden Söhnen außerhalb Peschawars unterwegs war. Es war bereits der zweite Anschlag auf ihn. Nach dem Tod Azzams gründete Bin Laden seine Al Qaida.

In der Rekrutierungsstelle Mektab al-Khadamat in Peschawar tauchten allerdings nicht nur überzeugte Gläubige auf, sondern auch Kriminelle, die in ihrem Heimatland polizeilich gesucht wurden. Im Grenzgebiet zu Afghanistan wurden die Leute zu Kämpfern ausgebildet und mit Schnellfeuergewehren, Handgranaten sowie Panzerabwehrwaffen ausgerüstet. Und so stand beim Abzug der sowjetischen Truppen 1989 eine schwer bewaffnete, kampferprobte Truppe am Hindukusch, die plötzlich »arbeitslos« geworden war. Die USA hatten kein Interesse mehr an ihnen.

Mit dem Ausbruch des Bürgerkrieges 1992 in Algerien zogen die von dort stammenden Afghanistan-Kämpfer zurück in ihr Heimatland. Dort schlossen sie sich der salafistisch-dschihadistischen Organisation »Bewaffnete Islamische Gruppe« (GIA) an. Auch diese Bewegung wurde von dem inzwischen im Sudan residierenden Osama bin Laden finanziell unterstützt. Die Islamische Gruppe richtete unvorstellbare Massaker unter der Zivilbevölkerung an, in der sie jeden Rückhalt verlor. Dennoch weitete die GIA als erste islamistische Gruppe den Kampf auf Europa aus und verübte zahlreiche Anschläge auf Metro- und Eisenbahnlinien in Frankreich. Zumindest einer der Beteiligten war später auch in Frankfurt/Main an den Planungen für einen Anschlag auf den Straßburger Weihnachtsmarkt beteiligt. Ihre militärische Niederlage in Algerien versetzte der islamistischen Bewegung dort einen schweren Rückschlag. Es brauchte einige Zeit, bis sie sich davon erholte.

In Frankreich blieb die Idee des Gottesstaates hingegen auch in der algerisch-muslimischen Bevölkerung lebendig. Ebenso wie in Deutschland wurde sie maßgeblich durch die Imame über die Moscheen transportiert. Das Leben in den Ghettos und die Verachtung für die westliche Gesellschaft aus der Haltung der Gescheiterten heraus machten dort den religiös-ideologischen Islam zu einem erstrebenswerten Ziel, weil er den Westen zerstören und eine Herrschaft der wahren Muslime aufbauen wollte.

Der Dschihad erreicht die Ghettos

Der Dschihad als Auseinandersetzung mit dem Unglauben ist ein fester Bestandteil des Islam. Seine heutige terroristische Erscheinungsform ist jedoch erklärungsbedürftig.

Die beiden islamistischen Chefideologen Maududi und Qubt befürworten die Durchsetzung des Gottesstaates über den militärischen Kampf. Sie erklären die Schari'a zum Kriterium der politischen Legitimität aller Staaten und Gemeinwesen und Qubt fordert gar zum Krieg gegen all jene auf, welche das »göttliche Gesetz« nicht anwenden. Nach Maududi ist der Tod im Dschihad das größte Opfer, das ein Mensch Gott bringen kann. »Was bedeutet der Verlust einiger Menschenleben, selbst wenn es einige Tausende oder mehr sein sollten, gegenüber dem Unheil, das die Menschheit ereilen würde, wenn das Böse über das Gute und der aggressive Atheismus über die Religion Gottes den Sieg davontragen würden«, schreibt er. Und wenn Gottes Religion untergehe, würde »die ganze Erde zu einer Heimstatt des Schlechten, der Unmoral und des Verderbens«.

Qubt versteht unter Dschihad zunächst das »Sich-Mühen auf dem Wege Gottes«. Der Einzelne soll ein vorbildliches Leben im Sinne des Islam führen. Da aber der Gottesstaat auf friedlichem Wege nicht zu erreichen sei, müsse dieser auch mit dem Schwert erkämpft werden. Damit liegt Qubt ganz auf der Linie des Korans, der zwischen dem »großen« (das Sich-Abmühen) und dem »kleinen« (die kriegerische Auseinandersetzung) Dschihad unterscheidet. Dass jedoch der Kampf mit Waffengewalt unumgänglich sei, ist allein Bestandteil der von Qubt geschaffenen Ideologie.

Der Islamwissenschaftler Hans-Peter Raddatz spricht wiederum vom »inneren Dschihad«, dem Kampf gegen den Ungehorsam Gottes Geboten gegenüber, und dem »äußeren Dschihad«. Letzterer sei der Kampf gegen den Unglauben »in Form von Mord, Raub, Verschleppung und Zerstörung«. In Zeiten physischer Schwäche, etwa in der Diaspora, bediene er sich des Wortes und betreibe Propaganda für den Islam. Nach Raddatz wächst mit der steigenden Ausbreitung des Islam in Deutschland die Gefahr der Gewaltanwendung.[71] Auch die Sicherheitsbehörden sehen eine zunehmende Gefährdung. Allerdings begründen sie ihre Einschätzung mit Bewegungen innerhalb der Terrorszene, konkreten Hinweisen, die sie mitgehörten Telefonaten entnehmen, und Beweismitteln, die sie bei der Durchsuchung von Wohnungen und Einrichtungen verdächtiger Personen und Organisationen sicherstellen. So gesehen steigt die Terrorgefahr im Zeichen des Dschihad gegen die Ungläubigen weitaus schneller, als sich der Islam in Europa ausbreiten kann. Das wachsende Gefährdungspotenzial muss folglich – zumindest zum gegenwärtigen Zeitpunkt – eine andere Ursache haben.

Allein in den zurückliegenden drei Jahren gab es zahlreiche Aufrufe zum Dschihad. Die Dschihadisten kämpften in Afghanistan, Tschetschenien und im Irak. Der wohl bekannteste Aufruf ist der von Osama bin Laden gegen die »Juden und Kreuzfahrer«. Vergessen ist, wie der Diplomat Baron Max von Oppenheim zwei Monate nach Ausbruch der Ersten Weltkriegs Kaiser Wilhelm II aufforderte, er solle den Kalifen zum Dschihad gegen die Feinde Deutschlands gewinnen, damit diese in den Kolonien empfindlich geschwächt würden. In jedem Fall ist die Verkündung des Dschihad die islamische Legitimation zur Anwendung von Gewalt. Seit der Aufhebung des Kalifats, das alle Muslime weltweit unter einem Dach vereinte, fühlten sich die Anführer unterschiedlichster Gruppen dazu berufen, zum Dschihad aufzurufen. Die Konflikte waren allesamt regional begrenzt und führten zu gewalttätigen Auseinandersetzungen zwischen den radikalisierten Anhängern jener Gruppen und der Staatsmacht. So gibt es beispielsweise den palästinensischen Dschihad mit dem Ziel, einen Gottesstaat in Palästina zu errichten, oder den ägyptischen Dschihad.

Diese primär regional-nationale Mobilmachung wurde erstmals mit dem Aufbau einer multiarabischen Truppe gegen die Sowjets im Afghanistan-Krieg durchbrochen. Dank finanzieller Unterstützung des saudischen Königshauses und Osama bin Ladens zogen kampfbereite Muslime aus allen arabischen Ländern in den Krieg. Nach gut zehnjährigem Kampf stand diese Truppe mit dem Abzug der Sowjets plötzlich ohne Aufgabe da. In ihren Reihen befanden sich militante Islamisten wie der ägyptische Arzt Ayman al-Zawahiri, der heute zum engen Führungszirkel der Al Qaida gehört. Der ehemalige Muslimbruder hatte sich Ende der siebziger Jahre den gewaltbereiten Mitgliedern der »Organisation des Dschihad« angeschlossen, die 1981 den ägyptischen Präsidenten Anwar al-Sadat töteten. Nach dem Attentat wurde auch Al-Zawahiri verhaftet. Da ihm aber keine Tatbeteiligung nachgewiesen werden konnte, kam er schon bald wieder frei. Nun zog es ihn nach Afghanistan. Als Arzt beim Roten Halbmond wollte er dort die Verwundeten versorgen. Da er einmal aus Ägypten entkommen war, schien es ihm sicherer, sich dort nicht mehr blicken zu lassen.

Nachdem die Amerikaner die Waffenlieferungen eingestellt und während des Golf-Kriegs Truppen auf dem »heiligen Boden« Saudi-Arabiens stationiert hatten, erklärte Bin Laden die USA und die Juden zum neuen Gegner. Später weitete er die Kriegserklärung auf die gesamte westliche Welt aus. Wesentlichen Anteil daran hatte Al-Zawahiri, der Bin Laden auf die Weltanschauung der ägyptischen Islamisten eingeschworen hatte.

Kepel glaubt, dass sich nach 1989 in Afghanistan, in einem von »jeder gesellschaftlichen Realität losgelösten Milieu, wo man die Welt nur noch über religiöse Dogmen und Waffengewalt wahrnahm«, eine »neue islamistische Ideologie« entwickelte, nämlich die der »salafistischen Gotteskrieger«. Das arabische Wort »salaf« könnte man etwa mit »fromme Vorfahren« übersetzen. Diese Krieger seien überzeugt, dass »für die muslimische Welt die Stunde des Angriffs gekommen ist, und setzen den Dschihad, der zur Verkündung des islamischen Gottesstaates führen wird, bei jeder Gelegenheit in die Tat um«.[72]

Oder stand dort oben am Hindukusch gar nur eine völlig entmenschlichte Truppe, die sich lediglich noch aufs Töten verstand und den Dschihad zur Verkündigung des Gottesstaates als Legitimation zur Fortsetzung ihres blutigen Handwerks missbrauchte? Der Historiker Walter Laqueur sah die treibende Kraft der damals entstandenen neuen Form des Terrorismus im religiösen Fanatismus. Er verwies auf Adolf Hitler, der in seinem Buch *Mein Kampf* schrieb, die Mobilisierung der Massen könne nur »durch rücksichtslose und fanatisch einseitige Einstellung auf das nun einmal zu erstrebende Ziel« erreicht werden. Der Feind müsse vernichtet werden, denn er befinde sich im absoluten Irrtum. Im religiösen Fanatismus, der fanatischen Überzeugung vom eigenen Recht und der Unduldsamkeit allem anderen gegenüber, liege die Größe jeder großen Bewegung. Laqueur behauptete nun, mit der Neubelebung des islamischen Fundamentalismus sei auch der religiöse Fanatismus neu belebt und wesentlicher Bestandteil des Terrorismus geworden. »Denn wie könnten Militante töten und in der Erwartung leben, selbst getötet zu werden, wenn nicht vor dem Hintergrund eines starken, zielgerichteten Glaubens?«[73], fragte er. Letztlich dürften wohl mehrere Faktoren gleichzeitig zum globalen Terrorismus geführt haben. Durch die Entmenschlichung und gleichzeitige Entrücktheit von aller gesellschaftlichen Realität mutierte der religiöse Eifer der Mujaheddin zu blindem Fanatismus, der in einem totalen Krieg den Gottesstaat erkämpfen will. Seine Anhänger folgen einzig und allein einer Vernichtungsdoktrin.

Mit diesem mörderischen Neo-Islamismus im Gepäck schwärmten die Mujaheddin in alle Welt aus, den Kampf zu organisieren. Sie spannen Theorien über eine angebliche amerikanisch-jüdische Weltverschwörung gegen den Islam und lockten junge, vom Islamismus begeisterte Muslime in die Ausbildungslager nach Afghanistan. Sie organisierten Kampfeinsätze in Bosnien und Tschetschenien und verbreiteten über das Internet Hassschriften gegen den Westen. Deren Diktion glich der von Predigten. Und bis heute enthalten die meisten Pamphlete Anleitungen zum Bau von Bomben, unterweisen den Leser in Waffenkunde und Kampftaktik. Mit religiösen Gesängen unterlegte Kampfvideos aus Tschetschenien und den Ausbildungslagern fanden ihren Weg bis hinein in die muslimischen Ghettos in Deutschland.

Unter den Migranten, die in den sechziger und siebziger Jahren nach Deutschland gekommen waren, traf dieser Vernichtungswahnsinn auf ebenso wenig Verständnis wie in der westlichen Gesellschaft. Der »Gastarbeiter-Islamismus« war eine frömmelnde Orthodoxie, die sich untrennbar mit den türkisch-theokratischen Zielen des Necmettin Erbakan verband und mit dessen Scheitern zur Jahrtausendwende ernüchtert dem Modernisierer Erdogan zuwandte. Begeisterung weckte der bluttriefende Fanatismus zunächst bei den Studenten aus den arabischen Ländern und den Predigern in den arabischen Moscheen. Legendär ist inzwischen die Hasspredigt von Scheich Mohammed Al-Fazazi II., der den Gläubigen in Hamburg zurief: »Auch der Dschihad (...) ist hart für die Ungläubigen, weil unsere Religion uns befohlen hat, ihre Hälse zu schneiden.«[74] Zu seinen Zuhörern zählten die späteren Todespiloten vom 11. September, Mohammed Atta, Marwan Al-Shehhi und ihr Cheflogistiker Ramzi Binalshibh. Ursprünglich wollten sie sich dem Dschihad in Tschetschenien anschließen, wurden aber dann von einem Bin-Laden-Gesandten nach Afghanistan gelockt und auf die Al Qaida eingeschworen.

Ein besonderer Reiz für alle subversiv-kriminellen Elemente lag zudem in der politischen, vor allem aber der medialen Bedeutung, die der Al-Qaida-Terror einnahm. Die zunehmende Furcht der Menschen vermittelte ihnen das Gefühl der Macht. Die staatenlosen, heimatlos durch die Welt vagabundierenden Mujaheddin versetzten die gesamte westliche Welt in Angst und Schrecken.

So jedenfalls kam die Botschaft bei den arbeitslosen, geltungshungrigen, nach Helden suchenden Jungen in den muslimischen Ghettos an. Diese Mujaheddin mussten ihnen wie Helden erscheinen. Hatte man ihnen nicht im Koranunterricht beigebracht, nur der Muslim sei ein gottgefälliger und deshalb guter, in seinem Sinnen und Trachten reiner und somit unbesiegbarer Mensch? Sie hatten gelernt, dass die Juden die Feinde der Muslime seien. Und sie hatten gelernt, dass die Amerikaner und Europäer gemeinsam mit den Juden das palästinensische Volk unterdrückten und bekämpften. Also musste es richtig sein, was diese Mujaheddin anrichteten. Der Einfluss der Moscheen auf die Jungen kann gar nicht hoch genug eingeschätzt werden. Die jungen Leute werden pausenlos agitiert. Wenn nicht über die Gotteshäuser, dann über die per Satellit ausgestrahlten arabischen Fernsehsender und über das Internet. Auf diese Weise wird die Saat für den Terrorismus gestreut. Nur wenn sich die deutsche Gesellschaft und die Muslime für einander öffnen, können sie gemeinsam verhindern, dass diese Saat aufgeht.

In der Abgeschiedenheit muslimischer Ghettos konnten die Apologeten des Neo-Islamismus jahrelang unbemerkt ihre subversiven Pläne schmieden, weil sie sich nach außen, sprich in ihrer Rhetorik und Darstellung, überhaupt nicht von den Islamisten unterschieden. Wie hätte den gemäßigten Muslimen in den Migrantenvierteln auffallen sollen, dass sich dort jemand für den Terrorismus rüstet? Nicht einmal die Geheimdienste empfanden es als außergewöhnlich, wenn jemand auf Amerika schimpfte, die Juden verdammte und den Westen dekadent nannte. Als die Afghanistan-Mujaheddin sich auf den Weg in die Welt machten, gingen sie verschlungene Pfade. Sie sind die wirklichen Verschwörer, die ihre wahren Absichten nur im Geheimen den engsten Mitverschwörern offenbaren.

Die Ideologie hingegen, die Religion und Schari'a in einem Gottesstaat verwirklicht sehen will, war nie ein Geheimnis. Sie

ist Jahrzehnte alt und war in den arabischen Staaten Anlass zu
gewalttätigen Auseinandersetzungen. In Deutschland konnten
sich ihre Anhänger frei bewegen, Vorträge auf öffentlichen Veranstaltungen halten und ihre Schriften verbreiten. Das sind die
unschätzbaren Vorteile der Meinungs- und Religionsfreiheit in
einem Rechtsstaat. In der Türkei haben die Islamisten mit
ihrem Anführer Erbakan in freien Wahlen die Macht übernommen und sie wieder verloren, weil die demokratischen Kräfte –
und das Militär – im Land letztlich stärker waren und den von
Erbakan angestrebten Schari'a-Staat nicht zuließen.

Demokratie lebt vom Dialog. Wenn aber die Muslime in
Deutschland und Europa in ihrer selbst gewählten Isolation verharren und die jungen Menschen weiterhin der neo-islamistischen Agitation ausgesetzt sind, wenn es der Al Qaida gelingt,
sie in die afghanischen Ausbildungslager zu rekrutieren, wird
die Gefahr von Terroranschlägen in Deutschland weiter zuneh-
men. Die Bomben in den Zügen von Madrid sind Beweis genug.

Islamismus in der Türkei

Die Schriften von Qubt und Maududi stießen in der Türkei bei
den verbotenen orthodox-islamischen Bruderschaften auf großes Interesse. Ihre Hochburg war Konya in Zentralanatolien.
Dort hatte der Politiker Necmettin Erbakan seinen Wahlkreis.
Erbakan stammte aus einer privilegierten Familie und hatte
Anfang der fünfziger Jahre in Deutschland eine Ingenieursaus-
bildung absolviert. Viele Jahre war er Mitglied der im religiösen Milieu verankerten rechtsgerichteten Gerechtigkeitspartei,
bis er sich von den Bruderschaften, zu denen er einen engen
Kontakt pflegte, für die Idee des Gottesstaates einnehmen ließ.
Die Brüder lieferten ihm das religiös-ideologische Rüstzeug
für seinen Kampf gegen den Laizismus in der Türkei und die
Anbindung des Landes an den Westen.

»Sein politisches Programm hatte eine technokratische und eine islamistische Ausrichtung: Er befürwortete die Industrialisierung, war aber ein erklärter Gegner des Westens, vor allem der Europäischen Wirtschaftsgemeinschaft, die in seinen Augen für die der islamistischen Bewegung verhasste Dreierkombination aus Freimaurertum, Judentum und Zionismus stand«, schreibt der französische Islam-Experte Kepel.[75] Erbakan wusste, dass er vorsichtig vorgehen musste. 1967 hatte die Polizei den Führer der türkischen Sektion der ursprünglich jordanischen Islamistenorganisation Hizb ut-Tahrir festgenommen und vor Gericht gestellt. Dennoch wagte Erbakan 1970 die erste Parteigründung. Obwohl die »Partei der Nationalen Ordnung« vordergründig nicht als islamistische Organisation zu erkennen war, verfügten die aufmerksamen Wächter des Laizismus, der Verfassungsrat, schon ein Jahr später die Auflösung der Partei. Erbakan jedoch ließ sich von solchen Rückschlägen nicht beeindrucken und es gelang ihm zunehmend, seine Faszination auf die tief religiöse Landbevölkerung Anatoliens zu übertragen. Seine zweite, Ende 1972 gegründete »Partei des Nationalen Heils« holte bei den Parlamentswahlen im Jahr darauf sofort zwölf Prozent der Stimmen. Den Erfolg verdankte sie in erster Linie den gläubigen Anatolen. Unter anderen waren sie es, die das politische Programm Erbakans und damit die religiöse Ideologie des Islamismus zu ihren Verwandten nach Deutschland transportierten.

Der überwiegende Teil der als Gastarbeiter nach Deutschland gekommenen Türken stammte aus Anatolien. Und als sie ihre ersten Moscheevereine gründeten, holten sie sich ihre Imame aus dem Umfeld der orthodoxen Bruderschaften in der Heimat. Die jungen Männer hatten die »Gymnasien für Imame und Prediger« besucht. Sie kamen ausnahmslos aus mittellosen Familien, deren Kindern die staatlichen Gymnasien verschlossen blieben, und die ihren Söhnen nur über diese Prediger- und Imamschulen eine höhere Bildung mitgeben konnten. Als der

Staat die Schulen Mitte der fünfziger Jahre ins Leben rief, verfolgte er damit das Ziel, Imame auszubilden, die sich verlässlich zum türkischen Laizismus bekennen. Vielleicht wäre dieses Ziel erreicht worden, wenn man junge Männer aus den Städten aufgenommen hätte. Mit den gläubigen Jugendlichen aus Anatolien wurde es jedoch verfehlt. Die im ländlichen Volksislam aufgewachsenen Schüler hielten an ihren Traditionen und Überzeugungen fest, ja diese verstärkten sich noch aufgrund der einseitigen religiösen Bildung, die zudem deutlich unter dem intellektuellen Niveau der staatlichen Gymnasien lag.

Die jungen Prediger, die dann für einige Jahre nach Deutschland gingen, wagten dort zu sagen, was sie in der Türkei aus Angst vor politischer Verfolgung nicht gewagt hätten. Gedeckt durch das Grundrecht auf Meinungsfreiheit predigten sie gegen den Laizismus und für den Aufbau eines Gottesstaates. Sie prangerten den Werteverfall der deutschen Gesellschaft an, der Drogen- und Alkoholsucht, Kriminalität, Lüge und Unmoral fördere. Ihre beständige Agitation in den Freitagspredigten bestärkte die türkischen Muslime in ihrer Abwehrhaltung gegenüber der deutschen Gesellschaft.

Durch seine Wahlerfolge sorgte Erbakan in den siebziger Jahren in wechselnden Regierungsbeteiligungen dafür, dass die Abschlüsse der Predigerschulen mit denen der staatlichen Gymnasien gleichgestellt wurden. Damit öffnete der islamistische Politiker seiner Klientel den Weg an die Universitäten. Nun bestand die Chance, auch eine islamistische Elite heranzubilden.

Mindestens ebenso entscheidend für die weitere Entwicklung der Islamisten in der Türkei aber waren die Veränderungen, die Erbakans Parteimitglieder im Innenministerium vollzogen. An entscheidenden Stellen in den Geheimdiensten und in der Personalverwaltung setzten sie Sympathisanten ein.[76]

Nach dem Militärputsch 1980 gingen die neuen Machthaber hart gegen alle Extremisten vor. Zwar steckten die Militärs auch Erbakan für einige Monate ins Gefängnis, doch die Ultra-

Linken und Rechten traf es viel härter. Gleichwohl wollten die neuen Machthaber auch dem Islamismus gänzlich den Nährboden entziehen. Per Gesetz machten sie 1982 Religionsunterricht zur Vorschrift an öffentlichen Schulen, zwei Jahre später wurde die Türkisch-Islamische Union der Anstalt für Religion (DITIB) gegründet und direkt der Obersten Türkischen Religionsbehörde (Diyanet Isleri Bakanligi) unterstellt. Von diesen Maßnahmen erhoffte sich die Regierung eine weitgehende Kontrolle über den Religionsunterricht der DITIB-Moscheen.

Die restriktiven Maßnahmen der Regierung zeigten zumindest politisch Wirkung. Zwar schickten die Eltern weiterhin ihre Kinder auf die Koranschulen der freien Moscheen, doch Erbakans neue »Wohlfahrtspartei« kam nur schwer in Gang. Schuld daran war ein gewaltiger Umwälzungsprozess, der eingesetzt hatte.

Es bildeten sich merkwürdige Allianzen zwischen ehemaligen Mitgliedern der extremen Linken, vor allem den Maoisten, und radikalen Islamisten. Aber auch die Nationalisten gesellten sich zu den Islamisten. Anlass war 1984 der Tod einiger ihrer Führer in türkischen Gefängnissen. Danach verdammten sie »die Dunkelheit des Nationalismus« und riefen dazu auf, sich Allah zuzuwenden. Während die aus dem linken Lager kommenden Islamisten Kontakte in den Iran pflegten, suchten die bekehrten Nationalisten die Verbindung zu den ägyptischen Muslimbrüdern. Weil die Geheimdienste und die Polizei mit vielen Sympathisanten durchsetzt waren, konnten die Islamisten relativ frei agieren. Beide Gruppen erhöhten die Gewaltbereitschaft der Islamisten um ein Vielfaches. Denn all diese Leute waren in den bürgerkriegsähnlichen Auseinandersetzungen zwischen Links- und Rechtsradikalen in den siebziger Jahren zu Terroristen ausgebildet worden. Nun verübten sie im Namen des Islamismus Terroranschläge auf jordanische, saudische und irakische Diplomaten.

Im Oktober 1991 übernahmen türkische Islamisten die Verantwortung für das Attentat auf einen US-Offizier und einen ägyptischen Diplomaten, mit dem sie gegen die damals in Madrid stattfindende Nahost-Konferenz protestieren wollten. Der US-Offizier wurde dabei getötet. 1993 ging ein Hotel in Flammen auf, in dem ein hochrangig besuchtes Kulturfestival stattfand. Dem Brandanschlag fielen 37 führende Intellektuelle zum Opfer, die für den Laizismus eintraten.

Der türkische Inlandsgeheimdienst MIT und die Geheimpolizei listeten 1991 in einem gemeinsamen Report immerhin zehn in der Türkei aktive islamistische Organisationen auf. Dazu zählten die »Türkisch-Islamische-Befreiungsarmee« (IKO), die »Türkisch-Islamische-Befreiungsfront« (TIK-C), »Kämpfer für die islamische Revolution« (IDAM), die »Türkisch-Islamische Befreiungsunion« (TIKB), die »Welt-Shari'a-Befreiungsarmee« (DSKO), die »Welt-Bruderschaft-Schari'a-Rachearmee« (EKC-SIM), »Front der islamischen Befreiungspartei« (IKP-C), »Türkische Kämpfer des universellen islamischen Befreiungskrieges« (EIK-TM), »Armee der türkisch-islamischen Kämpfer« (IMO) und die Gruppe »Türkische Schari'a-Verteidigungskommandos«. Hunderte gewaltbereiter Islamisten wurden inhaftiert.

In diesem Fahrwasser hatte es Erbakan mit seiner Wohlfahrtspartei schwer, nicht in den Strudel der Gewalt und in Konflikt mit der Staatsmacht zu geraten. Politisch blieb er in den achtziger Jahren relativ erfolglos.

Warum die Islamisten in den achtziger Jahren in solcher Breite gewaltbereite Gruppen bilden konnten, wurde erst 1991 so richtig offenbar, als alle Mitarbeiter von Geheimdiensten und Polizei überprüft wurden. Das Ergebnis ließ aufhorchen. Gut 700 von 1600 Mitarbeitern bei Geheimdiensten und Polizei standen im Verdacht, Islamisten zu unterstützen. Die Verdächtigen wurden ihrer Posten enthoben und mussten fortan im Südosten des Landes ihren Dienst tun – wo sie dann genauso weiterarbeiteten wie zuvor in Ankara.

Erbakan gelang es, sich vom Terror zu distanzieren. Mitglieder seiner Wohlfahrtspartei verbreiteten indes abenteuerliche Gerüchte, die den Islamisten zugeschriebenen Terrorakte seien internationale Aktionen und Anschläge des Westens gegen die Türkei. Trotz oder auch dank solcher Aussagen verbuchte Erbakan Anfang der neunziger Jahre satte Stimmenzuwächse, die ihn schließlich im Dezember 1995 zum Sieger der Parlamentswahlen und 1996 zum Ministerpräsidenten machten. Er bildete eine Koalition mit der »Partei des Rechten Weges« von Tansu Ciller. Für Erbakan war dies eine verhängnisvolle Entscheidung. Weil er seine ehrgeizigen Ziele nicht umsetzen und die Wünsche seiner Anhänger nicht erfüllen konnte, musste Erbakan kurz vor Ablauf des ersten Regierungsjahres abdanken. Von diesem Sturz erholte er sich nie mehr. Der Machtverlust führte zu heftigen Auseinandersetzungen innerhalb der Wohlfahrtspartei, die schließlich die Spaltung verursachten. Sein neuer Kontrahent, der Reformer Recep Tayyip Erdogan, gründete die »Gerechtigkeits- und Entwicklungspartei« und wurde mit ihr Ministerpräsident.

Auch während der kurzen Regierungszeit Erbakans blieben die radikalen islamistischen Gruppen weiter aktiv. Ein von den Sicherheitsbehörden Anfang 1997 angefertigter Report für den Nationalen Sicherheitsrat beschrieb eine Dreistufenstrategie, mit der sie ihre Ziele zu erreichen suchten.[77] Die erste Stufe sei die Agitation. Die Islamisten versuchten, die Menschen dazu zu bewegen, nach den Regeln des Korans zu leben und für das Ziel eines islamischen Staates zu kämpfen, in dem das Recht der Schari'a praktiziert werde. In der zweiten Stufe wollten sie Gemeinschaften aufbauen, die den Grundsätzen und Ansprüchen der ersten Stufe entsprächen. Die dritte Stufe sei der Dschihad als bewaffneter Kampf für den islamischen Staat.

Geheimdienstchef Cetin Saner skizzierte 1997 ein Lagebild des Islamismus in der Türkei. Danach bildeten die kurdische

Arbeiterpartei PKK und radikale Islamisten eine Allianz. Die Camps der PKK im Nord-Irak würden auch zur Terrorausbildung von Islamisten genutzt. Man habe eine »Gesellschaft der Imame« gegründet, die jede Moschee in ein »Zentrum der Propaganda und Rebellion« verwandeln sollte. Er beschuldigte den Iran, die radikalen Islamisten ermuntert und unterstützt zu haben, die Türkei in einen Schari'a-Staat zu verwandeln. »Wir haben Hinweise, dass der Iran die Gruppen Hizbollah, Selam und die Islamische Bewegung kontrolliert, die allesamt radikale Islamisten sind, und dass der Iran die Führer dieser Gruppen ausgebildet hat«, sagte Saner. Der Iran versorge die Islamisten mit Geld, Kampfmitteln und Pässen. Islamisten, denen Terrorakte in der Türkei zur Last gelegt würden, fänden im Iran Unterschlupf.[78]

Die Antiterroreinheit des türkischen Sicherheitsapparates zog 1999 eine ernüchternde Bilanz. Fast 4000 radikale Islamisten waren von der Polizei seit 1989 verhaftet worden. Rund 800 Straftaten wurden auf diese Weise aufgeklärt, darunter viele Mordfälle.

Anders als die türkischen Behörden schenkte der deutsche Staat der Verbreitung islamistischer Ideologie in den Moscheen lange Zeit keinerlei Beachtung. Niemand kam auf die Idee, dass die offenkundige Radikalisierung in den muslimischen Staaten Einfluss auf die in Deutschland lebenden Migranten ausüben könnte. Die als Toleranz den religiösen Bedürfnissen der Migranten gegenüber ausgelegte Ignoranz zeitigte schon bald einen massiven öffentlichen Auftritt radikaler Kräfte in der Bundesrepublik.

KAPITEL VIER

Organisierter Islamismus

Schleichende Islamisierung

Viel zu wenig beachtet wird in der Islamismusdebatte eine Gruppe mit puritanischem Ansatz aus dem indo-pakistanischen Raum, die inzwischen auch großen Einfluss auf die europäischen Muslime hat. Anders als die radikal-islamischen Gruppen, die eine durch Gewalt erzwungene Islamisierung anstreben, arbeitet die Organisation »Tablighi Jamaat« (Gemeinschaft der Botschaft oder auch Verein zur Verbreitung des Glaubens) an einer friedlichen Konsolidierung der islamistisch-gesellschaftlichen Kräfte. Gegründet wurde die Gruppe 1927 in Indien von Muhammad Ilyas aus der Sorge heraus, die Muslime, die nur etwa zehn Prozent der indischen Bevölkerung ausmachten, könnten sich auf Dauer assimilieren, Sitten und Gebräuche der Hindus übernehmen. Um dies zu verhindern, sollten die Muslime den Propheten möglichst detailgetreu nachahmen. Einige Tablighi-Mitglieder zogen durch das Land und forderten die Muslime zum Gebet und zu einem Leben nach dem Vorbild Mohammeds und seiner Gefährten auf.[79] Auf diese Weise erreichte die Bewegung ein hohes Maß an Frömmigkeit unter den Muslimen. Die Gläubigen befolgten auch dann die Vorschriften des Korans, wenn sie damit von den üblichen Verhaltensnormen in der indischen Gesellschaft abwichen. Diese Konzentration auf den Islam führte zunächst zu einem Rückzug aus der Mehrheitsgesellschaft, später dann zu einer eindeutigen Segregation. Die Muslime mieden den Kontakt zu den Hindus und verkehrten nur noch mit Muslimen. So waren sie sich sicher, ihren Glauben in »Reinkultur« zu bewahren. Das Tablighi-System war darauf ausgelegt, dass sich diese isolierten muslimischen Zellen über den ganzen Kontinent verbreiteten, dabei möglichst fruchtbar waren und vermehrten, und auf diese Weise in ferner Zukunft durch die Eroberung der Gesellschaft von unten zum weltweiten islamistischen Gottesstaat führen würden.

Die Tablighi waren damit überaus erfolgreich und weiteten ihre Aktivitäten nach dem zweiten Weltkrieg auch auf andere Kontinente aus. Heute sind sie in Nordafrika, Nordamerika und Europa vertreten. Einmal jährlich treffen sie sich in Raiwind bei Lahore in Pakistan. Nur in Mekka kommen mehr Muslime zusammen als dort. In Europa gewann die Organisation vornehmlich die Migranten aus den maghrebinischen Ländern als Anhänger. Deren Reislamisierung ist entscheidend auf den Einfluss der Tablighi zurückzuführen.

Wer das Verhalten der in Deutschland lebenden Muslime genauer analysiert, wird feststellen, dass sie sich von Anfang an genauso verhalten haben, wie es Ilyas in den zwanziger Jahren des vergangenen Jahrhunderts von den Muslimen auf dem Subkontinent verlangt hat. Alle wissenschaftlichen Untersuchungen weisen nach wie vor starke Segregationstendenzen auf. Obwohl bereits die dritte Generation von Muslimen in Deutschland lebt und obwohl diese jungen Leute hier geboren und aufgewachsen sind, bewegen sich die Muslime privat nach wie vor nahezu ausschließlich in den eigenen Kreisen. Sie vermeiden jeden unnötigen Kontakt mit der deutschen Kultur und somit auch jeden Anlass, der eigene Wertvorstellungen, Sitten, Bräuche und Traditionen im unmittelbaren Gespräch infrage stellen könnte. Stattdessen treten sie allen Integrationsversuchen entgegen und schaffen sich enge Netzwerke, die ihnen in allen Lebenslagen weiterhelfen. Auch das ist im Übrigen ein Prinzip des Tablighi-Systems. Es fördert ein Gemein-schaftswesen, das für die elementaren Bedürfnisse wie Arbeit und Unterkunft sorgt. In Indien betrieb die Gruppe Kranken-stationen und Schulen und übernahm soziale Aufgaben in den verarmten Vierteln der übervölkerten Vorstädte.

Viele Muslime in Deutschland erklären, sie hätten ein ge-steigertes Bedürfnis nach religiösen Riten, damit sie ihre eigene Identität nicht verlören. Aus diesem Bedürfnis heraus verhal-ten sie sich genau so, wie es das System Tablighi erfordert, und haben es damit – gewollt oder ungewollt – auch in der Bundesrepublik etabliert.

In den deutschen Migrantenvierteln verbanden sich also frühzeitig drei Elemente, die einen Teil ihrer Bewohner für den Islamismus empfänglich machten: Frömmigkeit, eine Ab-wehrhaltung gegen die Mehrheitsgesellschaft in einem frem-den Land und damit verbunden der Wunsch, die eigene Iden-tität unverfälscht zu bewahren und zu diesem Zweck an der eigenen Kultur, den Sitten und Bräuchen festzuhalten. Es ist abzusehen, dass der in dieser Isolation geförderte fundamenta-listische Islam Deutschland und Europa in eine schwere gesell-schafts- und machtpolitische Auseinandersetzung führen wird. Die Gründe liegen auf der Hand: Seit Jahren wächst die Zahl der Muslime beständig. Damit nehmen nicht nur der Islam, sondern auch seine radikalen Ausläufer zwangsläufig immer breiteren Raum ein. Die Ghettos werden weiterwachsen, dort werden noch mehr junge, in Deutschland geborene Muslime leben, die in der sozialen Hierarchie ganz unten stehen, weil sie keine Arbeit haben, von der Sozialhilfe leben und nicht richtig Deutsch sprechen. Wenn sich nichts ändert, werden auch sie an der Wissens- und Leistungsgesellschaft scheitern. Und sie werden diese Gesellschaft ablehnen, vielleicht sogar hassen. Ihre Eltern hatten wenigstens noch die enge Anbin-dung an die Herkunftsländer. Die Jugendlichen werden weder Teil Deutschlands oder Europas noch Bürger der Herkunftsländer ihrer Eltern sein. Sie sind Gestrandete im Nichts, Ghettokinder, von denen vor allem die männlichen Jugendlichen nach Anerkennung dürsten. Die bekommen sie dann in den Moscheen, in den Kulturvereinen, und sie fühlen sich gut, wenn sie dort von der moralischen Überlegenheit des Islam über die westliche Gesellschaft hören. Das stärkt ihr Selbstbewusstsein. Das geht den Türken nicht anders als den Muslimen aus dem Maghreb und den arabischen Ländern. Und so sammelt der Islamismus weiter neue Anhänger. Schon heute werden zahlreiche Organisationen vom Verfassungsschutz wegen ihrer islamistischen Agitation beobachtet. Aber noch gibt es keine Führungspersönlichkeit, die den Sehnsüchten der Ghettojugendlichen in Deutschland eine Stimme verleiht.

Kaplan und der »Endsieg«

Mit dem Militärputsch 1980 war für Cemaleddin Kaplan Feierabend in der Türkei. Die neuen Machthaber versetzten den Mitarbeiter des Amtes für religiöse Angelegenheiten in den vorzeitigen Ruhestand.[80] Das Militär wollte alle Kräfte, die sich nicht zum Laizismus bekannten, aus dem Apparat entfernen.

In der Türkei war Kaplan Bestandteil der Islamistenszene um den Politiker Necmittin Erbakan. Als er nach Deutschland kam, bemühte er sich um den Aufbau einer »außerparlamentarischen Bewegung« gegen die türkische Regierung. Inspiriert wurde er dabei von Ayatollah Ruholla Khomeini, der aus seinem Exil in Paris einen Umsturz im Iran ausgelöst und einen theokratischen Staat aufgebaut hatte. Die Machtergreifung Khomeinis im Iran fand auch unter den orthodoxen türkischen Muslimen in Deutschland große Zustimmung. Und so traf Kaplan bei seinen ersten Reden in Deutschland auf ein begeistertes Publikum. Die Presse verlieh ihm schon bald den Titel »Khomeini von Köln«.

1984 gründete Kaplan in Köln die Islamistenbewegung »Kalifatsstaat«. Er selbst ernannte sich zunächst zum »Statthalter des Kalifen«, später dann gar zum »Emir der Gläubigen und Kalif der Muslime«. Der Kalif war bis zur Abschaffung des Kalifats im Jahr 1928 durch Kemal Atatürk das Oberhaupt aller Muslime weltweit. Diese Autorität beanspruchte Kaplan nun für sich. Als politisches Endziel strebte er die weltweite Herrschaft des Islam an – mit ihm als Kalifen. Doch zunächst einmal wollte er das laizistische System in der Türkei stürzen, schreibt der Verfassungsschutz.

Von seinen Anhängern verlangte er die strenge Einhaltung der Vorschriften des Islam und der Gesetzessammlung Schari'a. Jeden Verstoß oder jede Diskussion über Reformen bezeichnete er offen als Gotteslästerung. Wer versuche, die Schari'a zu interpretieren, statt ihren Gesetzen blind zu folgen, sei der Partei des Satans zuzuordnen.[81]

Auf dieser Grundlage baute Kaplan seinen Führerkult auf. Umjubelt von fanatischen Anhängern ließ er in der Kölner Sporthalle Jugendliche mit Holzgewehren marschieren und Atatürk-Figuren umreißen. Er selbst erging sich dazu in wortgewaltiger Demagogie. Parallelen zur Dramaturgie der Parteiveranstaltungen der Nationalsozialisten waren unverkennbar. Die türkischen Presse bezeichnete ihn von nun an als die »schwarze Stimme«.

Den Wahltriumph des alten Weggefährten Erbakan und dessen Aufstieg zum türkischen Ministerpräsidenten erlebte Cemaleddin Kaplan nicht mehr. Als er 1995 starb, übergab er das »Kalifat« seinem Sohn Metin Kaplan, einem, verglichen mit dem Vater, blassen, kränklich wirkenden »Kalifatsstaat«-Führer. Es kam zu Unstimmigkeiten in der Organisation, die dazu führten, dass die Berliner Anhänger Ibrahim Sofu zum »Gegenkalifen« ausriefen. Wenig später fand man den Mann erschossen in seiner Wohnung. Es schien unzweifelhaft, dass der Mord in Zusammenhang mit dem Kalifatsstaat stand. Die

Polizei verhaftete Kaplan, vor dem Oberlandesgericht Düsseldorf wurde ihm der Prozess gemacht. Das Gericht kam zu dem Schluss, Kaplan habe öffentlich zum Mord an Sofu aufgerufen und verurteilte den »Kalifen« zu einer vierjährigen Haftstrafe.

Auch die Behörden in Ankara wollten Kaplan vor Gericht stellen. Sie warfen ihm vor, einen Anschlag auf die Feierlichkeiten zum 75. Jahrestag der türkischen Republik geplant zu haben. Also stellten sie ein Auslieferungsersuchen. Damit wurde der Fall Kaplan zum Politikum.

Einerseits ging es um die Frage, ob in der Türkei rechtsstaatliche Grundsätze beachtet und die Menschenrechte eingehalten würden, andererseits aber auch darum, die Handlungsfähigkeit des deutschen Rechtsstaats im Kampf gegen den islamistisch motivierten Terrorismus zu beweisen. Als Innenminister Otto Schily Kaplan ausliefern wollte, stoppte ihn ein Urteil des Kölner Verwaltungsgerichts. Die Richter sprachen sich gegen die Abschiebung aus, da man annehmen müsse, dass Kaplan in der Türkei einem Verfahren ausgesetzt wäre, das dem völkerrechtlichen Verbot einer Verwertung polizeilich erpresster Aussagen widerspreche. Doch am 12. Oktober 2004 machte das Gericht den Weg frei. Kaplan wurde abgeschoben.

Metin Kaplan soll nach Erkenntnissen des deutschen Inlandsgeheimdienstes als Führer des »Kalifatsstaats« den Einsatz von Gewalt zur Durchsetzung der Islamherrschaft als legitimes Mittel angesehen haben. Von seinen Anhängern habe er »die Bereitschaft zum Dschihad« verlangt.

Wer als Nichtmitglied die Räume des »Kalifatsstaates« betreten wollte, stand vor verschlossenen Toren. Die Organisation war nach außen hin hermetisch abgeriegelt und glich einer Festung. Schon vor dem Tod Cemaleddin Kaplans war der Einfluss der Organisation auf die in Deutschland lebenden Migranten stark zurückgegangen. Die Gastarbeiter der ersten Generation, die sich ihm Anfang der achtziger Jahren angeschlossen hatten, verbanden mit Kaplan die Hoffnung auf einen religiösen Führer, einen Islamisten wie Khomeini vielleicht, jedenfalls wünschten sie sich eine seriöse Autorität. Diese Hoffnungen fanden sie nicht erfüllt, und so wandten sich die Leute wieder ab. All jene, die blieben, faszinierte wohl auch das Sektiererische, die Aura des Geheimbundes, die den »Kalifatsstaat« umgab. Immerhin gelang es Kaplan, bundesweit bis zu 1100 Mitglieder zu gewinnen.

Obwohl die Bewegung am 12. Dezember 2001 durch den Bundesinnenminister verboten wurde, geben die Anhänger weiterhin zwei Publikationen heraus: eine deutsche Monatsschrift *Der Islam als Alternative* und das wöchentlich in türkischer Sprache erscheinende *Beklenen Asr-i Saadet*, was so viel heißt wie »Das erwartete Jahrhundert der Glückseligkeit«. In einer Internetausgabe von *Beklenen Asr-i Saadet* hieß es etwa am 8. Januar 2003: »Der Islam ist eine solch vollkommene Ordnung, dass alles an ihm ganz und gar vollendet ist, dass er mit keinerlei Fehler oder Makel behaftet ist! Ebenso ist der Islam nicht gekommen, um sich den Zeiten anzupassen, sondern um die Zeiten an ihn anzupassen! Die islamische Ordnung, die den Menschen sowohl diesseitige als auch jenseitige Glückseligkeit bringt, wenn man sich ihr anpasst, hat im Gegensatz zu den übrigen Offenbarungsreligionen den Menschen auch für den weltlichen Seelenfrieden ein Modell angeboten: Nämlich selbst ein Staat zu sein, d.h. ein islamischer Staat! Den Weg zu diesem Staat hat wiederum der Islam selbst festgelegt und bestimmt: Verkündigung, Auszug, Dschihad und Staat!«[82]

In gedruckter Form wurde die Zeitschrift trotz des Verbots weiterhin an die Anhänger in ganz Deutschland verschickt. Nach Angaben des Verfassungsschutzes waren die Beiträge gespickt mit »antijüdischen und antizionistischen Parolen«. Vergleichbare Inhalte habe die Organisation zudem über eine per Satellit ausgestrahlte Fernsehsendung transportiert, die auch in der Türkei zu empfangen war.

Neben den regelmäßigen Publikationen verfügten die Verfassungsschützer über zusätzliche Hinweise darauf, dass die Organisation im Untergrund weiterexistierte. Bei einer groß angelegten Razzia in 1800 Gebäuden am 11. Dezember 2003 stellte die Polizei unter anderem Propagandavideos und Schusswaffen sicher. Vermutungen der Geheimdienste, der »Kalifatsstaat« habe Verbindungen zu militanten arabischen Gruppen, bestätigten sich bislang nicht.

Erbakan und Milli Görüs

Der türkische Islamist Necmettin Erbakan hat schon früh das Sympathiepotenzial der in Deutschland lebenden Gastarbeiter für seine Parteien gesehen. Er wusste um die tiefe Religiosität der vielen aus Anatolien stammenden Arbeiter. Außerdem war er eng verbunden mit den orthodoxen Bruderschaften, aus deren Reihen zahllose Imame nach Deutschland gingen und die nach ihrer Rückkehr ausführlich über die Situation der Gläubigen dort berichteten. So waren Erbakan und der Klerus in der Türkei besser über das Befinden der in Deutschland lebenden Türken informiert als die hiesigen politischen Institutionen. Die Imame predigten in der Bundesrepublik einen Fundamentalismus, der ihnen in der Türkei schwere Konflikte mit der Staatsmacht eingetragen hätte. Vor den in Deutschland lebenden Gläubigen aber redeten sie offen der Abschaffung des Laizismus in der Türkei das Wort und ebneten so der Reislamisierungsideologie Erbakans den Weg. Um die Türken in den deutschen Migrantenvierteln direkt an seine islamistische Milli-Görüs-Bewegung anzubinden, inspirierte Erbakan 1985 die Gründung des Vereins »Islamische Gemeinschaft Milli Görüs e.V.« (IGMG).

Der Verein erhielt von Beginn an großen Zulauf und weitete sich schnell auch auf andere europäische Länder aus. Allein in

Deutschland zählt er über 26000 Mitglieder. Wie groß das Mobilisierungspotenzial ist, beweisen die pompösen Großveranstaltungen. Über 20000 Besucher aus Deutschland, der Türkei und anderen Ländern kamen zur Jahresversammlung 2002 ins niederländische Arnheim. Eine eindrucksvolle Schilderung so einer Veranstaltung in der Dortmunder Westfalenhalle findet sich in der Wochenzeitung *Die Zeit* aus dem Jahr 1996: »Die Halle bebt. Delegationen aus ganz Europa werden jubelnd empfangen. Die Halle grölt. Volkan Vural, der türkische Botschafter, steht am Mikrophon. Der offizielle Vertreter der laizistischen Türkei besänftigt die religiösen Eiferer: Das alte Großreich der Osmanen lebe weiter durch die Verbreitung des Islam. (...) Ein gelungenes Vorprogramm für Ali Yüksel, den Vorsitzenden der Milli Görüs in Deutschland. Nun spricht er zur tosenden Gemeinde, geißelt die Demokratie und die neue Weltordnung der US-Imperialisten, die hinter einer freundlichen Fassade den Islam verleugneten und bekämpften. Er klagt die Laster der Ungläubigen an und den deutschen Staat, der zulasse, dass die Deutschen zu Drogensüchtigen und Kriminellen würden. Die Halle tobt.« Solche Veranstaltungen sind perfekt durchorganisiert. Der Verein lädt alle Gäste persönlich ein. Die Hallen werden von einem Ordnungsdienst kontrolliert, der auch Taschen und Kleidung durchsucht.

Die Europazentrale des vom Verfassungsschutz beobachteten Vereins befindet sich in Köln Kerpen. Ihr sind 30 Regionalverbände, davon 15 im europäischen Ausland, nachgeordnet. Über 300000 Muslime besuchen jährlich die rund 2000 Milli-Görüs-Einrichtungen in Europa. Ihren umfangreichen Immobilienbesitz verwaltet seit 1995 die »Europäische Moscheebau- und Unterstützungsgemeinschaft e.V.«.

Beleg für die radikal-islamische Grundhaltung von Milli Görüs ist ihr kompromissloses Bekenntnis zur Schari'a. Die Islamwissenschaftlerin beim Verfassungsschutz, Rita Breuer, kommt zu dem Schluss, jedes Ansinnen, die Schari'a zu reformieren oder zu ändern, werde von Milli Görüs als »heidnisch, irrig und in hohem Maße schädlich für die muslimische Gemeinschaft« angeprangert. Wer nur einen Teil der Gebote akzeptiere, sei nicht mehr gläubig.[83]

Nach dem Machtverlust Erbakans 1997 stürzten die türkischen Islamisten in eine Krise. Schließlich spaltete sich die Bewegung 2001 in ein orthodoxes und ein reformiertes Lager, das von jüngeren Leuten gebildet wurde. Erbakan gründete die »Glückseligkeitspartei« und sein Kontrahent Recep Tayyip Erdogan die »Gerechtigkeits- und Entwicklungspartei«. Bei den Parlamentswahlen am 3. November 2002 fuhr Erdogan einen überwältigenden Wahlsieg ein. Die Glückseligkeitspartei hingegen kam auf nur noch 2,5 Prozent der Stimmen. Im Dezember wurde Erbakan gerichtlich mit einem lebenslangen Politikverbot belegt und musste den Parteivorsitz abgeben.

Die Spaltung der Islamisten in der Türkei blieb nicht ohne Wirkung auf den deutschen Ableger. In Anlehnung an Erdogan befürworteten junge Mitglieder eine Reform des islamistischen Milli-Görüs-Programms. Doch die Spitzen der autoritär geführten Organisation wollten die Diskussion darüber am liebsten schnell wieder im Keim ersticken. Der neue Generalvorsitzende der IGMG, Osman Döring, genannt Yavuz Celik Karahan, stellte fest, dass man der Milli-Görüs-Bewegung in der Türkei verbunden bleibe. Der Verfassungsschutz zitiert ihn dazu: »Dennoch glauben wir, dass es möglich ist, alle Unterdrückung, Ungleichheit, Ungerechtigkeit, sinnlose Streitigkeiten und Kriege, die wir derzeit auf der Welt beobachten, zu beseitigen und zwar durch die von der islamischen Welt unter Vorreiterrolle der Türkei ausgehende Bewegung der Einheit sowie durch ein Zusammenkommen der Kulturen, bei dem wiederum die Türkei eine Brückenfunktion einnehmen wird. Und wir glauben von ganzem Herzen, dass sich dies nur Menschen, die über die Milli-Görüs-Mentalität verfügen, vorstellen und auch verwirklichen können.«[84]

Einer der Schwerpunkte bei Milli Görüs ist die Jugendarbeit. In der Vereinszeitung *Milli Gazete* und auf der eigenen Internetseite ruft der Verein die Kinder zur Teilnahme an den Koranschulen auf. Grundlage des Unterrichts ist laut Verfassungsschutz die von Erbakan niedergeschriebene Ideologie der »gerechten Ordnung« (adil düzen). In seinem Programm lässt Erbakan keinen Zweifel daran, wen er für die Feinde des Islamismus hält: die Juden und die westliche Dekadenz. Sollten die an die Eltern gerichteten Aufrufe den Inhalten des Koranunterrichtes gleichen, dann wird den Kindern dort ein unvergleichliches Juden- und Christenbild vor Augen geführt. »Dutzende von abgeirrten Institutionen, allen voran Juden- und Christenkomitees, lauern nur auf eine günstige Gelegenheit, um uns unsere Kinder abspenstig zu machen. Werfen wir unsere Kinder jenen verirrten Ungeheuern nicht zum Fraß vor!«, schreibt die *Milli Gazete* in einer Ausgabe von 2003.[85] In dem Blatt werden auch keine Zweifel daran gelassen, dass nach Ansicht von Milli Görüs Religion und Gesellschaftspolitik untrennbar miteinander verbunden sind. »Die Religion ist nicht nur eine Gewissensangelegenheit, sondern gleichzeitig auch eine weltliche und gesellschaftliche Angelegenheit. Manche behaupten, die Religion dürfe sich nicht in weltliche Angelegenheiten einmischen. Doch die Religion und das Weltliche können nicht voneinander getrennt werden. (...) Ist ein muslimischer Fortschritt ohne die Beachtung der Vorgaben der Schari'a, der Sunna, des Korans möglich? Auf keinen Fall!«[86]

Aufgrund solcher Äußerungen wird Milli Görüs vom Verfassungsschutz beobachtet. Der Umstand, dass die Organisation ihre Anhänger ausschließlich aus den Reihen der seit Jahrzehnten in der Bundesrepublik lebenden türkischen Migranten rekrutiert, macht deutlich, wie stark der Islamismus in dieser Gruppe verwurzelt ist.

Arabisch-islamistische Gruppen in Deutschland

In der Folge der Arbeitsmigration aus den Ländern des Maghreb und der in den neunziger Jahren des vergangenen Jahrhunderts stark angestiegenen Asylbewerberzahlen konnten neben den türkisch-islamistischen Organisationen auch Gruppen aus dem arabischen Raum Ableger in Deutschland aufbauen. Die mit Abstand größte Gruppe unter ihnen bildet die 1928 in Ägypten von Hassan Al-Banna gegründete und heute in über 70 Ländern verbreitete Muslimbruderschaft. Ihre Mitglieder gehören in Deutschland verschiedenen Unterorganisationen an. Die stärkste, die Islamische Gemeinschaft Deutschland e.V. (IGD), hat ihren Sitz in München, betreut zwölf weitere, ihr angeschlossene Zentren und etwa 50 Moscheen in Deutschland.

Die Muslimbruderschaft ist sozusagen die Mutter aller arabisch-islamistischen Organisationen. Ihre Gründung war Ausdruck einer großen Orientierungslosigkeit des Islam während des Kolonialismus, zu der die Abschaffung des Kalifats von Istanbul durch Kemal Attatürk im Jahr 1924 maßgeblich beigetragen hatte. Das Kalifat symbolisierte die Einheit der Muslime weltweit. Diese Einheit war nun verloren und damit das identitätsstiftende Element der Muslime. Banna ersetzte das Kalifat durch den Islam schlechthin und gab die Losung aus: »Der Koran ist unsere Verfassung.« Damit war die Idee eines islamistischen Staates als Antipode zur westlichen Moderne geboren.

Mit zunehmenden Repressionen nach der Machtergreifung von Gamal Abdel Nasser in Ägypten stieg die Militanz der Gruppe. Tausende wurden in Konzentrationslagern inhaftiert. Dort schrieb Sayyid Qubt sein Werk *Wegzeichen*, das zur »Bibel« aller Islamisten werden sollte. Wie Banna wurde auch Qubt hingerichtet und damit zum Märtyrer der Bruderschaft. Die *Wegzeichen* sind die Aufforderung zur Vernichtung aller gottlosen Systeme und zum Aufbau eines Gottesstaates nach den Regeln von Koran, Sunna und Schari'a. An diesem Ziel hält die Organisation bis heute fest.

Im Laufe ihrer wechselvollen Geschichte gingen zahlreiche andere islamistische Gruppen aus der Bruderschaft hervor. Zu ihnen zählen die bereits genannte Al-Gama'a al Islamiyya (Islamische Gemeinschaft) und die ebenfalls aus Ägypten stammende Gruppe Dschihad Islami (Islamischer Heiliger Krieg). Aber auch die algerische Front Islamique du Salut (Islamische Heilsfront, FIS), die tunesische En Nahda (Bewegung der Erneuerung) sowie die palästinensische Widerstandsbewegung Hamas verdanken den Muslimbrüdern ihre Existenz.

Politisch tritt die Muslimbruderschaft nach wie vor am stärksten in Ägypten auf. Offiziell ist sie zwar verboten, wird aber geduldet. Viele ihrer Mitglieder besetzen wichtige Positionen im Klerus und bei den Banken. Letzteres sichert die Finanzierung ihrer politischen Arbeit. Bei den Wahlen im November 2000 wurden 17 Muslimbrüder als unabhängige Abgeordnete in das ägyptische Parlament gewählt. Das hindert sie allerdings nicht daran, auch öffentlich eindeutig Position zu beziehen. Nach Beginn des Irak-Krieges rief ihr Oberster Führer Ma'moum al-Hudaibi alle arabischen Muslime auf, »das Banner des Dschihad zu erheben«. Die »Kräfte des Bösen und der Häresie« hätten das Bruderland überfallen.

Vor allem die Islamische Gemeinschaft hatte lange den bewaffneten Kampf befürwortet. Zu denjenigen, die dem Terror das Wort redeten, gehörte auch der Arzt Ayman al-Zawahiri. Er zog es dann jedoch vor, sich dem globalen Dschihad unter Osama bin Laden anzuschließen. Seither zählt er zu den meistgesuchten Al-Qaida-Führern. Die Islamische Gemeinschaft hingegen schwor dem Terror ab. Anlass war der verheerende Terroranschlag auf Touristen im ägyptischen Luxor 1997. Bis heute hält sie sich an diese Zusage. Ägyptische Behörden scheinen diesem Sinneswandel zu trauen, denn sie entließen 2002 zahlreiche Mitglieder und Funktionäre aus der Haft.

In Deutschland vollzog die Gruppe in den vergangenen Jahren einen interessanten Strategiewechsel, der mit den Segregationsbestrebungen der türkischen Islamisten bricht. Unter ihrem neuen Präsidenten Ibrahim F. al-Zayat erweitert die Gruppe bestehende Bildungszentren und baut neue auf. Dort sollen die in Deutschland aufgewachsenen Muslime arabischer Herkunft ihre Identität in einem deutschsprachigen Islam finden und lernen, sich an der Gestaltung der deutschen Gesellschaft aktiv zu beteiligen. Das Gleiche fordert im Übrigen der in der Schweiz lehrende Islamwissenschaftler Tariq Ramadan, ein Enkel von Hassan al-Banna, für ganz Europa. Vor allem die arabischen Islamisten treten mit einem neuen Selbstbewusstsein auf und lösen die Bande zu ihren Herkunftsländern. Die Islamische Gemeinschaft hatte ihre 25. Jahreskonferenz 2002 ganz dem Thema »Integration« gewidmet. Über 10 000 Muslime folgten ihrer Einladung. Im Bericht des Hamburger Verfassungsschutzes heißt es dazu: »Nach Interpretationen eines hochrangigen IGD-Mitgliedes und Mitorganisatoren der Konferenzen ist damit jedoch gemeint: Die Muslime sollen Integration nicht als ›Teil werden‹ oder ›Teil sein‹ der Gesellschaft verstehen (...). Ihre eigentliche Aufgabe sei es, den Menschen hierzulande das Wort Allahs nahe zu bringen.«[87]

Die verbleibenden arabischen Islamistenorganisationen in Deutschland sind von ihrem Wirkungsgrad und ihrem Einfluss nicht mit der Islamischen Gemeinschaft zu vergleichen. Gleichwohl spielte der deutsche Brückenkopf der Islamistischen Heilsfront (FIS) im Algerienkrieg eine nicht unwichtige Rolle. Rabah Kebir leitete von Deutschland aus die »Exekutivinstanz der FIS im Ausland«. Er trat als Gegenpol zur radikalen GIA (Bewaffnete Islamische Gruppe) auf und erklärte 1997 einen einseitigen Waffenstillstand. Sein Kurs gegenüber der algerischen Regierung stieß allerdings innerhalb der FIS auf erheblichen Widerstand. Als der Konflikt auch auf dem »Europakongress« der Gruppe im August 2002 nicht beigelegt werden konnte, wählten die Islamisten den in der Schweiz lebenden Mourd Dhina zum Leiter des neu gegründeten »Nationalen Exekutivbüros der FIS im Ausland«. Doch inzwischen ist auch Dhina nicht mehr anerkannt. Der Grund ist die Freilassung der FIS-Gründer Abassi Madani und Ali Belhadj aus algerischer Haft. Mit ihnen kehren zwei Symbolfiguren zurück, von denen die Anhänger erwarten, dass sie die zerstrittenen Flügel der Gruppe wieder zusammenführen. Die FIS erlebte in den achtziger Jahren in Algerien einen furiosen Aufstieg. Es gelang ihr als Partei, gleichzeitig das Bürgertum und die verarmten Schichten der Städte hinter sich zu vereinen. Doch genau dieser Erfolg in der Bevölkerung besiegelte vorerst ihr politisches Ende. Denn als sich bei den Wahlen 1992 ein Sieg der FIS abzeichnete, wurden die Wahlen kurzerhand für ungültig erklärt und der Ausnahmezustand verhängt. Danach versank das Land im Terror.

Palästinensische Islamisten in Deutschland

Mit rund 800 Anhängern gehört die libanesische Hizbollah zu den größeren islamistischen Gruppen in Deutschland. Die Organisation unterstützt die Intifada der Palästinenser und verneint das Existenzrecht Israels. Ihre Gründung im Jahr 1982 stand in engem Zusammenhang mit der israelischen Besatzung im Libanon. Die im Westen vor allem als Kampftruppe wahrgenomme Organisation hat sich seit langem als politische Kraft im Libanon etabliert. Allerdings unterhält sie neben der Partei weiterhin den militärischen Arm Al-Muqawama al-Islamiya (Islamischer Widerstand).

Den Rückzug der israelischen Armee aus dem Libanon sieht die Hizbollah als Erfolg ihres Kampfes. Da sie vom Iran finanziell unterstützt wird und islamistisch ausgerichtet ist, fürchtet die Organisation, sie könne zum Ziel der USA und ihrer Alliierten im Kampf gegen den internationalen Terror werden. Ihr Generalsekretär, Scheich Hassan Nasrallah, wird nicht müde zu betonen, dass die Hizbollah einzig und allein regional begrenzt gegen Israel kämpfe. Es gebe keine Verbindungen zu Al Qaida. Nasrallah kündigte an, er werde den bewaffneten Arm seiner Organisation an dem Tag auflösen, an dem ein umfassender Frieden für den Nahen Osten erzielt werde.

Der Verfassungsschutz stellte 2002 einen Rückgang der Hizbollah-Aktivitäten in Deutschland fest. Die Veranstaltungen seien nicht mehr so gut besucht, das Interesse der Anhänger an aktiver Mitarbeit in den Moscheevereinen habe seit den Terroranschlägen vom 11. September 2001 in den USA spürbar abgenommen. Weil die Gläubigen sogar zu religiösen Festen lieber zu Hause blieben, als in die Moschee zu gehen, seien auch die Spendeneinnahmen, aus denen sich die Trägervereine finanzieren, merklich weniger geworden. Nur hier und da seien Feiern zum »Tag der Befreiung«, gemeint ist der Abzug der Israelis aus dem Südlibanon, gefeiert worden. Angesichts der prekären Lage im Nahen Osten ist ein solches Verhalten der schiitischen Hizbollah-Anhänger allerdings verwunderlich.

Die pan-islamische Bewegung Hizb ut-Tahrir al-Islami (Partei der Befreiung) ist seit ihrem Verbot am 15. Januar 2002 nicht mehr öffentlich aktiv. Die Bewegung hat eine lange Geschichte. Sie wurde 1953 von dem ehemaligen Muslimbruder Taqi du-din An-Nabhani gegründet und steht in der ideologischen Tradition der Muslimbrüder. Das heißt, sie vertritt einen Islamismus, der den Islam als universales Gesetz versteht, das religiöse, kulturelle, wirtschaftliche und gesellschaftliche Fragen abschließend regelt. »Darüber hinaus soll der Islam als das, was er ist, als umfassende Lebensordnung und im Gegensatz zu den bestehenden Gesellschaftssystemen einzig gangbarer Weg dargestellt werden. (...) Das Kalifat gemäß dem Plan des Propheten stellt hierbei das einzige Regierungssystem dar, welches der menschlichen Natur und ihren Bedürfnissen tatsächlich entspricht«, schreibt die Gruppe in der Zeitschrift *Explizit*.[88]

Wie etwa bei Sayid Qubt richtet sich ihre Agitation nicht nur gegen die »dekadente westliche Welt«, sondern auch gegen die »blasphemischen« islamischen Staaten. Wer nicht für den Gottesstaat eintritt, ist gegen ihn, so die Logik der Gruppe.

Hizb ut-Tahrir war in Deutschland hauptsächlich an den Hochschulen anzutreffen. Darin unterscheidet sie sich von den meisten anderen Bewegungen, die ihre Anhänger unter den Asylbewerbern und Migranten suchten. Verboten wurde die Organisation wegen der von ihr verbreiteten antisemitischen und antiwestlichen Propaganda. In *Explizit* schrieben ihre Funktionäre beispielsweise: »Allen Muslimen muss klar sein, dass das Problem ›Israel‹ für uns keine Grenzfrage, sondern eine Existenzfrage ist. Dieser zionistische Fremdkörper im Herzen der islamischen Welt darf unter keinen Umständen bestehen bleiben. Der gesamte Boden Palästinas ist (...) Eigentum der islamischen Umma. (...) Die Lösung: der Dschihad (...) Allah, der Erhabene, befiehlt: Und tötet sie, wo immer ihr sie zu fassen bekommt, und vertreibt sie, von wo sie euch vertrieben haben!«[89]

Auf rund 300 Anhänger kommt die unmittelbar aus der Muslimbruderschaft hervorgegangene Islamische Widerstandsbewegung (Hamas). Die Hamas hat in den vergangenen Jahren ihre wichtigsten Führungspersönlichkeiten verloren. Israelische Soldaten töteten den an einen Rollstuhl gefesselten, blinden Scheich Ahamd Yassin und Abdel Aziz al-Rantisi, beides unerbittliche Apologeten des Terrorismus gegen Israel. Ziel der Hamas ist es, Israel zu vernichten und auf dem gesamten Gebiet Palästinas einen islamistischen Staat zu errichten. Die Idee einer Weltherrschaft der Muslime spielt bei der Hamas keine Rolle. So bleiben auch die Terroranschläge ihres militärischen Arms, den »Issed-el-Kassem-Brigaden«, regional begrenzt und ausschließlich gegen Israel gerichtet.

Dennoch wurde die Organisation 2003 von den Außenministern der Europäischen Union auf die EU-Liste terroristischer Organisationen gesetzt. Zuvor hatte die US-Regierung die Konten von Hamas-Ablegern in den USA mit der Begründung eingefroren, das Geld diene der Finanzierung des Terrors gegen Israel. Die Hamas sah einen klaren Zusammenhang zwischen den Aktionen in den USA und dem Beschluss der EU-Außenminister. Die EU mache sich zum Komplizen Israels und unterwerfe sich dem Druck der USA, sagte ihr Führungsfunktionär in Syrien, Khalid Maschal. Der Beschluss der EU sei ein Akt der Aggression gegen das palästinensische Volk.

Auch in Deutschland stand ein Verein im Verdacht, den Hamas-Terror zu unterstützen. Am 5. August 2002 verbot Innenminister Otto Schily den Aachener »Al Aqsa e.V.«. Die Vereinsräume wurden durchsucht und umfangreiches Aktenmaterial sichergestellt. Ein Jahr später erlaubte das Bundesverwaltungsgericht dem Verein, seine Arbeit vorerst fortzusetzen.

In der palästinensischen Bevölkerung verfügt die Organisation über großen Rückhalt, weil sie zahlreiche soziale Einrichtungen wie Kindertagesstätten und Krankenhäuser finanziell unterstützt.

KAPITEL FÜNF

Die Migranten, der Islam und der Islamismus

Maududi für alle

Die von Muslimen und Deutschen wechselseitig betriebene Isolation geht zurück auf die jeweiligen Weltanschauungen und das damit zusammenhängende, sehr voneinander abweichende Werteverständnis. Die bundesrepublikanische Gesellschaft begreift sich, wie alle westlichen Gesellschaften, als eine Gemeinschaft von Individuen, die auf der Grundlage der universellen Menschenrechte und einer demokratischen Rechtsordnung dem Einzelnen alle Freiheit zur Entfaltung seiner Neigungen und Fähigkeiten bieten will. Die Menschen definieren sich über ihre Persönlichkeit, ihren beruflichen Erfolg, ihr Vermögen, ihre Äußerlichkeiten und andere Faktoren. Eine solche individualisierte Sichtweise, die auch dem Christentum entspricht, das stark auf die Verantwortung des Einzelnen abhebt, ist dem Islam fremd. Muslim zu sein bedeutet, ein sich Ergebender, ein sich Hingebender und ein sich Unterwerfender zu sein.[90] Der Muslim unterwirft sich der Herrschaft Gottes, die von ihm wiederum die Unter- und Einordnung in die islamische Gemeinschaft, sprich in Sippen und Familien verlangt. Es ist die heilige Pflicht des Muslim, Gottes Gebote zu befolgen. Im Prinzip gibt es für alles eine Vorschrift. Daher ist der Gehorsam die Maxime muslimischen Handelns.

In den deutschen Moscheen und auf den einschlägigen Internetseiten findet der Muslim entsprechende weltanschau-

liche Texte, die ihn anweisen, ein sich in diesem Sinne hingebender, gehorsamer Muslim zu sein. Die Muslimbruderschaft
hatte etwa im September 2004 das Werk *Weltanschauung und
Leben im Islam*, das dem 1979 verstorbenen Pakistaner Abu
l-A'la al-Maududi zugeschrieben wird, in ihrem deutschsprachigen Internetangebot. Maududi ist mit Sayyid Qubt einer
der beiden Begründer des Islamismus. Da viele aktuelle islamistische Strömungen entweder auf Maududi oder auf Qubt
zurückgehen – wobei Qubt vieles von Maududi übernommen
hat –, lassen sich die islamistische Ideologie und ihre Anforde-
rungen an das Sozialverhalten des Einzelnen anhand einiger
Passagen des Maududi-Werkes beispielhaft darstellen. Auf
diese Weise erhält man auch einen Eindruck davon, mit welchen Inhalten sich die muslimischen Gläubigen in den deutschen Moscheen und überall dort, wo es um den Islam geht,
konfrontiert sehen. Ihrem Wesen nach sind sie allesamt nicht
geeignet, das Zusammenleben unterschiedlicher Kulturen und
Religionen zu fördern, sie tragen vielmehr zu einer klaren
Abgrenzung und zum Konflikt bei und repräsentieren nicht
den Islam schlechthin, sondern seine politisierte Variante.

So verteidigt also Maududi den vom Muslim verlangten
Gehorsam: »Durch richtige Anwendung seines Wissens und
seines Verstandes erkennt er seinen Schöpfer, setzt Glauben in
ihn, und obwohl er unter keinerlei Zwang steht, entschließt er
sich, ihm zu gehorchen. Er irrt sich nicht in der Unterschei-
dung des Rechten vom Unrechten und wählt das Rechte unge-
achtet der Tatsache, dass er die Möglichkeit hatte, sich dem
Unrechten zuzuwenden. Er versteht seine eigene Natur und
entscheidet sich freiwillig für den Weg des Gehorsams und die
Treue Gott, dem Schöpfer, gegenübcr.«[91] Um den universellen
Charakter des Islam noch stärker herauszustellen, sprechen
einige Muslime sogar vom Islam als der »religiösen Ideologie
der Hingabe«[92].

Nach Maududi ist alles Leben muslimisches Leben. »Die

Sonne, der Mond, die Erde und alle anderen Himmelskörper sind daher Muslime. Ebenso Luft, Wasser, Wärme, Steine, Bäume und Tiere: alles im Universum ist Moslem, denn es gehorcht Gott durch Unterwerfung unter seine Gesetze.«[93]

Da aber der Mensch sich seiner Existenz bewusst und Herr über seinen Willen ist, muss er diesen noch dem »göttlichen Willen« unterwerfen. Ein Teil der Menschen wird sich dafür entscheiden, ein anderer dagegen, sagt Maududi. So entsteht ein Dualismus, der die Welt simplifiziert in Gläubige und Ungläubige, in gut und böse einteilt.

Maududi: »Hier kann er ungehindert wählen, und es ist die Weise, in der er seine Wahl trifft, die die Menschheit in zwei Gruppen einteilt: die der Muslime und die der Nichtmuslime. Ein Mensch, der sich dafür entscheidet, seinen Schöpfer anzuerkennen, ihn als seinen wirklichen Herrn zu akzeptieren, sich aufrichtig und unbedenklich seinen Gesetzen und Befehlen zu unterwerfen und die Gebote zu befolgen, die Er den Menschen für ihr persönliches und gemeinschaftliches Leben offenbart hat, wird so zu einem perfekten Muslim. (…) Nun ist sein ganzes Dasein eine Verkörperung der Wahrhaftigkeit, denn er gehorcht sowohl bewusst als auch unbewusst den Gesetzen desselben einen Gottes, der der Herr des Universums ist.«

Der Einzelne wird zum Werkzeug Gottes, und da Gottes Wille sich aus dem Koran ergibt, zwangsläufig auch ein Werkzeug derer, die für sich die Auslegung des Korans in Anspruch nehmen. Und wer da nicht mitmachen will, der »missbraucht« seine »freie Wahl«, sagt Maududi, und wird zum Kafir, einem Ungläubigen. Wörtlich übersetzt heißt Kafir so viel wie der Mensch, der Gott verleugnet. In diesem Fall legt man dem Sündigen Kufr zur Last, und das ist so ziemlich das Verwerflichste, was man einem Muslim vorhalten kann.

»(…) Kufr ist nicht nur gewissenlose Tyrannei, es ist außerdem auch offene Auflehnung, Undankbarkeit und Treulosigkeit«, sagt Maududi. Die unvermeidliche Folge dieser »Auflehnung und Verneinung der Wirklichkeit« sei eine fehlerhafte Festlegung der Grundideale des Lebens mit schwerwiegenden Auswirkungen auf das Handeln des Abtrünnigen.

»Er wird auf Erden nur Verwirrung und Durcheinander stiften. Er wird ohne die geringsten Bedenken Blut vergießen, die Rechte anderer Menschen verletzen, grausam zu ihnen sein und Gesetzlosigkeit und Vernichtung in der Welt hervorrufen. (…) Jede Faser seines Wesens wird sich bei Gott gegen ihn beschweren, der als der wahrhaftige Quell der Gerechtigkeit ihm die vollste Strafe auferlegen wird, die er verdient.«

Wer sich aber wohl verhält, der wird »der Geehrteste und Geachtetste sein. Niemand kann ihn in dieser Beziehung übertreffen.« Ehre und Achtung spielen eine herausragende Rolle im muslimischen Sozialkodex, ebenso wie Macht und Gehorsam. An anderer Stelle schreibt Maududi: »Wenn man nun den wahren Charakter eines Muslim versteht, wird man überzeugt sein, dass er nicht in Erniedrigung, Demütigung oder Unterjochung leben kann. Er muss einfach die Oberhand gewinnen, und keine Macht der Erde kann ihn überwältigen oder bezwingen.« Die Vorstellung, Muslime seien anderen religiös-moralisch überlegen und somit unbesiegbar, zieht sich durch die gesamte islamische Literatur. Interessant ist zu sehen, wie Maududi den gehorsamen Gläubigen aus dieser Position heraus auf den Gottesstaat einschwört, zu dem es keine Alternative geben könne:

»In der Politik wird es sein einziges Ziel sein, sich für die Errichtung einer Staatsform einzusetzen, in der Frieden, Gerechtigkeit, Brüderlichkeit und Güte regieren, wo der Mensch ein Bruder seines Nächsten ist und dessen menschliche Gefühle respektiert, wo keinerlei Ausbeutung oder Versklavung um sich greift, wo die Rechte des Einzelnen geachtet und hochgehalten werden und wo die Staatsgewalt als heiliges Vermächtnis Gottes gilt und zum Wohle aller ausgeübt wird.«

Doch nicht nur die schon zu Lebzeiten versprochene Überlegenheit wird dem Muslim als Belohnung offeriert. Nur der gläubige, gute Muslim wird nach dem Tod ins Paradies einziehen.

Damit er in den Genuss der paradiesischen Annehmlichkeiten kommt, muss er auf Erden die Gesetze der Schari'a befolgen, nach Maududi ist sie »das Gesetz Gottes« und »verbietet all das, was für den Menschen schädlich ist, und erlaubt, was für ihn Nutzen und Vorteile bringt«.

An dieser Stelle sei angemerkt, dass das auf Erden praktizierte »göttliche Gesetz« drakonische Strafen vorsieht. So wurde noch 2004 im Iran ein 16-jähriges Mädchen zum Tode verurteilt und gehenkt, weil die Geistlichen ihm unkeusches Verhalten vorwarfen. Wäre es zwei Jahre älter gewesen, hätte man das Mädchen zu Tode gesteinigt. Im Jahr 2001 sagte der Vorsitzende des Zentralrates der Muslime in Deutschland, Nadeem Elyas, als er auf die Steinigung von Ehebrecherinnen angesprochen wurde: »Diese harten Strafen sind diskutabel. Der Islam hat seine Gründe dafür, aber das heißt nicht, dass sie als Maßstab für den Westen gelten sollten.«[94]

Maududi sieht in diesem Recht gar nichts Verwerfliches. »Das Gesetz Gottes ist einzig und allein zu unserem Besten da.« Schließlich wisse nicht jeder Mensch, was gut und was schlecht für ihn sei. »Deshalb hat Gott ihm das Risiko des Experimentierens und Irrens erspart und ihm das Gesetz offenbart, das die besten und vollkommensten Gebote für das Verhalten auf Erden enthält.«

Wie das Christentum sieht auch der Islam die Familie als Keimzelle der Gesellschaft. Ihren Kern wiederum bilden das Ehepaar und seine Kinder. Die Schari'a teilt die Aufgaben unter den Ehepartnern auf. Aus dieser Aufteilung ergibt sich auch die Stellung des Einzelnen in der Familie. Der Ehemann muss den Lebensunterhalt für die Familie verdienen und sie mit allem Notwendigen versorgen. Er ist der Beschützer. Die Ehefrau ist verpflichtet, den Haushalt zu führen und ihre Kin der, so gut es ihr möglich ist, zu erziehen. Sie soll »Mann und Kinder mit den größtmöglichen Bequemlichkeiten und Annehmlichkeiten« umgeben. Die Pflicht der Kinder ist es, die Eltern zu respektieren, ihnen zu gehorchen und im Erwachsenenalter für die Eltern da zu sein, sprich sie im Alter zu pflegen.

Damit dieses System funktioniert, setzt die Schari'a den Ehemann als Familienoberhaupt ein. »Keine Einrichtung kann reibungslos arbeiten, wenn sie nicht einen Hauptverantwortlichen besitzt. (...) Wenn jeder in der Familie seiner eigenen Wege geht, dann gibt es dort bald nur noch Verwirrung. (...) Der Islam überträgt diese Stellung dem Ehemann und macht auf diese Weise die Familie zu einem wohlgeordneten Ausgangshafen der Zivilisation, zu einem Modell für die Gesellschaft im Großen.«

Wieder verlässt Maududi die Ebene des Religiösen, indem er seine islamische Sittenlehre für gesamtgesellschaftlich verbindlich erklärt. Fasst man seine Äußerung zum Gottesstaat, die zur Schari'a und als Letztes den gesellschaftspolitischen Anspruch zusammen, so kann man sagen, dass der Islamismus in seiner politischen Umsetzung die Aufhebung aller Bürger- und Menschenrechte durch die Schari'a und die Einsetzung eines theokratischen Systems mit totalitärem Autoritätsanspruch zur Folge hätte.

Die von den Islamisten gesellschaftlich fest verankerte absolute Herrschaft des Mannes bedingt zwangsläufig weitreichende Restriktionen für die Frau. Diese beginnen schon damit, dass Ehefrauen das Haus oder die Wohnung nur zu wichtigen Anlässen wie Arztbesuche, Einkäufe oder Ähnliches verlassen sollten. Ansonsten sind sie gehalten, zu Hause zu bleiben, da dies nach muslimischem Verständnis ihr Lebens- und Arbeitsbereich ist. Die Reduzierung der Frau auf Haushalt und Kinderziehung schließt sie nicht nur vom öffentlichen Leben aus, sondern schränkt auch ihre Bildungschancen radikal ein. Das sieht die Schari'a freilich nicht explizit vor, es ist jedoch Ausfluss der durch sie geschaffenen autoritären Herrschaftsverhältnisse. Wissen ist Macht. Und je weniger sich die Frauen in der Welt außerhalb des Haushaltes zurechtfinden, desto größer ist die Macht der Männer über sie. Viele Väter haben daher kein Interesse daran, dass ihre Töchter eine weiterbildende Schule besuchen. Wichtig ist ihnen das Vorankommen der Söhne.

Wie alle autoritären Herrschaftssysteme legt Maududis Islamismus den Muslimen enge sittliche Fesseln an. Er besteht sogar auf der vollständigen Verschleierung der Frau. »Das heißt dass Frauen, die ihr Heim verlassen, einfach angezogen und verschleiert gehen sollten.«

Die Frau ist die Verführerin, das Sexualobjekt. Und Verführung ist immer böse. Der Mann kann nach islamischem Verständnis gegen die Wirkung der sexuellen Reize auf ihn nicht viel ausrichten. Seine einzige Möglichkeit, dieser Verführung auszuweichen, ist, die Frauen nicht anzusehen. Darum ist es Aufgabe der Frau, den Mann nicht sexuell zu erregen. Zu diesem Zweck ist sie verpflichtet, ihren Körper zu verhüllen. »Mithin steht dem Muslim in Gestalt der Frau ein Wesen gegenüber, das – zu geistigen Beiträgen unfähig – ein von Begierden getriebenes Symbol satanischer Versuchung darstellt und daher unter permanenter Gehorsamskontrolle durch den Mann zu halten ist. Dies umso mehr, als koranisch gesehen der eheliche Geschlechtsakt als gottgefälliges Werk gilt, das möglichst oft und effizient zu vollziehen ist, da die unbefriedigte Frau potenziell den Teufel aktiviert und die islamische Ordnung stört«, schreibt der Islamwissenschaftler Hans-Peter Raddatz[95] mit einer Radikalität, der allerdings die Rechtfertigung Maududis in nichts nachsteht: »Durch dieses Gebot will der Islam bei seinen Anhängern ein tief wurzelndes Gefühl für Anstand und Reinheit heranbilden und jede Art und Erscheinungsform von Unsittlichkeit und moralischer Entartung ausschließen.« Wo schon unbedecktes Frauenhaar unzüchtiges und moralisch verwerfliches Verhalten darstellt, sind Mädchen, die bauchfreie T-Shirts tragen oder sich am Strand im Bikini sonnen, schändlichste Beispiele moralischer Entartung. Jeder Händedruck, jeder Flirt ist nach diesem radikal-islamischen Verständnis Ausdruck sittlicher Verkommenheit.

Das gilt auch für jede Form von Sucht. In den Gesetzen der Schari'a heißt es, man dürfe auf keinen Fall dem Alkohol oder der Sucht nach Reichtum verfallen. Obwohl der Islam Einkommens- und Vermögensunterschiede durchaus anerkennt, verachtet er das Streben nach Reichtum. »Denn solange Einzelne oder Gemeinschaften anderen Göttern folgen – seien diese nun aus Steinen erbaute Götzen, der Mammon, der Sex, die Wissenschaft oder der Mensch selbst –, so lange kann es keinen wirklichen Frieden auf dieser Welt geben, denn die einzige Quelle des Friedens ist Gott«, schreibt Maududi. Eine auf Gewinnstreben angelegte Marktwirtschaft, wissenschaftlicher Fortschritt und das Recht auf Selbstbestimmung, also die fundamentalsten Bausteine des westlichen Gesellschaftsmodells, lehnt er kategorisch ab. Luxusbesitz wie Pelze, teure Uhren und Autos werden nicht nur von Maududi als dekadente Protzerei verachtet. Muhammad Siddiq, der sich als Vorstandsmitglied des Zentralrats der Muslime in Deutschland einen Namen gemacht hat, sagte einmal: »So wie die Muslime im Gebet ohne Rangunterschied nebeneinander stehen, und so, wie sie während der Pilgerfahrt alle die gleiche Kleidung tragen, und so, wie sie alle bei ihrem Tode mit nichts weiter als einem weißen Tuch begraben werden, genau so sollen sie auch im Leben Schulter an Schulter, Hand in Hand zur Verbesserung der menschlichen Gesellschaft beitragen, ohne jeden Rangunterschied.«[96] Ganz ähnlich haben die Propagandastäbe der kommunistischen und sozialistischen Parteien im vergangenen Jahrhundert auch mal formuliert. Der Einzelne zählte nichts, auf die Gemeinschaft kam es an.

Wie leben junge Muslime mit dem Islam?

Wie lebt jemand, der sich Gottes Herrschaft unterwirft? Eine ganze Reihe soziologischer Studien hat sich mit dem Thema Islam beschäftigt. Sie erforschten das Verhältnis zur Gewalt, das Geschlechterverhalten und prüften, ob es mögliche Verbindungen zwischen Religiosität, Bildung und dem sozialen Status der Familien gibt. Allen Untersuchungen ist gemein, dass sie gravierende Abweichungen zur deutschen Gesellschaft feststellten.

Karin Brettfeld und Peter Wetzels vom Kriminologischen Forschungsinstitut Niedersachsen e.V. etwa befragten an verschiedenen Orten in ganz Deutschland 14- bis 17-jährige Schüler und fanden heraus, dass muslimische Jugendliche der Religion eine deutlich höhere Bedeutung beimessen als Jugendliche, die sich zu anderen Religionen bekennen.[97] Bei den Jugendlichen türkischer Herkunft ist die religiöse Bindung generell hoch, unabhängig davon, wie lange sie schon in Deutschland leben. Sie wird noch übertroffen von den Migranten aus Marokko, Algerien, Tunesien und dem Nahen Osten, die erst seit zwei Jahren in der Bundesrepublik sind.

Zu ähnlichen Ergebnissen war schon 1995 der Bielefelder Forscher Wilhelm Heitmeyer gekommen. Die Hinwendung zur Religion ist also nicht nur eine vorübergehende Erscheinung, sondern eine Grundhaltung. Gegenüber Heitmeyer erklärten 68 Prozent der befragten muslimischen Jugendlichen, für sie habe der Islam eine große Bedeutung.[98] Die Jugendlichen schöpfen ihr Selbstvertrauen maßgeblich aus der Zugehörigkeit zur Umma, also der religiösen Gemeinschaft. Sie werden angetrieben von der Suche nach Gewissheiten, die sie in einer modernen westlichen Welt kaum noch finden.

Ein neue Religiosität hat sich bei Angehörigen anderer Altersgruppen herausgebildet, die noch vor zehn Jahren eine eher lockere Einstellung zu ihrem Glauben hatten. Die Stiftung Zentrum für Türkeistudien legte im Herbst 2004 eine Studie vor, wonach der Anteil der religiösen Muslime von 57 Prozent im Jahr 2000 auf 71 Prozent im Jahr 2004 stieg.[99]

Offenbar gibt es bei den Muslimen einen Zusammenhang zwischen Religiosität, Bildung und dem sozialen Status der Familie. Je stärker die Religiosität, desto niedriger ist die soziale Stellung der Familie, stellte das Kriminologische Forschungsinstitut Niedersachsen fest. Gleichzeitig weisen sowohl Eltern als auch Jugendliche in besonders religiösen Familien extreme Bildungsdefizite auf. Bei der Hälfte sind die Deutschkenntnisse mangelhaft. »Insofern kann Religion auch ein Faktor sein, der entweder die Integration behindert oder aber, bei misslingender Integration, ein Feld des Rückzugs auf intraethnische Möglichkeiten der Zugehörigkeit und Identifikation darstellt«, schreiben Karin Brettfeld und Peter Wetzels. Der Aspekt einer integrationsbehindernden oder möglicherweise sogar verhindernden Wirkung eines orthodoxen Islam, wie er in den Migrantenghettos praktiziert wird, blieb in der öffentlichen Diskussion um Integration bislang ausgeblendet. Jedenfalls sind die muslimischen Jugendlichen nach den Erkenntnissen der Niedersachsen »die am stärksten sozial benachteiligte und am schlechtesten sprachlich-sozial integrierte Gruppe der jungen Migranten« im Alter von 14 bis 17 Jahren.

In der Familie wachsen sie mit Gewalt auf. Auch dies ist ein Ergebnis des Kriminologischen Forschungsinstituts. Schläge von den Eltern sind ein übliches Erziehungsmittel, das die Kinder selbst zur Gewalt erzieht. Die befragten Jugendlichen wiederum würden bei der Kindererziehung selbst wieder Gewalt anwenden. Jedenfalls befürworteten sie deren Einsatz. Gewalt ist in ihren Augen ein legitimes Mittel, auch um eigene Interessen durchzusetzen. Untersuchungen aus der britischen Stadt Bradford, wo es 1995 schwere Krawalle zwischen Polizei und Migranten gab, kommen zu dem Schluss, dass es für den Islam kennzeichnend sei, die Gewalt zur Aufrechterhaltung der Ehre der Familie und des Einzelnen religiös zu legitimieren.[100] Dazu wiederum passen die Erkenntnisse der niedersächsischen Kriminologen, wonach muslimische Eltern Gewalt bei ihren Kindern eher akzeptieren als deutsche Eltern. »In allen Aspekten ist demnach für muslimische junge Migranten eine stärkere Gewaltaffinität ihrer Sozialisation festzustellen. Dies ist mit zunehmender Religiosität stärker ausgeprägt«, so Karin Brettfeld und Peter Wetzels.

Die starke Religiosität und ihre Bereitschaft zur Gewalt machen die Jugendlichen empfänglich für radikal-islamisches Gedankengut. In diesem Zusammenhang hat Heitmeyer darauf hingewiesen, dass 27 Prozent der Jugendlichen zur politischen Durchsetzung religiöser Prinzipien und zur Ausweitung des Machtbereiches auch die Anwendung von Gewalt ins Kalkül zögen. Er stellte zudem eine deutliche Politisierung bei jenen Jugendlichen fest, die in islamistischen Gruppen wie Milli Görüs aktiv waren.

Ihre mangelhafte Bildung, ihre ungenügenden Sprachkenntnisse und der geringe soziale Status ihrer Familien geben den jungen Muslimen das Gefühl, der Mehrheitsgesellschaft unterlegen zu sein. Je stärker sie die eigene Diskriminierung empfinden und je religiöser sie aufwachsen, desto mehr flüchten sie zu dem vom Islam postulierten Überlegenheitsanspruch, fand Heitmeyer heraus. »Die Gefahr ist aktueller denn je, weil sich immer mehr Jugendliche aus der deutschen Gesellschaft zurückzuziehen scheinen. Das gilt besonders für jene, die an ihren eigenen Ansprüchen scheitern und beispielsweise in der Schule nicht die Leistung erbringen, die sie von sich selbst erwartet hätten. Sie verbringen die meiste Zeit mit anderen Türken«, schrieb er in einem Beitrag für *Die Zeit.*[101]

Britische Forscher haben in der bereits erwähnten Bradford-Studie dasselbe Phänomen beobachtet. Danach grenzen sich die muslimischen Zuwanderer bewusst und aktiv von der Aufnahmegesellschaft ab. Die religiöse und kulturelle Isolation trage zur Ghettobildung in den Städten bei und verschärfe die Marginalisierung muslimischer Familien und Kinder. Einen weiteren Beleg für diese These liefert das Essener Zentrum für Türkeistudien. Ein Beitrag über die Ghettobildung kommt zu dem Schluss, dass sich »die ethnische Segregation zugleich mit einer sozialen Segregation vollzieht«. Daher fordert das Kriminologische Forschungsinstitut in Hannover, »in Zukunft ein besonderes Augenmerk auf die Dynamik und Interaktion von Ausgrenzungs- wie auch Selbstausgrenzungs- und Segregationsprozessen zu legen. Dies ist sicherlich ein Moment, das im Kontext der Aufklärung und Information von Zuwanderern offen ausgesprochen werden und keinesfalls unter dem Gesichtspunkt der Vermeidung von Vorurteilen verschwiegen werden sollte.«

Das Geschlechterverhalten wird bei den muslimischen Jugendlichen nach wie vor eindeutig von den religiösen Vorgaben des Korans und den so entstandenen Traditionen geprägt. Die Mädchen unterliegen dabei nicht nur der Kontrolle der Eltern, sondern auch der Brüder. Junge männliche Muslime verbrächten viele Stunden damit, das Verhalten und äußere Erscheinungsbild von Frauen zu kontrollieren. Da komme es innerhalb der Familien über die Rolle von Frauen und das adäquate Verhalten in der Öffentlichkeit zu Auseinandersetzungen mit physischer und psychischer Gewalt, sagen die Bradford-Forscher. Brettfeld und Wetzels stellten fest, dass ein Macho-Verhalten durchaus akzeptiert werde, weil man »gewaltlegitimierende Männlichkeitsnormen« anerkenne. Starke Religiosität gehe bei jungen Muslimen zudem mit einem tradierten Ehrkonzept einher. Bei der Verteidigung der eigenen wie auch der Ehre der Familie sei die Anwendung von Gewalt »wahrscheinlich«. Bei der Heirat legen Männer und Frauen großen Wert darauf, dass der Ehepartner auch Muslim ist, berichten Susanne Worbs und Friedrich Heckmann gestützt auf Datenmaterial des europäischen EFFNATIS-Projekts.[102] Bei Frauen sei dieser Wunsch noch stärker ausgeprägt.

Hier sei angemerkt, dass islamistische Organisationen wie Milli Görüs von ihren Mitgliedern verlangen, dass muslimische Frauen nur Muslime heiraten. Schließlich könnten aus einer Beziehung mit einem Andersgläubigen »Schwierigkeiten erwachsen«. Die Frage der religiösen Kinderziehung sei ungeklärt, außerdem könne der nichtmuslimische Ehemann seine Frau von der Religionsausübung abhalten. »Daher darf eine muslimische Frau keinen Angehörigen einer anderen Religion heiraten.«[103] Diese Vorschrift korrespondiert eng mit den Gesetzen der Schari'a, die darauf ausgelegt sind, die muslimische Gemeinschaft, die Umma, dauerhaft zu stärken und zu vergrößern. Sie verhindern das Einsickern fremder Kulturen in die Familien. Heiratet ein Muslim eine Christin, werden die Kinder nach islamischem Glauben erzogen. Die Familien achten peinlich darauf, dass niemand von diesen Regeln abweicht. Traditionell suchen sich Muslime ihren Ehepartner nicht selbst aus, sondern werden verheiratet, ohne die Entscheidung in irgendeiner Form beeinflussen zu können. Die Heirat soll das Ansehen der Familie steigern und noch wehrhafter gegen äußerliche Einflüsse machen. Zahlreiche türkische Familien in Deutschland verheiraten ihre Kinder nach wie vor in die Türkei. Oft wird die Hochzeit schon verabredet, wenn die Mädchen oder Jungen noch Kinder sind. Diese Eheschließungen sollen die Verbundenheit mit den Traditionen, dem Islam und dem Heimatland aufrechterhalten. Die Betroffenen fügen sich der Entscheidung gemäß dem vom guten Muslim geforderten Gehorsam gegenüber den Autoritäten. Junge Frauen, die aus der deutschen Großstadt zurück in die Agrarregionen der Türkei ziehen und dort den Haushalt einer Landwirtschaft übernehmen, stürzen oft genug in tiefe seelische Krisen. Nur wenige wagen die Flucht in deutsche Frauenhäuser und können nach einer Therapie und ausgestattet mit einer neuen

Identität später ein eigenes, selbstbestimmtes Leben beginnen. Die meisten machen es wie ihre Mütter: Sie bekommen Kinder und erziehen sie nach den Gesetzen des Islam mit seinem Allmachtsanspruch.

Der Islam sieht die Aufgabe der Frau im Haushalt und in der Kindererziehung, wenngleich die Vorschriften eine Berufstätigkeit nicht generell ausschließen und sogar die erste Ehefrau des Propheten, Khadidscha, eine angesehene Geschäftsfrau in Mekka war. Auch wenn die Männer gerne an der traditionellen Aufgabenteilung festhalten würden, zwingt sie die finanzielle Haushaltslage oft dazu, der Berufstätigkeit der Frau zuzustimmen. Ohne das zweite Einkommen der Ehefrau kämen die meisten Familien heute gar nicht mehr über die Runden.

Drei Frauentypen tauchen in der Studie von Worbs und Heckmann auf, die vom Marburger Soziologen Klinkhammer entwickelt wurden. Da ist zum einen die Frau mit einer »traditionalisierenden islamischen Lebensführung«. In diese Kategorie werden Frauen eingeordnet, die in den Islam hineingeboren wurden, sich aber auch später nicht bewusst dafür entschieden hätten. Sie würden die religiösen Traditionen auf den Bereich der Familie beschränken und den Islam nicht als Protest oder Opposition gegen die deutsche Gesellschaft verstehen. Dem zweiten Frauentyp wird eine »exklusivistische islamische Lebensführung« zugeschrieben. Diese Frauen hätten sich bewusst für den Islam entschieden und würden den gesamten Alltag durch die islamische Brille betrachten. Sie verstünden ihre Einstellung als Opposition zur deutschen Gesellschaft. Der dritte Typ ist der einer »universalisierenden Lebensführung«. Damit sind all jene Frauen gemeint, die sich zwar ebenfalls als Muslimas verstehen, diesen Glauben jedoch kaum praktizieren. Sie beten oder fasten kaum.

Wege der Indoktrination

Zum Abschied aus dem Internet genügten drei Sätze. »Wir werden in wenigen Tagen unsere Internetpräsenz beenden. Wir möchten uns entschuldigen, dass wir diese Seite nicht mehr weiterführen können. Möge Allah (swt) uns neue Wege öffnen, um unser Wissen über den Islam zu mehren«, war am 5. Mai 2003 auf der Internetseite der Berliner Al-Nur-Moschee zu lesen.[104] Warum die Seite eingestellt wurde, ließen die Verantwortlichen offen. Die Leser konnten allenfalls vermuten, dass es nicht aus freien Stücken geschah.

Auf dieser Internetseite gab es eine Rubrik, die »Fragen und Antworten« hieß.[105] Es ist schwer nachvollziehbar, ob die zu lesenden Dialoge tatsächlich so geführt oder zu erzieherischen Zwecken so aufgeschrieben worden waren. Die Betreiber der Seite hatten die Fragen sorgfältig durchnummeriert. Ihr Inhalt jedenfalls war allemal interessant, da er zeigte, wie durch Lebens- und Glaubensanweisungen die Integration von Muslimen torpediert wurde.

Darin gipfelte etwa ein Dialog über die scheinbar belanglose Frage nach der Möglichkeit der Altersabsicherung, falls die für die Versorgung der Eltern zuständigen Kinder keine Muslime würden und sich ihrer Pflicht entzögen. »Wie ist das mit der Altersvorsorge. Was darf man und was nicht?«, wollte der Fragesteller wissen. Die erste Antwort, die hier, wie auch alle folgenden wörtlich zitierten Fragen und Antworten, authentisch mit sämtlichen orthografischen Fehlern wiedergegeben wird, lautete: »Eine private Rentenversicherung ist normalerweise nicht erlaubt, weil es dabei um Geld geht. Ich bezahle monatlich einen Betrag an diese Firma, um später Geld zu bekommen. Aber man weiß nicht wieviel Geld man später bekommt. Man weiß nicht genau wie lange man lebt und deshalb weiß man auch nicht, ob man mehr Geld bekommt als man eingezahlt hat oder nicht. Das ist das Risiko und eine Art von Lotto.« Aber in Deutschland sähen die Gesetze nun einmal eine Rentenversicherung vor. Daran müssten sich auch Muslime halten, obwohl nach islamischem Recht die Kinder für die Altersversorgung der Eltern verantwortlich seien.

Nächste Frage: »Wie ist es, wenn man keine Kinder hat, oder wenn die Kinder trotz aller Bemühungen keine Muslime geworden sind und die Eltern nicht versorgen wollen?« Zunächst wird sachlich festgestellt: »Wenn die Familie die Versorgung nicht übernehmen kann, so macht es der Staat.« Dann jedoch versteigt sich der Antwortende in eine beängstigende These. »Aber ich möchte einen anderen Punkt aufklären. Nach islamischem Recht gibt es keinen Muslim, der aus dem Islam austritt. Er muss getötet werden, das bedeutet nicht, dass irgendjemand einen Menschen für ungläubig erklären kann und ihn deshalb zu töten. Die Strafe kann nur in einem islamischen Staat zur Anwendung kommen. Nur das Staatsoberhaupt darf diese Strafe durchsetzen, wenn es überzeugende Beweise gibt und demjenigen Zeit zur Besinnung gegeben worden ist (…).«

Wenn man unterstellt, dass die Frage echt war und von Eltern stammte, die an der Religiosität ihrer Kinder zweifelten, lässt sich leicht nachvollziehen, wie sie die finstere Drohung empfunden haben. Und wie müssen solche Drohungen auf junge Muslime wirken? Welche Furcht werden sie bei jemandem auslösen, der mit seiner Religion hadert? Die Religionsführer in den Moscheen wollen das Bekenntnis zum Islam durch eine Herrschaft der Angst erzwingen. Ist das der tolerante Islam?

»Das Christentum behauptet, es sei tolerant und ein Kirchenaustritt wäre nicht so schlimm«, fährt der Antwortende fort, »aber in Wahrheit sind sie es überhaupt nicht. In Bosnien und im Kosovo werden Muslime, nur weil sie Muslime sind, getötet. In Spanien hat die Kirche die Muslime gezwungen, das Christentum anzunehmen. Diejenigen, die das Christentum nicht annehmen wollten, wurden umgebracht. Das war im Mittelalter in Spanien. Damals war die Kirche überhaupt nicht tolerant. Heutzutage ist die Kirche ein bißchen toleranter geworden, weil sie keine Macht mehr hat.«

So schürt man Feindschaft und verhindert Integration. Der Verweis auf die spanische Reconquista fügt sich nahtlos ein in die Agitation eines Osama bin Laden, der den Dschihad gegen die »Kreuzfahrer und Juden« ausgerufen hat. Hier wird das Anderssein, die Abgrenzung von den Deutschen herbeigeredet. Das ist die missionarische Botschaft aus Moscheen und Gemeindezentren. Während die Vertreter der großen Verbände in Talk-Shows den toleranten Islam propagieren und um Sympathie für die Muslime in Deutschland werben, wird an der Basis Stimmung gegen die Mehrheitsgesellschaft gemacht. Der Antwortende aus der Al-Nur-Moschee räumt zwar ein, seine Meinung werde nicht von allen Rechtsschulen im Islam anerkannt. Außerdem habe es bislang keinen solchen Fall gegeben, doch sei die Drohung durchaus ernst zu nehmen. »Warum wird man getötet, wenn man aus dem Islam austritt? Wir glauben, dass die Menschen das Recht haben, ihre Religion frei auszuwählen, aber sie haben kein Recht, über ihre Religion zu schimpfen. Wenn man aus dem Islam austritt, so bedeutet das, er beschimpft und leugnet den Islam.« Der Islam beansprucht in Deutschland die Freiheiten der demokratisch-pluralistischen Gesellschaft, aber in dieser Auslegung hält er seine Gläubigen in religiöser Sklaverei.

Noch schärfer als gegen die Christen wird gegen die Juden agitiert. »Der Prophet (Allahs Segen und Frieden auf ihm) sprach: Die Schlange ist die Umwandlungsform der Dschinn, genauso wie die Affen und die Schweine die Umwandlungsform der Juden ist«, lasen die Berliner Verfassungsschützer auf der Al-Nur-Internetseite.[106]

Die jungen Muslime in den deutschen Glaubensghettos

werden sogar vom europäischen Ausland aus indoktriniert. Auf der Seite von »Radio Islam« veröffentlicht der in Schweden lebende Ahmet Rami sein Buch *Die Macht der Zionisten* in deutscher Übersetzung. Das Werk ist nicht nur antizionistisch, es ist antisemitisch und leugnet den Holocaust. »Die Juden klagen immer darüber, sie seien von einem ›Holocaust‹ betroffen worden. (…) Das trifft aber weder im tieferen noch im eigentlichen Sinne zu. Die große Mehrheit des Weltjudentums lebte während des 2. Weltkriegs in Amerika, im Britischen Weltreich, in der Sowjetunion hinter der Front usw. und konnte also ganz unmöglich einem ›Völkermord‹ zum Opfer fallen«, schreibt Rami.[107] Bis 2003 durfte die radikal-islamische Hizbollah sogar ein eigenes Fernsehprogramm in Europa ausstrahlen. Die TV-Station Al-Manar mit Sitz im Libanon sendete via Satellit unter anderem Serien wie »Die Diaspora« in die deutsch-muslimischen Wohnstuben. Der TV-Film knüpfte an das weit verbreitete antisemitische Verschwörungspamphlet »Die Protokolle der Weisen von Zion« an. Erst als die USA und Israel offiziell gegen die Ausstrahlung des Senders protestierten, forderte die französische Aufsichtsbehörde CSA den Satellitenbetreiber Eutelsat auf, Al-Manar in Europa abzuschalten.[108]

Und dann ist da natürlich Scheich Yousuf Al-Qaradhawi, einer der führenden Köpfe der islamistischen Muslimbruderschaft und unter den Muslimen einer der populärsten Männer weltweit. Seine Talk-Sendung auf dem arabischen Nachrichtenkanal Al-Jazeera erreicht auch in Deutschland hohe Einschaltquoten. Vielleicht auch deshalb, weil er sich folgendermaßen äußert: »Es gibt Kleriker, die gegen Märtyreroperationen in Palästina sind. Durch diese Aktionen hat Allah die Schwäche der Palästinenser ausgeglichen. Anders als die Zionisten haben sie keine Apache-Kampfhubschrauber, Kampfflugzeuge, Panzer, Raketen. Dafür gab Allah ihnen diese menschlichen Bomben. Das ist gerecht.«[109]

Welche Anziehungskraft solche Themen auf die jungen Gläubigen in Deutschland haben, zeigte am 31. Mai 2002 eine Veranstaltung der Hochschulgruppe Aqida, die der islamistischen Organisation Hizb ut-Tahrir nahe steht, in der Technischen Universität Berlin. 140 Muslime kamen, um den Vortrag »Blutiges Palästina – Das heilige Land unter Aggression« zu hören. Und in der Milli-Görüs-Moschee im Berliner Bezirk Friedrichshain-Kreuzberg fanden auf der islamischen Buchmesse Ende April 2003 die Bücher *Israel, Mythos und Terror* und *Dossier des Zionismus* von Roger Garaudy ihre Leser.[110]

Dort, gar nicht weit entfernt vom Kottbusser Tor, blättern seit einigen Jahren immer mehr Jugendliche in den Schriften von Neofundamentalisten und Radikalislamisten. Sie interessieren sich etwa für die Werke des Ägypters Mohammed Qubt, der als Professor für Religionslehre in Saudi-Arabien arbeitet und lebt und dessen Name Programm ist. Sein Bruder war der 1966 durch die Hinrichtung unter dem ägyptischen Präsidenten Nasser zum Märtyrer gewordene Sayyid Qubt. Er gilt als der islamistische Chefideologe schlechthin. Seine Doktrin war die Vernichtung der gottlosen Gesellschaft. Mohammed dagegen gibt sich sanft. Er predigt, dass die gesamte Menschheit sich eines Tages dem Islam unterwerfen und die einzig wahre göttliche Religion die Welt erlösen wird.

Daran glaubt auch Münib Engin Noyan. Seine angebliche Selbstfindung durch das Koranstudium hat der frühere Folkloresänger in dem Buch *Mein Qur'an Tagebuch* niedergeschrieben. Es ist auch auf Deutsch zu haben. Wem der Weg in die Moschee zu weit ist, der kann es sich direkt aus dem Internet herunterladen. Die einzige Botschaft des Autors, dessen Großvater einst eine Deutsche heiratete, ist die vom Sieg des Religiösen gegen westliche Machtgier, Materialismus, Eigennutz und moralische Verkommenheit. Die Aussage des Buches ergibt sich aus einer Zusammenstellung von Zitaten zu einem langen Dialog, in dem auch der Autor selbst immer wieder zu Wort kommt. Amerika ist für ihn das Beispiel für moralische Verkommenheit schlechthin, ein Land mit einem »allmählichen Verfall aller ethischen Werte, der Macht, des gesellschaftlichen Zusammenhalts, des Glücks und schließlich des Lebens selbst«.[111] »Ist das nicht tatsächlich der Fall in den Vereinigten Staaten von Amerika?«, fragt er, um sich dann in dunklen Andeutungen über den Terroranschlag vom 11. September 2001 als moralische Strafe zu ergehen. Er ist klug genug, dieses Ereignis nicht explizit anzusprechen, und so schreibt er denn: »Eine Gesinnung, die sich selbst zum Gendarm der Welt ernannt hat. Und schließlich eine Gesinnung, die all dem zufolge glaubt, allmächtig und immer im Recht zu sein! Manchmal kommt die Strafe, oder vielleicht auch nur ihre Vorwarnung, im Gewand eines Terroranschlags (…) Wer oder was hinter einem so grauenerweckenden Terroranschlag steckt, ist dann nicht mehr so wichtig. Viel wichtiger ist es, sich darüber Gedanken zu machen, wer da die wahre Verantwortung für den schrecklichen Tod von so vielen unschuldigen Menschen zu tragen hat! Nur die Terroristen? Oder auch diejenigen, die wegen ihrer Gesinnung und Lebensauffassung das Leben von Millionen Menschen regelrecht zur Hölle gemacht haben (…).« So etwas war und ist über die muslimischen Book-Shops im Internet in Deutschland auf Deutsch zu beziehen.

Ein weitaus produktiverer türkischer Autor ist Adnan Oktar, der unter dem Pseudonym Harun Yaha publiziert. Der deutsche Markt wird mit Arbeiten von ihm geradezu überschwemmt. Er vertritt eine ganze Reihe abstruser Theorien, verurteilt aber den »so genannten islamischen Terror«, der in Wahrheit einem »Beduinen-Charakter« entstamme und nicht dem Islam. Die Terroristen versuchten den Islam zum »Werkzeug ihres Barbarismus« zu machen.[112] Yaha selbst kämpft mit der Kraft des Wortes gegen die von ihm festgestellte Dekadenz des Westens, die gesellschaftlichen Verwerfungen, wissenschaftlichen Täuschungen und den sittlichen Verfall. »In der heutigen Welt, in der solche Unmoral wie Ehebruch, Homosexualität, Drogensucht und ein Leitmodell von Egoismus und Grausamkeit weit verbreitet sind, teilen die Menschen der Schrift und die Muslime die gleichen Tugenden wie Ehre, Keuschheit, Bescheidenheit, Opferbereitschaft, Ehrlichkeit, Mitleid, Gnade und unbedingte Liebe...«, schreibt er.[113] Zu den »schädlichsten Philosophien« zählt er den Materialismus, Kommunismus, Faschismus, die Anarchie, den Rassismus, und – man höre und staune – den säkularen Humanismus. Die Evolutionstheorie sei nichts weiter als eine »große Täuschung«, für die es keine wissenschaftlichen Beweise gebe. Der Mensch sei nicht zufällig entstanden, sondern von Allah erschaffen und müsse seiner sittlichen Ordnung gemäß leben. Im Darwinismus sieht Yaha die Wurzel alles Bösen. Er versucht sogar zu erklären, dass »der blutigste politische Effekt des Darwinismus der Ausbruch des 1. Weltkriegs« war. Die Generäle hätten den Krieg, »das Blutvergießen und das Leiden« als biologische Notwendigkeit, als eine Art Naturgesetz angesehen. So weit Yaha.

Die Muslime in Deutschland werden also auf vielerlei Weise agitiert. Die Palette reicht von antisemitischer Hetze über die Rechtfertigung von Selbstmordattentaten bis hin zur Leugnung der Evolutionsgeschichte. Aufgrund der nachgewiesenen Bildungsdefizite eines Großteils der Migranten kann man davon ausgehen, dass vieles von den Jugendlichen eins zu eins übernommen wird. In den Köpfen dieser jungen Menschen müssen zwangsläufig vollkommen irrationale Weltbilder entstehen. Wenn man dann noch weiß, dass die Gewaltbereitschaft gerade bei stark religiösen Jugendlichen sehr hoch ist, kann man sich vorstellen, was die beständige Flut von intoleranter, aufrührerischer, Gewalt legitimierender und Hass gegen den Westen und die Juden betreibender Indoktrination im Zusammenspiel mit dem Gefühl selbst erfahrener sozialer Ungerechtigkeit und gesellschaftlichen Scheiterns auslösen kann. Auf diese Weise wird das Ghetto zur beständigen Gefahr für die Mehrheitsgesellschaft.

Ein Kopftuch für Allah

»Das Kopftuch der muslimischen Frau ist Teil der gesamten Kleidung, die bestimmten Vorschriften unterliegt. Kleidungsvorschriften gibt es im Islam sowohl für den Mann als auch für die Frau. Und sie dienen dazu, die Würde und Achtung vor ihnen zu schützen«, lässt die Islamische Gemeinschaft ihre Mitglieder wissen. »Muslime sollten grundsätzlich Kleidung tragen, die den Körper in der Weise bedeckt, dass die Figur nicht sichtbar wird, um das Interesse des anderen Geschlechts nicht auf sich zu lenken. Deshalb sollte die Kleidung weder zu eng anliegen noch durchscheinend sein. Da die Haare bzw. Frisur der Frau eine sehr wichtige Rolle für ihr Aussehen spielen und auch eine gewisse Anziehung ausüben können, gilt für Frauen zusätzlich, dass sie ein Kopftuch tragen.«[114]

Kaum ein anderes Thema hat die Öffentlichkeit in den vergangenen Jahren im Zusammenhang mit dem Islam mehr bewegt – abgesehen vom Terror natürlich – als die Kopftuchfrage. Dazu beigetragen hat vor allem die in Afghanistan geborene Muslima Fereshta Ludin. Von 1997 bis 2003 ging sie den Klageweg durch alle Instanzen, um für sich das Recht zu erkämpfen, als Lehrerin im baden-württembergischen Schuldienst während des Unterrichts Kopftuch tragen zu dürfen. Fereshta Ludin kam 1987 im Alter von 15 Jahren nach Deutschland und nahm 1995 die deutsche Staatsangehörigkeit an. Das erste Mal klagte sie 1997, weil das Oberschulamt Stuttgart sie nicht zum Referendariat zulassen wollte. Die Angelegenheit wurde an das Kultusministerium weitergereicht, und das erteilte der jungen Frau die Erlaubnis. Auch eine Muslima sollte ihre Ausbildung in Deutschland beenden können, lautete die Begründung. Also absolvierte Fereshta Ludin ihr Referendariat. Nachdem sie die zweite Staatsprüfung für das Lehramt mit dem Schwerpunkt Grund- und Hauptschulen sowie den Fächern Deutsch, Englisch und Gemeinschaftskunde/Wirtschaftslehre erfolgreich abgeschlossen hatte, bat sie, zum Schuldienst zugelassen zu werden. Das Oberschulamt lehnte am 13. Juli 1998 ab, weil die Lehrerin darauf bestand, das Kopftuch während des Unterrichts nicht abzulegen. Unabhängig von dem Fall sprach sich nur zwei Tage später der baden-württembergische Landtag mit großer Mehrheit gegen ein generelles Kopftuchverbot an Schulen und Universitäten des Landes aus. Der Weg für Fereshta Ludin schien also frei zu sein. Mit dem Landtagsbeschluss im Rücken legte die Muslima am 14. August Widerspruch gegen ihre Nichtzulassung in den baden-württembergischen Schuldienst ein.

Monate vergingen ohne Antwort. Erst am 4. Februar des folgenden Jahres wies das Oberschulamt den Widerspruch überraschend zurück. Zwar verbiete es das Grundgesetz, einen Bewerber allein aufgrund seiner Religionszugehörigkeit abzulehnen, argumentierten die Beamten, das Grundgesetz schließe es aber nicht aus, die Ablehnung »an eine mit dem Bekenntnis verbundene mangelnde Eignung für den öffentlichen Dienst anzuknüpfen«[115].

Die Lehrerin zog vor das Stuttgarter Verwaltungsgericht, wurde aber auch dort am 24. März 2000 abgewiesen. Das Gericht sah im Tragen des Kopftuches einen Eignungsmangel im Sinne des Landesbeamtengesetzes. Zudem stünden der Religionsfreiheit der Lehrerin die Neutralitätspflicht des Staats und die Rechte der Schüler und Eltern gegenüber. Zwar sei das Kopftuch, anders als das Kruzifix für den christlichen Glauben, nicht als symbolischer Inbegriff des islamischen Glaubens zu sehen, allerdings könnten die Kinder durch das Kopftuch religiös beeinflusst werden. Wie zu erwarten war, überzeugte auch diese Argumentation die Muslima nicht. Sie ging in Berufung – und unterlag ein weiteres Mal. Der Verwaltungsgerichtshof Baden-Württemberg wies die Berufung am 26. Juni 2001 zurück und schloss sich der Argumentation der Vorinstanzen an.

Inzwischen hatte Fereshta Ludin so viel Publizität erreicht, dass der Fall grundsätzlichen Charakter bekam. Am 3. Juni 2003 legte sie Verfassungsbeschwerde ein. Zusätzlichen Auftrieb erhielt das Thema in der Öffentlichkeit, da nun auch in Frankreich ein heftiger Konflikt über das Kopftuch ausbrach, der zu einer leidenschaftlichen Debatte über den Laizismus führte. In Deutschland hatte es diese strikte Trennung von Staat und Religion nie gegeben. Regierungsmitglieder schworen bei ihrer Vereidigung auf die Bibel, in den Schulen und Gerichtssälen hingen Kruzifixe. Die Bundesrepublik bekannte sich von Beginn an zur christlichen Ethik, dem christlichen Welt- und Menschenbild. Eine der beiden großen Volksparteien, die Christdemokraten, trägt die Religion sogar im Namen. Mit der zunehmenden Säkularisierung der Gesellschaft geriet diese Nähe zum Christentum ab den siebziger Jahren mehr und mehr in die Kritik. Und so nahmen Politiker von Sozialdemokraten und Grünen die Kopftuchdebatte zum Anlass, wie in Frankreich Religion und Staat künftig streng zu trennen. Das von Sozialdemokraten und Sozialisten (PDS) regierte Berlin beschloss, alle religiösen Symbole müssten künftig aus öffentlichen Gebäuden entfernt werden. Es dürften auch an der Kleidung der Mitarbeiter keinerlei Hinweise auf ein religiöses Bekenntnis zu erkennen sein.

Die Verfassungsrichter brauchten über ein Jahr, bevor sie zu einem Urteil fanden, das dann wiederum niemanden so richtig glücklich machte. Die Entscheidung darüber, ob eine muslimische Lehrerin mit Kopftuch unterrichten dürfe, sei nicht Sache der Gerichte, entschieden die Verfassungsrichter, sondern Aufgabe des Gesetzgebers.

Fereshta Ludin hatte vor Gericht immer erklärt, das Kopftuch sei nicht nur Ausdruck ihrer Persönlichkeit, sondern auch Ausdruck ihrer religiösen Überzeugung. Nach den Vorschriften des Islam gehöre das Kopftuchtragen zu ihrer islamischen Identität. Außerdem gehe es hier um ihr individuelles und religiös motiviertes Handeln.[116] Als deutsche Staatsbürgerin habe sie ein Recht auf Religionsfreiheit.

Die einleitenden Zitate aus einem Text der Islamischen Gemeinschaft belegen unzweifelhaft die große Bedeutung des Kopftuchs für orthodoxe Muslime und auch für Islamisten. Die von ihnen geforderte »Kleiderordnung« ist Ausdruck eines Sexismus, der die Frau allein auf ihren Körper reduziert. Dieses Verständnis korreliert eng mit einer archaischen Vorstellung von einer Rollenverteilung, die dem Mann eine beherrschende Stellung in Familie und Gesellschaft sichert. Für all das steht das Kopftuch. Noch dazu wird es vielen Mädchen von den Eltern aufgezwungen. Sie können sich dem Druck der Eltern und Verwandten nicht entziehen. Den Kindern wird damit gedroht, sie kämen nicht ins Paradies, wenn sie das Kopftuch wegließen. Das erfuhr die aus der Türkei stammende Hamburger Sozialwissenschaftlerin Necla Kelek im Gespräch mit muslimischen Mädchen. »Die Mädchen sind einem großen Anpassungsdruck ausgesetzt. Sie reagieren nicht, wie von deutschen Jugendlichen erwartet, mit Rebellion, sondern mit Überanpassung, denn in den wenigsten Fällen suchen oder erhalten sie Hilfe von außerhalb der Familie und Gemeinde«, hat sie in ihrer Studie festgehalten.[117] Darin kommt etwa die 16-jährige Derya zu Wort, die Kopftuch trägt. Sie sei acht oder neun Jahre alt gewesen, als ihr Bruder sie fragte, ob sie nicht das Kopftuch tragen wolle, berichtet das Mädchen. Sie sei zunächst sehr verwirrt gewesen. Da aber bereits alle Frauen in der Familie das Kopftuch trugen, habe sie zugestimmt. Heute könne sie sich gar nicht mehr vorstellen, überhaupt noch ohne Kopftuch rauszugehen. Sie trägt es beim

Sportunterricht, am Schwimmunterricht nimmt Derya nicht mehr teil, seit sie das Kopftuch trägt. Auf die Frage, ob ihr manchmal Zweifel an der Religion kämen, antwortet sie, manchmal würde sie manche Geschichten nicht mehr glauben wollen. Etwa die, dass ihr Kopf 100 Jahre brennen solle, falls sie das Kopftuch abnehme. Andere Mädchen sagten Kelek, Allah würde sie im Jenseits für das Kopftuchtragen belohnen. Die Mädchen ohne Kopftuch hätten es jetzt zwar besser, würden aber nach dem Tod »nicht mehr aus der Hölle rauskommen«.

Dem Kopftuch werde eine »Schutzfunktion« zugewiesen, so Kelek. »Nur eine Frau mit Kopftuch ist ›rein‹, das heißt im muslimischen Sinne ›rein‹, also heiratsfähig.« So sei auch das Selbstverständnis mancher Kopftuchträgerinnen.

Dieses Verständnis wollen einige Leute in Deutschland noch möglichst lange aufrechterhalten. Am liebsten sähen sie es allerdings, wenn sich der orthodoxe Islam ganz und gar durchsetzte. Über die einschlägigen deutschsprachigen islamischen Internetseiten werden die Muslime mit zum Teil haarsträubenden Argumentationen und Behauptungen überschüttet. Da aus den Texten laut Vermerk auf den Seiten nur mit Zustimmung der Autoren bzw. der Übersetzer zitiert werden darf, die allerdings nicht zu ermitteln sind, kann an dieser Stelle leider nur eine sinngemäße Wiedergabe ohne Quellenangabe erfolgen. So wird etwa in einem Text, der das Tragen des Hidschaab, eines langen Mantels oder Gewandes, als verpflichtend erklärt, behauptet, der Hidschaab schütze den Mann. Schließlich nähmen sexuell motivierte Verbrechen im Westen immer mehr zu. Und die Kleidung der Frau stehe damit in ursächlichem Zusammenhang. Wenn Frauen so gut wie nichts anhätten, sähen die Männer das als Einladung an. Die westliche Gesellschaft mache aus Frauen Feministinnen und Lesbierinnen. Erst im Hidschaab sei eine Frau eine wirkliche Frau. Diese wenigen Beispiele vermitteln einen Eindruck davon, auf welchem Niveau das Thema manchmal behandelt wird. Die Bereitschaft zur Toleranz einem den westlichen Gesellschaften entsprechenden Lebensstil gegenüber ist jedenfalls nicht ansatzweise zu erkennen.

Der Zentralrat der Muslime in Deutschland hingegen argumentiert sachlich und fordert die seiner Ansicht nach den Muslimas zustehenden Grundrechte ein. Islamische Bekleidung gehöre in Deutschland schon zum normalen Stadtbild. Das Kopftuch sei kein islamisches Symbol. Vielmehr empfänden es »die meisten muslimischen Frauen in Deutschland [als] eine aus eigener Entscheidung heraus ausgeübte religiöse Pflicht und [es] ist auch ein Zeichen des Selbstbewusstseins und der Emanzipation«.[118] Im Übrigen sei Religion in Deutschland nichts Privates, da der Staat in Schulen Kruzifixe aufhänge und sich damit offiziell mit dem Christentum identifiziere. Der Zentralrat lobt die deutsche Verfassung als »die liberalste der Welt«. Allerdings missbrauche der Staat die im Grundgesetz festgeschriebene religiöse und weltanschauliche Neutralität. Doch dann zieht der Zentralrat einen ungeheuren Vergleich: »Es ist schon erschreckend festzustellen, dass sich heute wiederholt, was die Juden im ausgehenden achtzehnten und neunzehnten Jahrhundert mit ihrer ›Integration‹ durchleben mussten. Die Muslime stehen in Deutschland vor der gleichen Entwicklung (...).« Die Tendenz in der Kopftuchdebatte deute darauf hin, »dass es sich bei der Integrationsoffensive nicht um Integration, sondern um Assimilation handelt, wobei sich der deutsche Staat die Religion der Zuwanderer nach seinen Wünschen und Bedürfnissen zurechtbiegen will«.

Die Tatsache, dass in Bezug auf ein Verfassungsgerichtsurteil, das die Kopftuchfrage an den Gesetzgeber zurückverweist, mit der Situation der Juden vor zweihundert Jahren argumentiert wird, belegt, mit welchem Nachdruck auch die Verbände für das Kopftuch kämpfen. Mit keinem Wort wird die geschlechtsspezifische Bedeutung dieses Kleidungsstücks angesprochen. Es wird so getan, als handele es sich um ein Paar Schuhe.

Damit sich Mädchen in der Schule gegen Forderungen wehren können, die von ihnen das Ablegen des Kopftuchs im Sportunterricht oder auch sonst verlangen, können sich die Eltern aus dem Internet so genannte Konzeptpapiere ausdrucken. Die Papiere bestehen aus einem Anschreiben, einem islamrechtlichen und einem juristischen Kommentar. Im Internet finden sich die Papiere auf einer Seite, die sich »Muslim§Recht« nennt.[119] Die Einrichtung hat ihren Sitz am Hamburger Steindamm, einer Hochburg der Islamisten. Die »Muslim§Rechtler« behaupten auf ihren Internetseiten, Kopftuchträgerinnen würden in Deutschland diskriminiert. »Das Tragen des Kopftuches ist für viele Musliminnen leider immer noch mit vielen Schwierigkeiten verbunden. Diskriminierung, schlechtere Noten und damit verbundene Versetzungsprobleme sind nicht selten die Folgen, mit denen muslimische Schülerinnen aufgrund ihrer Kopfbedeckung zu kämpfen haben«, heißt es dort. Außerdem sei es nicht Aufgabe der Schule, sich in die religiösen Belange der Schüler »einzumischen«. Im folgenden »islamrechtlichen Kommentar« verweisen die Autoren unter anderem auf den Koran, Sure 33, Vers 59: »O Prophet! Sage deinen Frauen und deinen Töchtern und den Frauen der Gläubigen, dass sie ihre Übergewänder über sich ziehen sollen. Das ist eher dazu geeignet, dass sie erkannt und nicht belästigt werden.« Der zweieinhalbseitige juristische Kommentar weist zunächst darauf hin, »dass in Deutschland keine konkreten Gesetzesvorschriften bestehen, die unmittelbar das Tragen von Kopftüchern in der Öffentlichkeit beschränken«. Anschließend werden aus der bisherigen Rechtsprechung detailliert die Rechte der Kopftuchträgerinnen hergeleitet. Die Betroffene beziehungsweise die Eltern der Betroffenen werden dann nochmals mit Nachdruck aufgefordert, sich gegen jede Form von Beschränkung zu wehren: »Falls Sie sich nicht um Ihre Rechte bemühen, könnte dies nicht nur für Sie allein zum Nachteil werden, sondern auch zu Beschränkungen der nachfolgenden Schülergenerationen führen.« Für ganz eilige Fälle gibt es eine Telefon-Hotline.

Die deutsche Bevölkerung ist in der Kopftuchfrage geteilter Meinung. In einer Anfang September 2004 anlässlich des Kopftuchverbots für Schülerinnen an französischen Schulen durchgeführten Umfrage sprachen sich 48 Prozent gegen ein solches Verbot in Deutschland aus.[120] Allerdings waren die Aussagen sehr vom Alter der Befragten abhängig. Genau 60 Prozent der über 60-Jährigen waren für ein Verbot, 32 Prozent dagegen. In der Altersgruppe der 18- bis 29-Jährigen verhielt es sich genau umgekehrt: 62 Prozent votierten gegen das Verbot, 32 Prozent dafür.

Die Aussagen sind für sich genommen zunächst einmal Ausdruck der Toleranz der Jüngeren. Vielleicht sind sie aber auch nur das Ergebnis fehlender Information über die tatsächliche Bedeutung des Kopftuches und über die Umstände, unter denen manche Kinder zum Tragen des Kopftuches angehalten werden. Dass es Zwang gibt, räumt sogar der Zentralrat der Muslime ein: »Der Zwang zum Tragen des Kopftuches, der durch manche Eltern ausgeübt wird, widerspricht in vielerlei Hinsicht dem erzieherischen Ziel des Islam und verkennt sein Wesen als direktes Verhältnis zwischen jedem einzelnen Menschen und Gott.«

In der Türkei ist es Schülerinnen und Lehrerinnen verboten, das Kopftuch im Unterricht zu tragen. Die Regierung achtet streng auf die Einhaltung des Laizismus. Auch in Frankreich ist das Kopftuch an Schulen verboten. Als Terroristen im August 2004 im Irak zwei französische Journalisten entführten und versuchten, mit der Morddrohung das Kopftuchverbot an französischen Schulen wieder aufzuheben, scheiterten sie, weil die großen muslimischen Verbände in Frankreich sich hinter die Regierung stellten. Gemeinsam erklärten sie, das Kopftuchverbot könne bestehen bleiben. Ohne vom Staat dazu aufgefordert zu werden, bildeten die Muslime ein »Komitee zur

Befreiung der Journalisten«. Im Fernsehen bot sich eine verschleierte Frau als Austauschgeisel an. In allen großen Moscheen riefen die Imame die Mädchen auf, ihre Kopftücher vor dem Schulhof abzunehmen. So lief der Erpressungsversuch der Terroristen ins Leere. Die Geiselnehmer ließen ihre Forderung angesichts dieser muslimisch-französischen Patriotismuswelle wieder fallen.

Das solidarische Auftreten der französischen Muslime war ganz bestimmt der Notsituation geschuldet, und man kann sicher sein, dass die Islamisten zu gegebener Zeit wieder mit der Kopftuchforderung kommen werden. Doch mit der Geiselnahme wurde ihnen urplötzlich der Wert von Freiheit und Demokratie bewusst, in der sie für ihre Rechte kämpfen und ihren Glauben, auch mit einem Kopftuchverbot an Schulen, uneingeschränkter leben können als in allen arabischen Staaten. Sie wurden gezwungen, sich für diese Freiheit oder den islamistischen Terror zu entscheiden. Sie wählten die Freiheit.

In Deutschland dagegen spitzte sich der Konflikt erneut zu. Die deutschstämmige Konvertitin Iyman Alzayed machte Schlagzeilen, weil sie wegen des Kopftuchs nach Österreich auswanderte. Fünf Jahre lang hatte die Grund-, Haupt- und Realschullehrerin erfolglos gegen die Behörden in Niedersachsen prozessiert. Schließlich unterrichtete sie ohne Kopftuch, weil sie aufgrund ihrer Scheidung auf das Geld angewiesen war. Als sie jedoch die Stelle in Österreich bekam, verließ sie Deutschland »aus Gewissensgründen«.

Der Verfassungsrechtler Josef Isensee wies zu Recht darauf hin, dass das Lehramt Dienst und nicht Selbstverwirklichung ist. Denn der Lehrer setzt das pädagogische Programm des demokratischen Rechtsstaats um, für den er arbeitet. Im Unterricht muss das eigene religiös-weltanschauliche Engagement des Lehrers der staatlichen Neutralitätspflicht weichen. Nach Isensee gewährleistet der Lehrer anderen Toleranz, darf jedoch seinerseits die Toleranz der anderen nicht strapazieren.

Nur so kann er Kinder unterschiedlicher nationaler, kultureller und sozialer Herkunft in die Gesellschaft integrieren. »Wer integrieren will, muss bereits selbst integriert sein«, sagt Isensee und legt seinen Finger in eine offene Wunde. Eine Lehrerin, die an einer deutschen Schule unterrichtet, kann nicht in Opposition zur Mehrheitsgesellschaft stehen. Ihr Leben darf sich nicht in einem völlig anderen Rahmen bewegen. Sie muss ihren Schülern Vorbild sein in ihrer Geisteshaltung, ihrem Auftreten und ihrer sozialen Kompetenz. Schüler und Eltern können sich ihre Lehrer nicht aussuchen. Diese Aufgabe übernimmt der Staat. Deshalb ist es zwingend notwendig, dass die von ihm ausgewählten Lehrer nicht polarisieren oder provozieren. Allein schon die langjährigen juristischen Auseinandersetzungen und die damit verbundene öffentliche Diskussion belegen, wie sehr das Kopftuch Konflikte provoziert.

In Deutschland wurden mit dem Urteil des Bundesverfassungsgerichts die Bundesländer aufgefordert, entsprechende Gesetze zu erlassen, die Rechtssicherheit für alle schaffen. Allein schon wegen der religiösen Symbolik und der mit ihr verbundenen Sexualisierung und Diskriminierung der Frau sollte der Gesetzgeber das Kopftuch in der Schule verbieten – auch und gerade bei den Kindern. Eine Religion darf sich nicht einerseits auf die grundgesetzlich verbriefte Religionsfreiheit berufen und andererseits Grundsätze derselben Verfassung verletzen.

Die führenden Vertreter des Islam in Europa haben längst erkannt, welche Ausbreitungsmöglichkeiten Freiheit und Demokratie ihrer Religion bieten. »Deutschland ist das islamischste Land, das ich kenne«, sagte Ahmet Yazici von der islamischen Gemeinde auf der Veddel in Hamburg.[121] Er ist alles andere als ein säkularisierter Muslim, sondern kämpft für all die Sonderrechte, welche Muslime aus ihrem Glauben ableiten. In der Türkei, in Ägypten oder Algerien würde er damit schlichtweg scheitern. Diese Erkenntnis ist in den sozialen Brennpunkten, den Ghettos, noch nicht angekommen. Die in der westlichen Gesellschaft scheiternden Jugendlichen suchen nach wie vor ihre Identität in der bewussten Abgrenzung und religiösen Radikalisierung, die sie empfänglich macht für die Gewalt gegen alle Ungläubigen. Auch die muslimischen Intellektuellen propagieren weiterhin die Abgrenzung. Doch drängen sie auf die intellektuelle Auseinandersetzung mit der wertentleerten, säkularisierten Gesellschaft, der sie sich überlegen fühlen. Sie beanspruchen eine eigene muslimisch-europäische Identität und fordern die Muslime auf, sich aus der Isolation zu befreien und über die Teilhabe an der Wissens- und Industriegesellschaft dem Islam weltweit zu neuer Blüte zu verhelfen.

KAPITEL SECHS

Die Vision von einem islamischen Europa

»Wir überwinden euch mit euren Gesetzen«

Um 1950 lebten in Europa etwa 800 000 Muslime. Heute sind es über 15 Millionen, davon alleine dreieinhalb Millionen in Deutschland. Zwischen 10 und 15 Prozent der Bevölkerung der meisten europäischen Länder stammen inzwischen aus dem nichteuropäischen Ausland. Ihre Zahl dürfte weiter ansteigen. Der schwedische Generalkonsul in Istanbul, Ingmar Karlsson, prophezeit einen immens wachsenden Immigrationsdruck. »In 30 Jahren werden in Europas unmittelbarer Nachbarschaft bis zu eine halbe Milliarde Menschen leben. Der Maghreb, also Marokko, Algerien und Tunesien, wird 2010 doppelt so viele Einwohner wie Frankreich haben. 2025 wird die Bevölkerungsmenge in Ägypten über 100 Millionen Menschen betragen, und diese sollen auf einer bewohnbaren Fläche Platz finden, die so groß wie die Schweiz ist. Die Türkei könnte dann eventuell doppelt so viele Einwohner wie Deutschland haben, wo bereits drei Millionen Türken einen Brückenkopf errichtet haben, während in dessen Nachbarstaat Frankreich drei Millionen Nordafrikaner leben.«[122] Das Bundesinstitut für Bevölkerungsforschung errechnete, dass Europas Anteil an der Weltbevölkerung bis zum Jahr 2050 von heute 13 auf nur noch 5 Prozent sinken wird. Der Anteil Afrikas verdoppelt sich im gleichen Zeitraum von 12 auf 24 Prozent. Wie sehr sich schon heute das Verhältnis zwischen

Europa und den Entwicklungsländern verschiebt, belegen aktuelle Zahlen. Die europäische Bevölkerung nahm von 1995 bis 2000 um jährlich zwei Millionen Menschen ab. Die Zahl der Menschen in den Entwicklungsländern hingegen schnellte um jährlich 75 Millionen empor.[123] Bedenkt man, dass schon heute das Wirtschaftsgefälle zwischen Europa und dem Süden enorm ist und es keine Anzeichen für einen Wandel gibt, dürften die zahllosen Flüchtlinge, die das Mittelmeer überqueren, um in den Staaten Europas Asyl zu beantragen, somit nur die Vorboten einer Migrationswelle ungeahnten Ausmaßes sein.

Sie kommen in überladenen, rostigen, bis zu 14 Meter langen Booten; zusammengepfercht wie Vieh. Die Menschen stammen nicht nur aus Afrika, sie kommen aus Indien, Pakistan und Bangladesh und haben Schlepperbanden viel Geld gezahlt, um von Libyen aus illegal nach Europa überzusetzen. Unbestätigte Berichte sprechen von zwei Millionen Afrikanern, die in Libyen auf eine Überfahrt warten. Wer von dort aus startet, peilt die italienische Insel Lampedusa an. Das gerade mal 20 Quadratkilometer große Eiland liegt auf halbem Weg von Afrika nach Sizilien. Von Tunesien bis Lampedusa sind es nur knapp 150 Kilometer. Trotzdem bleiben viele Flüchtlingsboote auf der Strecke. Sie fahren ohne Navigationsgeräte und irren tagelang auf dem Meer umher. Bringt die italienische Küstenwache die Boote auf, werden die Flüchtlinge medizinisch versorgt und dann nach Kalabrien oder Sizilien ausgeschifft oder ausgeflogen, wo die Behörden sie in Lager stecken. Nach Angaben des italienischen Innenministeriums waren es im Jahr 2003 genau 14 331 Flüchtlinge. Niemand weiß sicher, wie viele Boote kentern oder wie viele Menschen nach tagelanger Irrfahrt an Bord verdursten. Im sizilianischen Palermo heißt es, im Jahr 2003 seien 411 Leichen aus dem Meer gefischt worden.

Angesichts des Bevölkerungsbooms in den Entwicklungsländern haben sich auch die Politiker auf einen Exodus nach

Europa eingestellt. Es werden diverse Möglichkeiten durchgespielt, wie die Menschen von der Flucht nach Europa abgeschreckt werden könnten. Nicht ohne Grund sprach sich Bundesinnenminister Otto Schily für den Aufbau von Flüchtlingslagern in Nordafrika aus. Dennoch schätzt der Schwede Karlsson, dass in 30 Jahren bis zu 65 Millionen Araber in Europa leben könnten.

Die große Frage wird sein, *wie* all diese Menschen auf dem alten Kontinent leben werden. Bis heute ist das islamische Leben in Deutschland oder etwa Frankreich isoliert in Parallelgesellschaften. Es existiert vornehmlich in den muslimischen Ghettos der Großstädte, in denen Kultur und Glaube der Herkunftsländer bewahrt wurden. Ihre Bewohner leiden unter hoher Arbeitslosigkeit, mangelnder Bildung und sind zum Überleben in starkem Maße auf Alimentationszahlungen des Staates angewiesen. Diese Situation schürt in Deutschland vor allem unter der dritten Zuwanderergeneration Minderwertigkeitsgefühle, die sie empfänglich machten für die Botschaften radikal-islamischer Eiferer. Deren islamistische Ideologie stiftet den jungen Leuten Identität, fügt sie ein in die Gemeinschaft der Muslime, die wiederum als Krönung menschlicher Existenz sublimiert wird. So kehrt sich das Minderwertigkeitsempfinden in ein Überlegenheitsgefühl, das alle Ungläubigen, sprich die westliche Gesellschaft, verachtet. Junge mittellose Städter, die sich um die Chance des sozialen Aufstiegs gebracht sahen, zählten übrigens zum wichtigsten Rekrutierungspotenzial der Islamisten in Ägypten und Algerien. Die führenden Köpfe stammten hingegen allesamt aus der Wissenselite.

Solche Leute lehren etwa an der Al-Azhar-Universität in Kairo. Dort und in Saudi-Arabien wird die Entwicklung des Islam in Europa mit großem Interesse verfolgt. Einige glauben bereits, dass die Islamisierung Europas nur noch eine Frage der Zeit sei. An der Al-Azhar-Universität würden schon Prediger ausgebildet, die Europa missionieren sollen. »Wer den wahren

Islam kennt, der wird dann viel leichter Gläubiger«, sagte Professor Mansour der *Frankfurter Allgemeinen Zeitung*.[124]

Diese Ankündigung kann nicht ernst genug genommen werden. Denn die Gelehrten in Kairo und Riad haben die einzigartigen Möglichkeiten der freiheitlich-demokratischen Gesellschaft zur Ausbreitung des Islam erkannt. In keinem arabischen Land können radikale Ideen so offen geäußert werden. Kein Terrain bietet also bessere Voraussetzungen für die religiös-ideologische Erneuerung des Islam. Während in den verarmten Ghettos der Städte der Dschihad gegen die gottlose Gesellschaft noch als Kampf mit Waffengewalt aufgefasst wird, versteht die Intelligenzija die gottlose Gesellschaft als Mittel zum Zweck. »Wenn eure Gesetze es hergeben, dann überwinden wir eure Religion und Kultur mit diesen Gesetzen«, sei der Tenor in der dortigen Öffentlichkeit, schrieb die *Frankfurter Allgemeine Zeitung*.[125]

Das ist kein leeres Gerede. Die islamische Intelligenz strebt eine breite Partizipation der Muslime an Politik und Wissenschaft in Europa an. Nach europäischem Rechtsverständnis müsste der Islam dazu den Sprung aus dem Mittelalter in die Postmoderne schaffen. Er müsste sich von allen ideologischen Fesseln ebenso befreien wie von den archaischen Gesetzen der Schari'a, die heute in den meisten arabischen Ländern Grundlage der Rechtssystems sind. Er müsste sich von seinem universellen Anspruch trennen, die Menschenrechte und die Verfassungen der freiheitlich-demokratischen Staaten anerkennen. Er müsste sich aus seinem streng dualistischen Denken verabschieden, das nur schwarz oder weiß, gut oder böse, gläubig oder ungläubig kennt. Und er müsste seinem Antisemitismus abschwören und das Existenzrecht des Staates Israel vorbehaltlos anerkennen. Ob die Sache so ausgeht, ist aber noch lange nicht ausgemacht.

Ein weiterer Grund, weshalb die Politiker in Europa nicht umhinkommen, sich mit dem Islam auseinander zu setzen, ist der demografische Faktor. Weltweit bekennen sich über eine Milliarde Menschen zu diesem Glauben. Und weil die Geburtenraten in den muslimischen Bevölkerungsgruppen um ein Vielfaches höher liegen als die der westlichen Welt, werden die Muslime plötzlich aus wirtschafts- und sozialpolitischer Sicht wieder gebraucht. Ohne die Muslime, ohne Zuwanderung würden die deutschen Sozialsysteme in den kommenden Jahrzehnten kollabieren. Deutschland verlöre in den nächsten 40 Jahren 18 Millionen Einwohner. Das sind mehr, als heute in den neuen Bundesländern leben.[126] Mit ihrem Zuwanderungsgesetz will die rot-grüne Regierungskoalition die Überalterung der deutschen Gesellschaft zumindest abmildern. Ziel ist es, vor allem solche Ausländer ins Land zu holen, die der Wirtschaft nützlich sind. Das heißt, die Migranten müssen nicht nur hochqualifiziert sein, sondern sollten sogar technologische Innovationen anstoßen. Hochqualifizierte Arbeitskräfte aber zieht es heute in die USA oder in die aufstrebenden Staaten Asiens. Die Green-Card-Initiative der Bundesregierung zur Anwerbung von Spitzenkräften für Wirtschaft und Forschung blieb weitgehend erfolglos. Nach Deutschland und Europa drängt hingegen ein Millionenheer armer Leute aus vorwiegend muslimisch geprägten Entwicklungsländern, die sich hier ein besseres Leben als in ihren Heimatländern versprechen. Die Kluft zwischen Anspruch und Wirklichkeit ist also riesig.

Zwar gibt es erste Anzeichen dafür, dass die Politik auch jenseits des Kampfes gegen den Terrorismus auf die Muslime aufmerksam geworden ist. Allerdings nicht etwa, weil sie tiefer in die Islamdebatte einsteigen wollte. Es geht um Wählerstimmen. Seit der Einführung des neuen Staatsbürgerschaftsrechts steigt die Zahl der Migranten mit deutschem Pass. Von rund drei Millionen türkischstämmigen Muslimen besitzen heute 700 000 die deutsche Staatsbürgerschaft. Die Wahlberechtigten dieser Gruppe haben bislang vorwiegend sozialdemokratisch oder grün gewählt, weil sie sich von der CDU schon wegen ihres christdemokratischen Grundverständnisses keine Zugeständnisse für eigene Anliegen erhofften. Tatsächlich bestand die Politik von SPD und Grünen bislang vor allem aus solchen Zugeständnissen an die Migranten. Wer von den Muslimen eigene Anstrengungen zur Integration forderte, stand sofort im Verdacht reaktionärer Deutschtümelei.

Die CDU hat es aber nicht nur aufgrund ihrer eindeutigen Verankerung im Christentum schwer, Stimmen bei den Migranten zu holen. Sie war schließlich die Partei, die am längsten an der Auffassung festgehalten hatte, die Ausländer müssten das Land wieder verlassen. Inzwischen ist auch in der Berliner Parteizentrale der Union die Erkenntnis von der Unumkehrbarkeit früherer Wanderungsströme angekommen. Dennoch versucht die Partei keinen Anbiederungskurs. Ihre deutliche Absage an eine Aufnahme der Türkei in die europäische Union wird ihr das Werben um Stimmen bei den deutschen Muslimen nicht leichter machen. Die Partei setzt vielmehr auf einen konstruktiven Dialog mit den Muslimen. Speerspitze dieses Prozesses ist das in Nordrhein-Westfalen gegründete Deutsch-Türkische Forum mit dem Deutsch-Türken Bülent Arslan als Vorsitzenden. Zwar vertritt er Positionen, die in der CDU vermutlich niemals mehrheitsfähig werden. Doch bringt er auf diese Weise eine wichtige Diskussion in Gang. Anders als die Partei kämpft Arslan mit seinem Forum für die Aufnahme der Türkei in die EU und fordert weitgehende Rechte für die Muslime in Deutschland ein. Dazu zählt auch die Aufhebung des Kopftuchverbots etwa für Lehrerinnen. Sein Vorschlag, eine übergeordnete Instanz als Ansprechpartner für die Politik zu schaffen, die in der Lage ist, für alle in Deutschland lebenden Muslime zu sprechen, ist sinnvoll. Denn alle bislang existierenden Organisationen, und dazu zählt auch der Zentralrat der Muslime, erfüllen diesen Anspruch nicht.

Einen ähnlichen Weg wie die Union gehen auch die Liberalen, unter anderem durch die Liberale Türkisch-Deutsche Vereinigung unter dem Vorsitz von Mehmet Gürcan Daimalgüler. Doch das Image der FDP als Partei der Wirtschaft und Freiberufler macht sie für die Migranten noch weniger attraktiv als die CDU. Solange sich die soziale Situation der Migranten insgesamt nicht verbessert, bleibt die Türkisch-Deutsche Vereinigung nicht mehr als ein Signal der Gesprächsbereitschaft.

Unzweifelhaft ist jedoch, dass der Islam schon in naher Zukunft zum festen Bestandteil der politischen Debatte werden wird. Spätestens dann muss die Politik ein ureigenes Interesse daran haben, dass die Führung der Muslime in Deutschland und Europa möglichst bald aus jenen Leuten besteht, die hier geboren und aufgewachsen sind. Denn sie muss wissen, mit wem sie es zu tun hat, und sie muss sich vor allem intensiv mit dem Wesen des Islam auseinander setzen. Wenn junge deutsche Muslime den Islam präsentieren, verliert er in der Wahrnehmung der deutschen Bevölkerung seine Fremdartigkeit. Auf Seiten der Muslime wird so das Gefühl der Zugehörigkeit und Anerkennung gefördert. Schon heute haben alle Parteien türkischstämmige Politiker in ihren Reihen, die von der in Deutschland verbreiteten türkischen Presse und so auch von den Migranten selbst sehr genau beobachtet werden.

Beim Aufbau einer eigenen europäisch-islamischen Identität wird man Einflüsse aus dem arabischen Raum nicht verhindern können. Der Diskurs mit den Gelehrten in Kairo kann dabei ein wichtiges Element darstellen. Aber der arabischen Intelligenzija das Feld zu überlassen, wäre ein schwerwiegender Fehler. Nur wenn sich die Muslime als Deutsche und Europäer verstehen, werden sie all ihre Kraft darin setzen, dass dieses Europa vorankommt und diejenigen, die den Hass predigen, isoliert werden. Den Kampf gegen die subversiven Elemente im Islam gewinnen Deutschland und Europa nur gemeinsam mit den Muslimen.

»Rom wird im Gebet erobert«

Als die Reporter vom US-Nachrichtenmagazin *TIME* kamen, fanden sie die Wohnung in Genf weitgehend leer geräumt. Tariq Ramadan setzte sich demonstrativ im Schneidersitz auf einen Teppich im Wohnzimmer. Eigentlich wollte er in den nächsten Wochen im US-Staat Indiana eine Professorenstelle an der Universität Notre Dame antreten. Doch die US-Behörden hatten ihm kurzfristig das Visum versagt. Er stand unter Islamismusverdacht. Seine Möbel waren bereits verschifft. Und so konnte er den Gästen nicht einmal einen Stuhl anbieten. Dafür blieb er seinen Anhängern in Europa noch eine Weile erhalten.

In den Pariser Vororten wird Ramadan gefeiert wie ein Popstar. Die Kassetten mit seinen Reden werden bis zu 60 000 Mal verkauft. Denn seine Botschaften sind einfach: »Ich sage den Muslimen: Hört auf, euch als eine marginalisierte Minderheit zu sehen. Es geht nicht mehr um Integration, sondern um Partizipation. Wir müssen eine islamische Alternative anbieten.«[127]

Bevor er den Lehrauftrag in Indiana annahm, unterrichtete Ramadan Islamwissenschaften, Philosophie und französische Literatur an der Universität Freiburg in der Schweiz. Der Enkel von Hassan al-Banna, dem Gründer der Muslimbruderschaft, ließ sich an der Kairoer Al-Azhar-Universität zum Prediger ausbilden. Er schrieb ein Dutzend Bücher, die in 14 Sprachen übersetzt wurden, ist verheiratet und hat zwei Kinder. Das Europäische Parlament bestellte ihn zum Berater in Islamfragen. Was will man mehr?

Dieser Mann und seine Freunde wollen Europa verändern. Sie wollen den Islam aus seiner »Opferrolle« herausführen und zu einem starken, die europäische Gesellschaft verändernden Element machen. Am Ende, glauben sie, wird der Islam stärker sein als die säkulare, wertentleerte und damit in ihrer

Widerstandskraft geschwächte ureuropäische Gesellschaft. Denn so sehr die muslimischen Intellektuellen ihre Freiheiten in Europa genießen, so sehr verachten sie doch den Neoliberalismus, der Wachstums- und Profitgläubigkeit zu seiner Religion erkoren hat. Nur der Islam könne das Wertevakuum füllen, das entstanden sei, weil sich die Menschen vom Christen- und Judentum abgewandt hätten. Der Islam als Heilsbotschaft für Europa, das ist das Ziel von Tariq Ramadan.

In der französischen Öffentlichkeit wird er dafür heftig angegangen. Dem erzkonservativen katholischen Klerus ist er ein Dorn im Auge, weil er über die leeren Kirchen lästert und so den rapide sinkenden Einfluss der christlichen Religionen auf die Menschen thematisiert. Ramadan sagt, der Koran führe alle göttlichen Botschaften, die vor ihm gekommen sind, zusammen, komplettiere und korrigiere sie. »Einige christliche Persönlichkeiten, deren Werke der Nächstenliebe er nicht in Abrede stellen kann – Mutter Theresa, Schwester Emanuelle, Abbé Pierre, Fr. Helder Camara –, sind Ausnahmen, die im Grunde nur beweisen sollen, dass alle guten Menschen Muslime sind, weil wahrer Humanismus nur auf dem Koran gründen kann«, schreibt der Theologe Olivier Clément.[128] Ramadan ist nicht der Typ des bärtigen Hasspredigers, der die westliche Welt aburteilt. Statt Kaftan trägt er teure Anzüge und einen Dreitagebart. Seine Reden sind eine Melange aus Islamismus und radikaler Gesellschaftskritik, die immer wieder ihren Weg zurück zu Nietzsche, Heidegger oder Cioran findet. Gleichwohl ist er auch schon oft genug unangenehm aufgefallen. Er lehnte es beispielsweise ab, die Steinigung von Ehebrecherinnen zu verurteilen, sondern plädierte für ein Moratorium und eine »breite innerislamische Debatte«. Er ist für das Kopftuch, weil junge Mädchen damit die »unkritische Übernahme der Moden und des Verhaltens ihrer westlichen Mitbürger« vermeiden. So westlich, wie er aussieht, denkt er nicht.

Gerade deshalb wird er in den muslimischen Ghettos umjubelt. Weil er es dank seiner Bildung mit den Europäern aufnehmen kann, weil er ihre Sprache spricht und dennoch den ursprünglichen Islam predigt. Darum sind die Säle voll, wenn er einen Vortrag hält.

Es gibt die Theorie, dass die Muslime sich erst zurückziehen, bevor sie losschlagen. Sie geht auf den Propheten Mohammed zurück. Als dieser die Heiden in Mekka antraf, erklärte er sie zu Ungläubigen und ging nach Medina. Anschließend kehrte er bewaffnet zurück und fragte sie dreimal, ob sie sich zum Islam bekennen wollten. Da sie es nicht wollten, griff er sie an. Auf Arabisch gibt es dafür den Begriff Takfir Wa-l Hijra. In den siebziger Jahren hat sich sogar eine ägyptische Terrorgruppe so genannt.

Auch Ramadan sieht den Zeitpunkt gekommen, an dem die Muslime kämpfen sollten. Jedoch nicht mit Waffen. Er fordert zur friedlichen Revolution auf. Und der einzige Ort auf der Welt, wo diese friedliche islamische Revolution stattfinden könne, ist seiner Meinung nach Europa. Die gesamte arabische Welt beschreibt er als einen finsteren Ort. »Diktaturen pflanzen sich fort und werden zu Dynastien (ob monarchisch oder republikanisch), während sich die wirtschaftliche Situation für einen Großteil der Bevölkerung weiter verschlimmert. Eine traurige Realität, ein trauriges Los.«[129] Angesichts dieser Wirklichkeit kann er nachvollziehen, warum die Muslime die »Schuld für das eigene Versagen beim Anderen suchen, bei den Ausbeutern, den Reichen, dem Westen«. »Natürlich ist die Politik, die ihnen von Seiten der industrialisierten Welt aufgezwungen wird, die Deregulierung durch die internationalen Institutionen wie IMF, Weltbank oder WTO, und auch die mörderische Gefräßigkeit der multinationalen Konzerne der Ersten Welt zu kritisieren und anzuklagen.« Doch immer nur anzuklagen und sich auf die Opferrolle zurückzuziehen, das sei auf Dauer »einfach nicht überzeugend«.

Die Optionen der gewaltsamen Opposition oder die der Unterwerfung unter die Regeln des Westens »mit seinem verwässerten Konzept einer sozialen Demokratie« seien nicht die einzigen. Er plädiert für den dritten Weg, den Marsch heraus aus der Isolation. Die Muslime sollten für ihr Anderssein offen eintreten, ihren Platz in Europa beanspruchen und die daraus resultierenden Konflikte akzeptieren. Ramadans Vision von einem europäischen Islam basiert auf einer »Kultur der Differenz«.

Die Fehler aller bisherigen islamistischen Widerstandsbewegungen will er vermeiden. Aus der Geschichte weiß er, dass er in den sozial benachteiligten Jugendlichen der Vorstadtghettos zwar glühende Anhänger findet, die man zur Revolte aufhetzen könnte. Eine solche gewalttätige Auseinandersetzung haben islamistische Bewegungen aber nie gewonnen. Deshalb will er den gesellschaftlichen und politischen Erfolg des Islam. Den erzielt er jedoch nur über die Teilhabe an der Macht und deren Ausbau. Also muss der Islam in Europa ein eigenes Bürgertum etablieren, die jungen Leute müssen an die Hochschulen und später wichtige Positionen in Politik, Wirtschaft und Gesellschaft einnehmen. In Europa, glaubt Ramadan, könne der Islam diese Kraft aufbringen, weil er seinen Gläubigen Werte vermittle und dem Leben einen Sinn gebe. Diese Stärke habe die westliche Gesellschaft verloren.

Der in der Schweiz aufgewachsene Prediger kennt die Befindlichkeit der Europäer sehr genau. Er weiß um ihre Stärken und Schwächen. Und die zunehmende Individualisierung der Gesellschaft, die sich auch in hohen Scheidungsraten, wachsender Bindungsunfähigkeit, Verantwortungsängsten und letztlich im Zerfall traditioneller, familiärer Strukturen ausdrückt, schwächt sie zweifellos. Vielleicht haben Theologen dafür ein besonderes Gespür. Denn schon im Dezember 2000 warnte der Kardinal von Bologna, Giacomo Biffi, auf einer Konferenz vor einem erstarkenden Islam in Europa. »Ich glaube, Europa wird entweder christlich oder islamisch werden. Keine Zukunft wird jedoch die heute in Europa weit verbreitete ›Kultur des Nichts‹ haben, die der grenzenlosen Freiheit und ohne Sinngebung, die den Skeptizismus als einen intellektuellen Wettstreit führt, mit mehr oder weniger Gehalt und arm an Wahrheit. Diese ›Kultur des Nichts‹ wird nicht in der Lage sein, den ideologischen Angriff des Islam abzuwehren.«

Diese Prognose mag einem zu düster erscheinen, doch während der Westen sich allein auf den Kampf gegen den islamistisch motivierten Terrorismus konzentriert, führen muslimische Theologen und Ideologen diese Debatte nicht nur in Europa, sondern auch in den arabischen Ländern und in den USA. Es gibt Initiativen, die eine Annäherung der Jugend rund um das Mittelmeer zum Ziel haben. Die Schüler sollen im Unterricht besser über den Islam informiert werden. Eine Gruppe von Wissenschaftlern an der Al-Azhar-Universität hat bereits Schulbücher aus Österreich durchforstet und war mit dem Ergebnis gar nicht zufrieden, weil sie viele falsche Angaben über den Islam entdeckte. Wer den im Auftrag des Auswärtigen Amtes erstellten Report *Der Westen und die islamische Welt* liest, bekommt einen tieferen Eindruck davon, auf welcher Basis der Islam in einen Dialog mit dem Westen und somit Europa treten will.[130] Geschrieben haben ihn Salwa Bakr, die als Schriftstellerin in Kairo lebt, Basem Ezbidi, Professor für Politikwissenschaft in Nablus, Dato' Mohammed Jawhar Hassan, Direktor des Instituts für strategische Studien in Malaysia, Fikret Karcic, Professor an der Universität Sarajewo, Hanan Kassab-Hassan, Professorin an der Universität Damaskus, und Mazhar Zaidi, Journalist aus Pakistan. Gleich zu Beginn stellen die sechs Autoren fest, dass der Teufelskreis der Gewalt nur durch eine grundlegende Änderung der Außenpolitik des Westens zu durchbrechen sei. Es folgt eine lange Liste von Vorwürfen. Immer wieder ist von Kreuzzügen die Rede. Die Kolonialzeit wird ebenso als »Fortsetzung der Kreuzzüge«

dargestellt wie die Aggression Serbiens und Montenegros gegen Bosnien-Herzegowina und der Kampf gegen den Terror. Wobei man zugeben muss, dass US-Präsident George W. Bush den Begriff in diesem Zusammenhang selbst gebraucht hat. Die sechs Intellektuellen lehnen ganz entschieden die Auffassung ab, der Islam sei nicht kompatibel mit der Moderne. »Die Moderne wird definiert als eine Etappe in der Weltgeschichte, die durch einen besonders spezifischen Lebensstil und eine bestimmte Art sozialpolitischer und kultureller Institutionalisierung gekennzeichnet ist. Obwohl es logisch ist, dass die Moderne wie die Zivilisation verschiedene Formen annehmen kann, so z. B. westlich, islamisch, hinduistisch usw., wird diese Schlussfolgerung durch die falsche Vorstellung, die Moderne sei ausschließlich westlich, negiert.« Darin sind sie sich einig mit Tariq Ramadan. Denn genau dieser Punkt ist der Kern seiner Botschaft. Die Moderne kann genauso gut islamisch sein. Da sie aber nun einmal westlich geprägt ist, mit all ihrer Lebensart, ihrem Freiheitsbedürfnis und ihrem Anspruch auf Selbstbestimmung, heißt das für die Emanzipation des Islam in Europa: die Islamisierung der Moderne.

Mit einer Fülle von Vorwürfen, die Ausdruck eines zutiefst zerrütteten Verhältnisses sind, untermauern die Intellektuellen diesen Islamisierungsanspruch. Denn in ihren Augen ist die Schuld, die der Westen auf sich geladen hat, eigentlich kaum noch zu vergeben. Die Erinnerung an die Kolonialzeit, an enttäuschte Hoffnungen, Ausbeutung und Unterdrückung bleibt ihnen lebendig durch das Leid des palästinensischen Volkes. »Großbritannien hat die Balfour-Deklaration erlassen und damit die illegale jüdische Einwanderung nach Palästina erleichtert; Deutschland hat die Gräueltaten gegen die Juden begangen und damit den Anstoß und die so genannte Rechtfertigung für das zionistische Projekt geliefert (dessen verheerende Auswirkungen unter anderen Bedingungen nie zu rechtfertigen gewesen wären).« Später habe Deutschland dann die

Millionen Muslime, die ab der Mitte des vergangenen Jahrhunderts aus der Türkei und den Staaten Nordafrikas kamen, als Menschen zweiter Klasse behandelt. Gleichzeitig habe der Westen in den arabischen Ländern alle Bemühungen, durch konzertierte Anstrengungen der Zivilgesellschaft die Demokratie in vielen islamischen Ländern zu beleben, in ihr Gegenteil verkehrt. Weil der Westen korrupte Regime anerkannte und aufrechterhielt, habe er ein weiteres Paradigma der Entmachtung erzeugt. Die sechs Autoren sind verbittert, zur Vergebung kaum fähig. Das macht ihnen, die hier stellvertretend für alle Muslime argumentieren, und den Europäern diesen Dialog so schwer.

Zwar teilt auch Tariq Ramadan diese Auffassungen. Er warnt jedoch davor, in Resignation zu verfallen oder darauf zu warten, dass der Westen dem Islam entgegenkomme. »Wir Muslime im Westen müssen uns endlich von unserem doppelten Minderwertigkeitskomplex befreien – gegenüber der westlichen und gegenüber der islamischen Welt, die für sich beansprucht, die reine Lehre unseres Glaubens zu vertreten«, sagt er. Das heißt allerdings nicht, dass er von der reinen Lehre lassen will. Er beschreitet nur einen anderen Weg zur Umsetzung, nämlich den der Emanzipation und der politischen Macht. Denn auch die Palästinenserfrage könnten die Muslime nur dann lösen, wenn sie die Politik dort mitbestimmen, wo die Entscheidungen getroffen werden. Das Ziel des Euro-Islam ist ein zutiefst politisches und wird sich niemals losgelöst von der Geschichte definieren.

So hallt es auch aus den Moscheen in den USA wider, wo das Projekt der islamischen Moderne in Europa breite Resonanz findet. Es dürfe nur nicht zu einer Reformation führen, denn die habe schließlich zur Teilung des Islam geführt und dessen Niedergang eingeleitet. »Denn ein säkularer und verwestlichter Muslim zu sein bedeutet, ohne Vergangenheit zu leben. Wie eifrig auch immer eine solche Person ihre Schultern mit denen

westlicher Vorbilder reiben mag, im Kern bleibt er ein Empor-
kömmling, der, während seine europäischen Freunde die Produkte einer langen und anhaltenden Evolution sind, die den
Lebensstil ihrer Vorfahren in authentischer Verbindung mit
ihrem eigenen sehen, ein Konvertit ist, dessen eigene Vorfahren ein Leben führten, welches ihm entweder unbekannt ist
oder unvorstellbar fremd erscheint. Irgendwo in seinem Erbe
liegt die Feindeslinie, hinter der sich der Andere befindet. Die
Seele eines gebürtigen Europäers, auch wenn ihm seine Vergangenheit egal ist, ist nicht derart zerrissen«, sagt der Prediger
Mohammed el-Abbasi von der Dar-Ul-Islah-Moschee in Tea-
neck.[131] Während der Kolonialzeit hätten die Europäer vergeb-
lich versucht, westliche Lebensart in den intellektuellen Zirkeln der arabischen Gesellschaft zu etablieren. Das Ergebnis
war seiner Ansicht nach eine Schizophrenie der säkularen Intellektuellen in der muslimischen Welt und andererseits auch
der ansteigende Erfolg des Fundamentalismus. Die europäische Seele könne weder exportiert noch übernommen werden.
Um einer Kultur anzugehören, brauche man nicht nur deren
Besitz, sondern auch deren Vergangenheit. Die Gegenwart
könnten sich die Muslime aneignen, indem sie sich westlich
kleideten und ihre Kinder auf moderne Schulen schickten.
Die europäische Geschichte bleibe jedoch Eigentum der Europäer. Ramadan nennt es die Kultur der Differenz.

In diesem Sinne plädiert auch El-Abbasi für einen europäischen Islam, der nur aus der klaren Abgrenzung zur säkularisierten westlichen Gesellschaft und der intellektuellen, scholas-
tischen Auseinandersetzung mit dem Koran hervorgehen
könne. Letztlich geht es ihnen um die Stärkung des ohnehin
vorhandenen Impetus der Identifikation mit und über den reinen Islam.

Auch der Euro-Islam wird nicht von seinem universellen
Anspruch lassen, der im Zweifel allen demokratisch gewählten
Regierungen jede gesetzgeberische Legitimation und damit

jede Anerkennung aberkennt. »Auch die von 90 Prozent der Bevölkerung gewählte Regierung hat nie das Recht, auch nicht mit absoluter oder Zweidrittelmehrheit, etwas zu verbieten, was Gott erlaubt hat bzw. etwas zu erlauben, was Gott verboten hat. Jeder Herrscher, jede Regierung, jeder Einzelne ist immer nur ausführende Gewalt, denn Gesetze zu geben, steht allein Gott zu«, sagte etwa der deutsche Konvertit und im Zentralrat der Muslime aktive Muhammad Siddiq.[132] Das Gesetz der Schari'a, das göttliche Recht, steht über allem. In diesem Sinne erzwingt der Islam ein autoritäres Gesellschaftssystem, verfolgt jeden Versuch freiheitlicher Selbstbestimmung als Angriff auf seinen universellen Herrschaftsanspruch und bekämpft den im Geist der Aufklärung gewachsenen Rechtsstaat. Das ist religiös-ideologischer Totalitarismus und somit eine existenzielle Gefahr für jede Demokratie.

Ramadan warnt die Gläubigen in Europa, sich hinter dem »Dominanzstreben« des Westens zu verstecken. Dieses Verhalten führe »zwangsläufig zum Verrat aller universalistischen Prinzipien des Islam und in die Isolation«. Nötig sei eine Vision des Widerstandes. Er fordert die Muslime auf, transnationale Formen des Widerstandes gegen die neoliberale Globalisierung zu entwickeln, mit welcher der Westen die Entwicklungsländer noch tiefer in die Armut stürze. Die politischen Eliten der arabischen Staaten sind für ihn nichts weiter als »willige Diener des westlichen Kapitals und doch nur Bauern in deren Spiel«. Doch er wäre nicht Wortführer des Euro-Islam, könnte er den Muslimen nicht auch Hoffnung vermitteln. »Kaum zu überschätzen ist die Bedeutung der im Westen lebenden Muslime und ihrer Teilhabe an der Anti-Globalisierungsbewegung. Sie sind es, die den Prinzipien des Islam treu bleiben, und der universellen Ausrichtung seiner Botschaft und Prinzipien.« Versuche in Indonesien, Malaysia und Bangladesh, Alternativen zur westlichen Marktwirtschaft zu entwickeln, gelten ihm als lobenswerte Beispiele eines progressiv-modernen Islam.

Verglichen damit beginnt die Auseinandersetzung über einen Euro-Islam in Deutschland nur zögerlich und oberflächlich. Der Präsident des Deutschen Bundestages, Wolfgang Thierse, hofft etwa auf einen Islam, der sich auf die »wesentlich von der Aufklärung geprägte europäische Tradition« einlasse.[133] Der katholische Theologe und Kirchenkritiker Hans Küng sagt, er sei mehr daran interessiert, was im islamischen Raum außerhalb Europas passiere.[134] Einer der wenigen unermüdlichen Mahner vor einer Islamisierung Europas ist der Göttinger Wissenschaftler Bassam Tibi: »Wer sich in der Islam-Diaspora Europas auskennt, weiß, dass nicht nur die Islamisten von einem islamischen, von der Schari'a beherrschten Europa träumen; auch orthodoxe Moslems tun dies und rechnen Europa durch demografische Islamisierung durch Migration zum Dar al-Islam/Haus des Islam.«[135]

Bezeichnenderweise sind es, wie im Fall Tibi, die Muslime selbst, die Europa vor einem allzu leichtfertigen Umgang mit dem Islam warnen. In den Niederlanden ist es die aus Somalia stammende Ayaan Hirsi Ali. Die Schicksale beschnittener muslimischer Frauen haben sie zur erbittertsten Feindin ihrer einstigen Religion gemacht. Die Politologin avancierte mit radikalen Attacken gegen den Islam als Mitglied der rechtsliberalen Partei VVD zu einer der populärsten Frauen im Land. Zunächst suchte sie die Nähe zu den Sozialdemokraten, wandte sich dann aber doch den Liberalen zu. Versuche wie den von Tariq Ramadan, einen europäischen Islam zu schaffen, hält sie für brandgefährlich. Muslime würden säkulare Staaten immer als sündige Staaten betrachten, sagte sie in Talk-Shows und verwies auf den universellen Anspruch des Islam, der allein das göttliche Gesetz der Schari'a anerkenne.

Ayaan Hirsi Ali dringt auf eine Zwangsintegration der Muslime, da alles andere dauerhaft den inneren Frieden in Europa gefährde. Sie will den islamischen Gemeinden die Zuschüsse streichen, die in den Niederlanden bestehenden islamischen

Grundschulen abschaffen und die Muslime zur Koedukation ihrer Kinder auch im Sportunterricht verpflichten. Sie drängt sogar darauf, dass Ärzte muslimische Kinder untersuchen, wenn diese von Reisen nach Afrika zurückkehren, um festzustellen, ob die Mädchen illegal beschnitten wurden. Die besondere Rolle der Frau im Islam hat Ayaan Hirsi Ali in einem Essay (s. S. 280) erläutert. Der Islam, zu dem sie sich nicht mehr bekennt, ist in ihren Augen eine totalitäre Religion, die mit freiheitlich-rechtsstaatlichen Prinzipien nicht vereinbar sei. Mit Nachdruck tritt sie dafür ein, die muslimischen Ghettos aufzulösen, da dort radikal-islamischer Fundamentalismus und Hass auf die westliche Gesellschaft gedeihe. Geht es nach ihr, sollen die Ausländer in den Niederlanden nicht mehr frei wählen können, wo sie wohnen wollen. Nur so würden die Muslime gezwungen, sich den europäischen Lebensverhältnissen anzupassen. Nur so könne das alte Europa überleben.

Auch der arabische Politikwissenschaftler Fouad Ajami kann die abwartende Haltung der Europäer nicht verstehen. Der Kontinent sei zum Rückzugsraum für radikale Muslime geworden, die in ihren Heimatländern verfolgt werden und die nun in den Ghettos für den Dschihad werben. »Mit den Mitteln der Subversion werden die offenen Rechnungen mit den verhassten Herrschern in der Heimat nunmehr in Europa beglichen«, sagt er.[136] London sei längst Londinistan. Die Erwartung, dass der Pluralismus der offenen europäischen Gesellschaft eine eigene islamische Version hervorbringen würde, habe sich nicht erfüllt. Stattdessen sei das genaue Gegenteil eingetreten. In den Ghettos hätten die Migranten die Religion zum Instrument des Kampfes zugespitzt. »So wurde sie schneidend militant. Entscheidend für die Entwicklung des ägyptischen Psychopathen Mohammed Atta, der die Todespiloten des 11. September 2001 anführte, war das Leben in Hamburg und jene Lesart des Islam, die dort möglich wurde.« Sprich: Die Freiheit setzt auch dem Hass keine Grenzen.

Unter den muslimischen Intellektuellen tobt eine Auseinandersetzung über die religiöse, kulturelle und politische Zukunft Europas, die von den Europäern trotz aller modernen Kommunikationsmittel nicht wahrgenommen wird. Ist die Ursache allein Arroganz einer als rückständig betrachteten Religion gegenüber, oder ist diese Lethargie Ausdruck jenes gesellschaftlichen Zersetzungsprozesses, den führende muslimische Intellektuelle diagnostizieren? Am ehesten wohl ist sie Folge fehlender Information. Wenn überhaupt, setzte sich die Politik nach dem zweiten Weltkrieg mit den Muslimen als Bewohner der arabischen Staaten auseinander. Dabei standen nicht die Menschen, sondern geo-strategische und wirtschaftspolitische Interessen im Vordergrund. Nicht einmal die Zuwanderung von Millionen Muslimen nach Europa führte zu einer kritischen Auseinandersetzung mit ihrem Rückzugsverhalten, das die Ghettobildung ermöglichte. Niemand hatte den Islam auf seiner Themenliste. Sogar in der Wissenschaft spielte die Islamforschung bis in die achtziger Jahre des vergangenen Jahrhunderts hinein eine untergeordnete Rolle. So steht Europa heute vor einer islamischen Herausforderung, für die es nicht gerüstet ist. Warnungen aus dem muslimischen Lager mögen vielen überzogen erscheinen. Doch sie basieren auf einer großen Kenntnis islamischen Denkens und Handelns. Deshalb beschreibt Ajami zu Recht und treffend die Folgen der westlichen Ahnungslosigkeit. »Frankreich erlaubt den Bewohnern seiner explosiven muslimischen Ghettos alles und nichts zugleich«, schreibt er. »Es lässt sie im Stich, es öffnet ihnen keine Räume in der Mitte der französischen Gesellschaft. Zugleich aber billigt Frankreich ihnen eine unausgesprochene Macht über seine Außenpolitik, seine Politik gegenüber dem Islam und dem Nahen Osten zu.« Frankreich macht wie kein anderes Land in Europa eine pro-palästinensische Außenpolitik, weiß aber ebenso wenig wie alle anderen EU-Länder, wie es mit den Muslimen in den Pariser Vorstädten und anderswo umgehen soll. Deutschland plädiert für eine Aufnahme der Türkei in die EU und hat es in vierzig Jahren nicht geschafft, vor allem die orthodox-muslimischen Türken in die eigene Gesellschaft zu integrieren. Großbritannien räumte den Ausländern die am weitesten gehenden Rechte ein. Mitten in London beherbergt es die Europazentralen radikal-islamischer Gruppierungen, gegen deren Terroristen die britischen Soldaten im Irak mit Waffengewalt vorgehen. In ganz Europa gibt es keine solide, zwischen Innen- und Außenressorts abgestimmte Islampolitik. Hier bietet es jedem, der auf einen Angriff aus ist, eine offene Flanke.

Die den Muslimen in Europa gewährte Freizügigkeit wird dabei weder in den Großstadtghettos noch in den arabischen Ländern honoriert. In den Augen der Araber seien die Europäer einfach nur noch lasch, sagt der Beiruter Theologe Khalil Samir.[137] »Insbesondere Deutschland scheint keinen Mut, kein Rückgrat zu haben und so letztlich islamistischen Gruppen vor der eigenen Tür Vorschub zu leisten. Statt Muslimen, die in Deutschland leben, klare Integrationsregeln vorzugeben, bleiben sie einer Ghettosituation überlassen, die einen Nährboden für alle bietet, die für sich zwar Toleranz fordern, selbst aber intolerante Ideen verfolgen. Die Deutschen neigen zu einer Multikulti-Vorstellung, die weniger romantisch als werteindifferent ist – aus ihrer Hemmung heraus, sich kritisch gegenüber fremden Kulturen zu äußern. Statt sachlich, aber selbstbewusst aufzutreten, schweigen sie.« Die Deutschen schwankten zwischen riskanter Toleranz und riskanter Distanz zu den Muslimen. Er sei vor einigen Jahren zutiefst erschrocken gewesen, dass die in allen islamischen Ländern längst verbotene islamistische, stark antisemitische Organisation Hizb ut-Tahrir noch auf der Frankfurter Buchmesse vertreten war. Inzwischen ist diese Gruppe auch in Deutschland verboten. Samir sieht Deutschland schwächeln. »Wie soll es einen Beitrag zur Entwicklung der Menschheitsgeschichte leisten, wenn es nicht weiß, wer es selbst ist? (...) Die einzigen Identitäten, die sich die Deutschen selbst zugestanden haben, waren politischer und wirtschaftlicher Art.«

Und welche Identität könnte Europa den Muslimen bieten? Die europäischen Staaten sind verbunden durch die gemeinsame christliche Kultur – welche die Muslime in Spanien als erbitterte Feindschaft erlebten – und die Aufklärung. Die Muslime selbst beschreiben die islamisch-europäische Geschichte als eine Abfolge von Kriegen, Unterwerfung und Ausbeutung. Es ist stark anzuzweifeln, dass ein Verfassungspatriotismus, wie ihn Bassam Tibi vorschlägt, als Einladung ins gemeinsame europäische Haus angenommen wird. Die Europäer müssten ihn nämlich erst einmal selbst annehmen. Aber die Franzosen verstehen sich immer noch als Franzosen, die Spanier als Spanier und die Briten als Briten. Da ist der Euro-Islam, zumindest für die muslimischen Theologen, die weitaus größere Versuchung.

Jedenfalls gibt es neben dem Genfer Professor Ramadan und seinen Weggefährten einen großen Muslimführer, der davon zutiefst angetan ist: Scheich Yusuf al-Qaradawi. Der populärste Prediger der arabischen Welt erwartet die Eroberung Europas durch den Islam. Muslime würden die westliche Gesellschaft unterwandern und durch die höhere Geburtenrate die westlichen Europäer verdrängen. »Nachdem er zweimal vom Kontinent vertrieben worden ist, wird der Islam noch einmal als Eroberer und siegreiche Macht nach Europa zurückkehren. Doch das nächste Mal werden wir Europa nicht mit dem Schwert erobern, sondern im Gebet, und wir werden die Ideologie des Islam verbreiten. Die Eroberung von Rom und die Expansion des Islam wird alle Länder erreichen, über denen die Sonne scheint und der Mond aufgeht.«[138]

Wenn es ihnen gelänge, in Europa eine führende Kraft zu werden, wäre das eine tiefe Genugtuung für die Theologen des arabischen Islam. Aus Europa zogen die Kreuzfahrer gegen Jerusalem, Europa brachte die Aufklärung, schuf die westliche

Kultur und drängte den Islam ins Abseits. Europa ist erreichbar, es liegt sozusagen vor ihrer Haustür. Wenn sich die Muslime Europas aus ihrer selbst gewählten Isolation befreien und die Gesellschaft offen herausfordern, könnte der Islam Einfluss gewinnen auf Politik und Wirtschaft, er könnte die alten Niederlagen ausmerzen. Al-Qaradawi predigt übers Satellitenfernsehen, Tariq Ramadan erobert den frankophonen Raum. Die Demografie Europas entwickelt sich zu ihren Gunsten. Und übers Mittelmeer werden weitere Muslime auf den alten Kontinent drängen. Die Vision eines Euro-Islam, einer islamisierten Moderne, mag eine ferne sein. Unrealistisch ist sie nicht. Wenn die Vereinigten Staaten ihm die Einreise gewähren, wird Tariq Ramadan nicht schweigen. Und wenn sie es nicht tun, wird er dies zum Anlass nehmen, gegen Ausgrenzung und Unterdrückung von Muslimen weltweit zu polemisieren. »Wenn man einem intellektuellen Muslim Arbeitserlaubnis und Redefreiheit untersagt, ist überall auf der Welt die akademische Freiheit in Gefahr. Wenn der Kampf gegen den Terror so gemeint ist, dass man Muslimen ihre Rechte nimmt, werden am Ende alle verlieren«, sagte er dem *TIME Magazine* in seiner leer geräumten Wohnung in Genf.[139]

Die Bereitschaft zum Terror

Drei der Todespiloten vom 11. September 2001 stammten aus Hamburg. Auch im Zusammenhang mit den Attentaten auf der tunesischen Ferieninsel Djerba und auf Bali führen Spuren nach Deutschland. In Frankfurt planten muslimische Terroristen einen Anschlag auf den Straßburger Weihnachtsmarkt. Warum werden Muslime in Deutschland und Europa zu Terroristen? Wo liegen die Ursachen für diese Radikalisierung?

Um diese Fragen beantworten zu können, ist es notwendig, wiederum einen Blick zurück auf die Geschichte der Migration nach Deutschland zu werfen. Denn jede religiöse und politische Radikalisierung setzt ein bestimmtes Klima voraus, in dem sie sich entwickeln kann. Gesellschaftliche und ideologische Einflüsse spielen ebenso eine Rolle wie die Psyche der Menschen. Generell kann man sagen, dass es nicht nur einen, sondern verschiedene Wege der Radikalisierung gibt. Außerdem muss man sorgfältig zwischen Extremisten und Radikalen unterscheiden. Der Extremismus ist die Vorstufe jeder Radikalisierung. Extremisten verfolgen zwar radikale Ziele, zu Radikalen werden sie jedoch erst dann, wenn sie bereit sind, zur Erreichung ihrer Ziele Gewalt einzusetzen. Beispiele hierfür sind in Europa die deutsche Rote Armee Fraktion (RAF), die italienischen Roten Brigaden, die französische Action Directe, die baskische Separatistenorganisation ETA oder auch die Irisch-Republikanische Armee (IRA).

Wie aber verhält es sich mit den Islamisten? Als die orthodox-islamischen Gastarbeiter nach Deutschland kamen, bauten sie in den Migrantenvierteln eigene Gemeinschaften auf, in denen sie fest eingebunden waren und die sich nach außen abschotteten. In dieser Gemeinschaft nahm die Bedeutung der Religion für die ohnehin schon strenggläubigen Muslime nochmals zu. Die religiösen Regeln bestimmten das Zusammenleben und waren das alle verbindende Element. Die Imame förderten diese Hinwendung zum Glauben zusätzlich. Wären die türkischen Migranten damals gefragt worden, ob sie für einen Schari'a-Staat in ihrer Heimat seien oder nicht, hätten die meisten tiefgläubigen Muslime sicher mit »Ja« geantwortet. Sie besaßen eine islamistische Grundhaltung, Umstürzler aber waren sie deshalb noch lange nicht.

Die Situation änderte sich erst zu Beginn der achtziger Jahre. Damals stießen die vor den türkischen Sicherheitsdiensten geflohenen Asylbewerber, größtenteils Anhänger von Necmettin Erbakan, zu diesen frömmelnden Ghettogemeinschaften. Die Islamisten versuchten nun, in Deutschland eine starke außerstaatliche Opposition aufzubauen. Dazu brauchten sie möglichst viele Anhänger. Außerdem sahen sie in ihrer Anwesenheit in der Bundesrepublik die Chance, bei den Gastarbeitern Spenden für die politische Arbeit in der Türkei zu sammeln. Also begannen sie, ihre Landsleute zu agitieren. Die lebten zwar schon seit Jahren in Deutschland, hatten aber keinerlei Interesse an einer Integration und hielten engen Kontakt in die Heimat. Die politischen Ereignisse dort verfolgten sie mit großer Sorge. In den Teestuben gab es kaum noch ein anderes Gesprächsthema. Und auch die Predigten in den freien Moscheen waren gespickt mit religiös-politischer Rhetorik. Als Asylbewerber durften die Islamisten in Deutschland nicht arbeiten. Sie waren so eine Art staatlich alimentierte Fundamentalopposition zu der Regierung in Ankara. Sie konnten den ganzen Tag damit verbringen, Pläne für den Umsturz in der Türkei zu schmieden und am Abend unter den Gastarbeitern Mitstreiter zu werben. Und das taten sie dann auch mit zunehmendem Erfolg. Ein Teil der männlichen türkischstämmigen Bevölkerung engagierte sich plötzlich aktiv für den islamischen Extremismus. Damit war für die Islamistenführer der Zeitpunkt gekommen, den Kalifatsstaat und den deutschen Ableger von Erbakans Milli-Görüs-Bewegung zu gründen. Aus ihrem Ziel, in der Türkei einen Systemwechsel zu vollziehen und einen Schari'a-Staat zu errichten, machten sie kein Geheimnis. Das ideologische Gerüst für ihren nationalen Islamismus entliehen sich Milli Görüs und die Kalifatsstaatsbewegung bei den großen arabischen Vordenkern. Und weil sie sich selbst als rein nationalistische Islamisten verstanden, gab es für diese Gruppen somit keinerlei Anlass, direkt gegen die, wenn auch verhassten, politischen Systeme in Europa vorzugehen.

Als die Agitation der Kalifatsstaatsbewegung in Gewalt und somit vom Extremismus in die Radikalisierung umzuschlagen drohte, weil die Organisation in Deutschland zum Dschihad, also zum bewaffneten Kampf, gegen das laizistische türkische

System aufrief, wurde sie am 12. Dezember 2001 verboten. Am 16. September 2002 untersagte der Bundesinnenminister auch die Tätigkeit von weiteren sechzehn, dem Kalifatsstaat zuzurechnenden Teilorganisationen. Milli Görüs hingegen ist als islamisch-extremistische Organisation weiterhin in Deutschland und anderen europäischen Ländern aktiv. Der Verein zählt heute etwa 26 000 Anhänger.

Man kann also grundsätzlich festhalten, dass die in Deutschland lebenden Gastarbeiter zwar offen für islamistisches Gedankengut waren, ihre Radikalisierung im Kalifatsstaat aber aus dem Herkunftsland heraus erfolgte. Sie stellte keinen originär im Gastland ausgelösten Prozess dar und verband auch ihr religiös-politisches Interesse ausschließlich mit der türkischen Heimat. Diese Form der Radikalisierung wäre ohne die nach wie vor vorhandenen engen Bande der Migranten mit der Türkei nicht möglich gewesen. Sie setzt außerdem ein ausgeprägtes Nationalbewusstsein voraus.

Diese Erklärung ist nicht auf die nachfolgenden Generationen anwendbar. Die in Deutschland geborenen Muslime, also die Gastarbeiter- und Asylbewerberkinder aus der Türkei, dem Libanon, dem Iran und Afghanistan, sind anders sozialisiert als ihre Eltern. Sie wuchsen in einem gesellschaftlichen Klima latenter Fremdenfeindlichkeit auf, das zu den blutigen Pogromen Anfang der neunziger Jahre führte. Die dadurch ausgelöste Angst schloss die Migranten noch enger zusammen. An den Hauptschulen in den sozialen Brennpunkten nahmen die gewalttätigen Auseinandersetzungen zwischen deutschen und ausländischen Schülern zu. Diese Erfahrungen prägten das Leben der Kinder. Für gut die Hälfte der jungen Muslime folgte nach der Schulzeit der Abstieg in die Arbeitslosigkeit und die Sozialhilfe. Alles zusammengenommen schuf dies bei den Betroffenen ein Minderwertigkeitsgefühl und bestärkte sie in der schon von ihren Eltern betriebenen Abgrenzung von der westlichen Gesellschaft.

Während bei den allermeisten der türkischstämmigen Jugendlichen der Stolz auf ihre Herkunft in Verbindung mit dem muslimischen Andersein weiterhin ein wichtiges Identifikationsmerkmal darstellte, verfielen andere in eine Identitätskrise. Sie kamen nicht damit zurecht, sich halb als Deutsche und halb als Türken, Marokkaner, Libanesen oder Tunesier zu fühlen. Sie spürten, dass sie nicht so waren wie ihre Eltern, aber auch nicht so wie ihre westlichen Altersgenossen. In dieser ersten wirklichen Lebenskrise suchten sie Trost in der Religion und erlagen dabei nur zu oft der Indoktrination durch eine wahre Flut von islamistisch-antisemitischer Propaganda über das Internet und das Fernsehen. Sie glaubten, den Islam neu zu entdecken, warfen ihren Eltern vor, zwar die Gebote zu befolgen, aber deren Inhalt nicht zu verstehen, und distanzierten sich von dem zu Hause praktizierten »Volksislam«.

Diese jungen Leute fühlten sich bei Milli Görüs aufgehoben, wo sie nach der Spaltung der islamistischen Bewegung in der Türkei auch in Deutschland innerhalb der Organisation Auseinandersetzungen mit den alten türkisch-nationalistisch-fundamentalistischen Kräften hervorriefen. Die Konfrontation endete vorerst damit, dass die Spitze der Organisation offiziell weiterhin zu Erbakan steht, ihre Arbeit von nun an aber mehr auf Europa konzentriert. Der türkische Nationalismus rückt in den Hintergrund. Diese Entwicklung haben die jungen Mitglieder herbeigeführt. Seither kooperiert die Organisation mit dem Verein Islamische Gemeinschaft, der wiederum von der Muslimbruderschaft beeinflusst wird. Die Anhänger dieser extremistischen Gruppierungen diskutieren verstärkt über einen europäischen Islam, der den jungen Menschen eine neue, transnationale, euro-muslimische Identität geben könnte. Dabei streben sie weitgehende Möglichkeiten der Religionsausübung an. Sowohl Milli Görüs als auch die Islamische Gemeinschaft wollen ihren Anhängern in Deutschland Freiräume für ein schari'a-konformes Leben schaffen.[140] Inmitten einer säkularen Gesellschaft suchen sie nach einem ursprünglichen, unverfälschten Islam. Die dadurch entstehenden Gegensätze könnten größer nicht sein. Überall stoßen die Organisationen mit ihren Forderungen an gesetzliche und gesellschaftliche Grenzen. Den so hervorgerufenen Konflikten weichen sie nicht aus, sondern kämpfen auf juristischem Wege mit den Mitteln des Rechtsstaates für ihre Ansprüche. Dazu zählt etwa die Forderung, muslimische Schülerinnen vom gemeinsamen Schwimmunterricht mit Jungen zu befreien. Die Gruppen gehen gegen das Kopftuchverbot im öffentlichen Dienst vor und beanspruchen die Kontrolle über den Koranunterricht. Stück für Stück versuchen sie so, losgelöst von ihren Ursprungsländern, ein im weitesten Sinne islamisiertes Europa zu schaffen. Ihre Mitglieder sind auch Anhänger des Genfer Predigers und Hochschullehrers Tariq Ramadan und der Theologen in Ägypten, die eine friedliche Eroberung des Kontinents bereits ankündigen. Das klingt zwar zunächst einmal wenig bedrohlich, könnte aber in letzter Konsequenz radikale gesellschaftspolitische Veränderungen zur Folge haben, wenn es ihnen gelänge, ihre Vorstellungen umzusetzen.

Zu einer wahrhaft tödlichen Bedrohung für die Menschen in Europa aber wird eine Gruppe vorwiegend arabischstämmiger junger Muslime, die alle Verbindungen zu ihren Eltern, dem Gastland sowie dem Herkunftsland der Vorfahren kappen und sich einem islamistisch-ideologischen Internationalismus verschreiben. Sie identifizieren sich nur noch über die Umma, die Weltgemeinschaft der Muslime. Nach Ansicht des französischen Wissenschaftlers Olivier Roy, der sich intensiv mit der Radikalisierung und Gewaltbereitschaft von Muslimen in Europa beschäftigt hat, produziert die Kombination zwischen dem zurückgezogenen Leben in einer europäischen Metropole und der supranationalen muslimischen Identität neben dem räumlichen ein religiös-virtuelles Ghetto.[141]

Als Beleg für die These der Transformation des Migranten

Islam in einen supranationalen Islam führt Roy unter anderem eine geringe Mobilisierung junger europäischer Muslime in der Frage des Nahost-Konflikts an. Obwohl der Krisenherd sie sehr beschäftige, hätten an der bislang größten Demonstration in Paris lediglich 5000 Menschen teilgenommen, darunter auch Linke und Anti-Imperialisten. Stattdessen wenden sich immer mehr junge europäische Muslime der international agierenden Gruppe Hizb ut-Tahrir zu. Sie wurde 1953 von dem Muslimbruder Taqi du-din An-Nabhani in Jordanien zwar als eine palästinensisch-islamistische Bewegung gegründet, hat aber heute ihren Sitz in London und propagiert einen islamistischen Internationalismus. Sie fordert die sofortige Wiedereinsetzung des Kalifats und die Islamisierung der gesamten Welt. In einem Schreiben der Organisation vom 18. September 2001 heißt es dazu: »Die fundamentale Tätigkeit jedoch, die die Probleme der islamischen Umma lösen kann, besteht in der Einrichtung des rechtgeleiteten Kalifats, das die Länder und Völker der Muslime in einem einzigen Staat eint und die Botschaft des Islam in die gesamte Welt trägt.«[142] In Deutschland wurde die Gruppe am 15. Januar 2003 verboten, weil ihre antisemitischen und antiwestlichen Propagandaschriften sich gegen die Völkerverständigung richten. Nach wie vor existieren so genannte »Verwaltungsbezirke« oder auch »Provinzen« in Schweden, den Niederlanden, in den arabischen Staaten, dem Sudan, Pakistan, Usbekistan und auch in den USA. Die Sympathisanten, von denen viele in Europa studieren, kommunizieren miteinander über das Internet. Auch wenn die Verfechter eines supranationalen Islam ihre Hinwendung zu den Wurzeln der Religion betonen, kritisieren hohe islamische Geistliche die Unbelesenheit und das religiöse Laientum dieser Leute. In ihren Zirkeln reimen sie sich ihren eigenen Islam zusammen, der folkloristische Elemente ebenso harsch ablehnt, wie er die westliche Gesellschaftsform negiert. Dabei gipfelt ihr religiöser Wahn in einer Hybris, in der sie nur noch sich selbst als die wahren Muslime anerkennen. Darin gleichen sie im Übrigen dem Ende der siebziger Jahre hingerichteten ägyptischen Terroristen Mustafa Schukri und seiner Gruppe Al Takfir Wa-l Hijra. Schukri war wegen seiner Haltung von den Schriftgelehrten als Scharlatan beschimpft worden.

Die neo-fundamentalistischen Umma-Ideologen in Europa sind ein bunt zusammengewürfelter Haufen. Zu ihm zählen Studenten, Schulabbrecher, Sozialhilfe-Empfänger und entlassene Strafgefangene wie der als »Schuhbomber« bekannt gewordene Brite Richard Reid, die im Gefängnis ihre Religiosität wiederentdeckt haben. Hinzu kommen Konvertiten, die, so schreibt Olivier, in den Muslims die Einzigen sähen, die das westliche System bekämpfen könnten. »Vor 20 Jahren hätten sich diese Leute den radikalen linken Bewegungen angeschlossen, die inzwischen verschwunden oder ›bourgeoise‹ geworden sind. Heute erheben nur noch zwei westliche Bewegungen einen internationalistischen Anspruch: die Anti-Globalisierungsbewegung und die radikalen Islamisten.«[143]

In solchen radikal-islamistischen Kreisen verkehrten auch die in Hamburg lebenden späteren Todespiloten vom 11. September 2001. Sie kamen als ganz gewöhnliche Studenten aus den arabischen Staaten nach Deutschland. Als sie sich an den Hochschulen immatrikulierten, hegten sie weder auffällige Aversionen gegen den Westen noch waren sie besonders religiös. Das änderte sich erst durch den Kontakt mit den subversiven Gestalten um die Hamburger Al-Kuds-Moschee und die Alltagserfahrung jener Gegensätzlichkeit zwischen den Neo-Fundamentalisten im muslimischen Ghetto und der westlichen Gesellschaft. Hier wurden sie mit einem radikalen Islam konfrontiert, der in ihren Heimatländern allenfalls im Untergrund oder aber im Gefängnis anzutreffen ist, wo die meisten Islamisten einsitzen.

Hamburg ist allerdings kein Einzelfall. In London, Paris und Marseille findet man Moscheen, deren Umfeld dem in Hamburg an Radikalität in nichts nachsteht und in welchen vielleicht noch weitaus mehr kriminelle Energie vorhanden ist als in der Hansestadt. Wenn arabische Studenten in diese Welt eintauchen, erleben sie ihre »Wiedergeburt« als Muslime, schreibt Roy. Es setzt ein Prozess der Loslösung ein, ein Rückzug aus dem normalen Leben. Sie brechen mit ihren Familien, der Kultur ihrer Heimat und der Gastländer. Sie brechen mit ihrer Vergangenheit, ziehen sich zurück und bewegen sich physisch und mental nur noch in ihrem neofundamentalistischen Zirkel. Die Abkoppelung Mohammed Attas von seiner Heimat ging sogar so weit, dass der Anführer der Hamburger Terrorzelle in seinem Testament eine Bestattung nach ägyptischer Tradition ablehnte, weil er sie für »unislamisch« hielt.

Treffender als Roy kann man das psychologische Moment, das den Einzelnen letztlich zum potenziellen Täter macht, nicht beschreiben: »Ein bei allen Radikalen anzutreffender Faktor ist, dass sie sich stark mit ihrer Vorstellung von sich selbst beschäftigen und der Wunsch, sich durch eigene Taten neu zu erschaffen. In diesem Sinne sind junge Radikale eher auf der Suche nach einer Möglichkeit für spektakuläre Aktionen, in die sie persönlich und unmittelbar involviert sind, als nach der Möglichkeit, langfristig und geduldig eine politische Organisation aufzubauen, welche die soziale und politische Basis für ihr Netzwerk sein könnte. (...) Diese Dimension von Narzissmus erklärt sowohl die Bereitschaft zu Selbstmordanschlägen als auch die Schwierigkeit, solche Leute ohne eine Perspektive auf die persönliche Bereicherung durch Aktionen in die Untergrundarbeit einzubinden.«[144]

Für solche Charaktere produzieren die Al-Qaida-Ideologen spezielle Internetseiten. Dort findet man Anleitungen zur Waffenkunde, zum Mujaheddin-Kampf und auch zum Bau von Bomben, für die man nur Chemikalien benötigt, die in jeder Apotheke zu haben sind. Dort sind auch Videos vom Dschihad in Afghanistan und Tschetschenien installiert. Und bei den von

Olivier beschriebenen radikalisierten Muslimen erfüllen diese Materialien ihren Zweck.

In den subversiven Zirkeln bleiben die so aufgeheizten, zu allem bereiten jungen Leute nicht lange unerkannt. Überall in Europa sind ehemalige Afghanistan-Kämpfer und andere Verbindungsmänner zu Al Qaida auf der Suche nach diesem Typus. Sie sprechen die jungen Muslime an und laden sie zu einem Training in die Ausbildungslager nach Afghanistan ein. Alle bislang bekannten Terroristen sind dort gewesen und wurden erst nach ihrer Rückkehr feste Mitglieder einer Terrorzelle. Wer zu Bin Laden geflogen wird, sieht sich als Auserwählter. Und am Hindukusch unterweisen ihn die Mujaheddin nicht nur in ihrem mörderischen Handwerk, sondern erklären ihn zum Gesandten ihrer neo-islamistischen Vernichtungsdoktrin. Dort oben reift jener Fanatismus, der den Narzissten die letzte Hemmschwelle nimmt und sie dazu bringt, ihr Leben zu lassen für den Sieg der Umma über die Ungläubigen.

Bei ihrer Rückkehr nach Europa schließen sie sich entweder einer bereits bestehenden Terrorzelle an oder gründen selbst eine. Ihr ganzes Handeln ist darauf ausgerichtet, den großen Schlag auszuführen. Selbstmordattentate, wie sie etwa die palästinensische Organisation Hamas verübt, sind nicht ihr Ding. Der Al-Qaida-Terror will Massen vernichten. Hunderte oder Tausende Opfer sollen es sein. Während die Al-Qaida-Spitze bei früheren Anschlägen selbst die Planung und Vorbereitung übernahm, arbeiten die neuen Zellen autonom. Sie eint der supranationale Islamismus, die Ideologie einer islamistischen Weltherrschaft und das gemeinsame Feindbild der amerikanisch-jüdischen Weltverschwörung, der sie die gesamte westliche Welt zurechnen.

KAPITEL SIEBEN

Der Terror

Fanatismus hinter tristen Hamburger Fassaden

Die Spur des islamistischen Terrors führt zwischen Sex-Shops und heruntergekommenen Altbauten hindurch. Sie zieht sich über den Steindamm im Hamburger Stadtteil St. Georg dorthin, wo der Handel fest in der Hand von Arabern und Türken ist, vor deren Warenhäusern schwarze Turbane tragende Spediteure Lastwagen mit exotischen Aufschriften entladen, wo alte, unrasierte Männer auf Stühlen vor ihren Läden sitzen und es aus den Restaurants nach scharfen Gewürzen riecht.

Dorthin trieb es die im Kampf gegen die westliche Zivilisation verschworenen Fundamentalisten um den in Ägypten geborenen Mohammed Atta, jene vom Hass auf die Ungläubigen erfüllten Todespiloten vom 11. September 2001, deren religiöser Eifer zu todbringendem Fanatismus mutierte und sie dazu brachte, voll besetzte Passagierflugzeuge zu entführen, diese in das New Yorker World Trade Center zu steuern und das noch junge 21. Jahrhundert in einen weltweiten Terrorkrieg zu stürzen.

Ganze Heerscharen von Polizisten und Geheimagenten sind danach über den Steindamm gezogen, haben jeden Winkel der Putz blätternden Sozialwohnungs-Hässlichkeit ausgeleuchtet, Fragen gestellt und observiert. Was sie herausfanden, füllt unzählige Datenträger bei Polizei, Verfassungsschutz, Bundesnachrichtendienst, CIA und den im Auftrag der US-Regierung erstellten 9/11-Report. Einiges davon floss aber auch ein in die Anklageschriften gegen die Marokkaner Mounir el Motassadeq und Abdelghani Mzoudi, denen vorgeworfen wurde, Attas Terrorzelle unterstützt zu haben.

Schräg gegenüber der St.-Georg-Wache und nur wenige Meter neben dem türkischen Kulturverein befindet sich hinter einer zerkratzten Aluminiumhaustür mit Gitterglas einer der wichtigsten Treffs radikaler arabischstämmiger Muslime in Deutschland. Von der Straße aus deutet nichts auf die Al-Kuds-Moschee hin. Links hat sich ein »Asia-Schnell-Imbiss« einquartiert, rechts das Studio »Olympic Fitness«, dessen Name in fetten Lettern auf blauem Untergrund über dem Eingang prangt. Im Schaufenster ist sogar ein weiblicher Body-Building-Korpus im Bikini ausgestellt. Erst auf den zweiten Blick fällt der Eingang zwischen dem Fitness-Studio und dem Asia-Imbiss ins Auge. Die Tür steht offen und gibt den Blick frei in ein verwohntes Treppenhaus, in dem ein Topf Farbe Wunder bewirken könnte. Gleich links an der Wand weist ein mehrsprachiger Text die eintretenden »Muslime, deutsche Muslime und Nicht-Muslime« auf die Größe des Islam hin.

Ein junger, glatt rasierter Mann mit dunklem, kurz geschnittenem Haar kommt die Betontreppe herunter. Sein Äußeres ist ein Spiegelbild westlicher Popkultur. Er trägt weiße Puma-Turnschuhe, ein weißes T-Shirt, Jeans und Jeansjacke. Er sagt, dass er zwar schon lange nicht mehr in Hamburg wohne, aber dennoch die Al-Kuds-Moschee weiterhin regelmäßig besuche.

»Ich komme her, um Freunde zu treffen, über den Glauben zu reden.« Während er spricht, rollt der offensichtlich gläubige Moslem eine Marlboro zwischen Daumen und Mittelfinger. »Wer ein reines Gewissen hat, wird keine Angst haben, hierher zu kommen. Der muss sich vor den vielen Kameras nicht fürchten.« Der gesamte Eingangsbereich, ja der ganze Straßenabschnitt werde überwacht, sagt er.

Auf der ersten Etage befindet sich rechts der mit einem türkisfarbenen Teppich ausgelegte Gebetsraum für Männer. Auch
die Wände sind in türkis gehalten – grün für den Islam und
blau für den Himmel. Im Gebetsraum für Frauen zur linken
gibt es keinen Teppich. Im nächsten Stockwerk befindet sich
ein Café.

An diesem Montagmittag ist es fast leer. Sechs Männer im
Alter zwischen 20 und 40 Jahren verteilen sich auf drei Tische.
Ganz rechts sitzt einer, dessen Gesicht sich nach zahlreichen
Prozessberichten und Fotoveröffentlichungen eingeprägt hat.
Es ist Abdelghani Mzoudi. Vor wenigen Tagen erst hat ihn das
Hamburger Oberlandesgericht vom Vorwurf zur Beihilfe am
Mord in 3066 Fällen freigesprochen. Das Urteil ist sowohl in
Deutschland als auch den USA heftig kritisiert worden, weil
die deutschen Sicherheitsdienste den Mann mit dem Fusselbart und den merkwürdig schräg herabhängenden Augenlidern für einen der gefährlichsten Islamisten im Land hielten.

Er habe sich von Ende April 2000 bis Ende Juli 2000 in einem
afghanischen Ausbildungslager der Al Qaida aufgehalten und
sei dort »absprachegemäß« unter anderem mit Motassadeq
und einem weiteren Hamburger Islamisten, Zakariyar Essabar,
zusammengetroffen, heißt es in der Anklageschrift. Mzoudi
soll, während er selbst in Afghanistan war, die Begleichung laufender Verbindlichkeiten von Essabar in Hamburg durch
Dritte sichergestellt haben. Ihm sei eine maßgebliche Rolle bei
der Verschleierung der Lebensverhältnisse des späteren Todespiloten Marwan Al-Shehhi und des mutmaßlichen »Bankiers«
und Organisators der Terrorzelle um Atta, Ramzi Binalshibhh,
zugekommen, nachdem diese aus Afghanistan zurückgekehrt
waren. So habe er ihnen ein Zimmer in einem Hamburger Studentenwohnheim besorgt, in dem sich die beiden »unbemerkt« in der Hansestadt aufhalten konnten. Die Liste der
Vorwürfe war lang. Mit größtmöglicher Akribie hatte die
Anklage Indizien für ihre Argumentation aufgelistet. Obwohl

Generalbundesanwalt Kay Nehm all seine Hinweise und Verdachtsmomente zu einem großen Puzzle zusammenfügte, erging am 5. Februar 2004 nach einem fast sechsmonatigen Prozessmarathon mit 32 Verhandlungstagen, 53 Zeugen und Hunderten von Urkunden der Freispruch.

Dabei steuerte das Verfahren vor dem Hanseatischen Oberlandesgericht zunächst geradewegs auf eine Verurteilung zu 15 Jahren Haft zu. Die plötzliche Wende kam am Donnerstag, den 11. Dezember 2003. Der Verhandlungssaal war wie immer voll besetzt, und Mzoudi folgte dem Geschehen gewohnt regungslos, als um genau 8.28 Uhr in einem Nebenzimmer ein Faxgerät ansprang. Absender des eingehenden Schreibens war das Bundeskriminalamt (BKA) in Wiesbaden. Es faxte eine von den Kollegen in den USA übermittelte Zeugenaussage. Der Vorsitzende Richter Klaus Rühle verlas sie sofort.

Später erst wurde bekannt, dass es sich bei dem Schreiben um eine Aussage handelte, die Binalshibh in amerikanischer Untersuchungshaft gemacht hatte. Ob man allerdings diesem Mann glauben durfte, könnte angesichts seines Verhaltens in Deutschland zumindest angezweifelt werden.

Der Jemenit tauchte erstmals 1995 in Hamburg auf. Eigentlich wollte er in die USA, aber die US-Botschaft im Jemen hatte ihm kein Visum ausgestellt. Dem Ausländeramt im Kreis Pinneberg erklärte der damals 23-Jährige, er käme aus dem Sudan und werde dort politisch verfolgt. Wie er es auch angestellt haben mag, jedenfalls wurde er schließlich unter dem falschen Namen »Ramzi Omar« als sudanesischer Asylbewerber registriert. Von nun an trieb er sich in den radikal-islamistischen Kreisen herum und knüpfte allerlei Kontakte in den Moscheen. Zielsicher wandte sich Binalshibh an Mohammed bin Nasser Belfas, der sich damals wie keiner in den Hamburger Islamistenkreisen auskannte. Der alte Belfas nahm sich des jungen Jemeniten an. In der Al-Kuds-Moschee traf Binalshibh noch im selben Jahr erstmals Atta. Im Gegensatz zu dem schweigsamen Ägypter war Binalshibh als unterhaltsamer, freundlicher und abenteuerlustiger Bursche beliebt. Als sein Asylantrag 1997 abgelehnt wurde, schien der Spaß in Hamburg vorerst beendet. Binalshibh flog in den Jemen zurück, tauchte aber schon kurze Zeit später unter seinem tatsächlichen Namen wieder in Hamburg auf. Diesmal legte er den Behörden Immatrikulationsbescheinigungen vor. Damit bekam er schließlich eine Aufenthaltserlaubnis.

Etwa ein Jahr später stieß auch der aus Bonn zugereiste Al-Shehhi zu Atta und Binalshibh. Al-Shehhi stammte aus den Vereinigten Arabischen Emiraten. Von Haus aus war er sicher der Gläubigste von den dreien, denn sein Vater predigte an einer kleinen Moschee. Ein Militärstipendium brachte ihn nach Deutschland. Die Familie, in der er einige Zeit lebte, bezeichnete ihn als sehr religiös. Al-Shehhi betete fünf Mal täglich und ließ in der westlichen Umgebung zunehmend extremistische Tendenzen erkennen. Er verließ Bonn, weil er an der Universität nicht zurecht kam, und wollte in Hamburg ein Schiffbaustudium beginnen. Atta, Binalshibh und er freundeten sich schnell an und gründeten schon bald eine Wohngemeinschaft. Sie zogen zunächst in die Harburger Chaussee 115, dann in eine Dreizimmerwohnung in der Marienstraße 54. Die Miete teilten sie sich mit dem im emsländischen Haselünne geborenen Said Bahaji, dessen Vater aus Marokko nach Deutschland eingewandert war und hier eine Deutsche geheiratet hatte. Auf Bahaji war auch der Telefonanschluss in der Marienstraße angemeldet. Und als Atta und Al-Shehhi Anfang 2000 schon nicht mehr in Hamburg waren, wohnte Mzoudi in der Marienstraße 54 und erlaubte den beiden, seine Wohnadresse weiterhin Dritten gegenüber zu verwenden.

Binalshibh war sehr rührig in diesen Tagen Ende der neunziger Jahre. Während Atta, Al-Shehhi und Bahaji studierten, machte er sich als Fälscher von Dokumenten einen Namen. Sein unsolider Lebenswandel änderte jedoch ebenso wenig an der Freundschaft mit den anderen wie später an der Absicht, ihn als Todespiloten einzusetzen. Doch der Plan ging nicht auf. Mit dem Ziel, an der Flugschule »Florida Flight Training Center« in Venice im US-Bundesstaat Florida eine Pilotenausbildung zu absolvieren, versuchte Binalshibh im August/September 2000 gleich mehrfach, ein Visum für die USA zu bekommen. Zweimal reiste er nach Berlin, wurde dort von den Beamten in der US-Botschaft angehört und abgewiesen. Daraufhin flog er in den Jemen, um sich dort ein US-Visum ausstellen zu lassen. Doch die Beamten dort lehnten ab – wie schon fünf Jahre zuvor. Also flog er wieder nach Deutschland. Zurück in Hamburg, wagte der Jemenit einen dritten Versuch. Diesmal bat er um ein Studentenvisum für das Pilotentraining in Florida, auch diese Anfrage blieb erfolglos. Damit fiel er endgültig als Pilot aus und wurde zum Koordinator der Hamburger Zelle. Nach den Anschlägen tauchte er unter und galt bis zu seiner überraschenden Festnahme durch die pakistanische Polizei genau ein Jahr später, am 11. September 2002 in Karachi, als unauffindbar.

In den von CIA- und FBI-Agenten geleiteten Verhören machte Binalshibh Angaben darüber, wie die Gruppe überhaupt zu Al Qaida gestoßen sei. Eigentlich wollten sie sich den Mujaheddin in Tschetschenien anschließen, sagte Binalshibh. Im Zug wären sie dann aber zufällig einem Mann namens Khalid Al Masri begegnet. Sie seien ins Gespräch gekommen und hätten später noch einmal miteinander telefoniert. Da habe Al Masri ihnen davon abgeraten, nach Tschetschenien zu gehen. Er riet ihnen, Abu Musab in Duisburg anzurufen. Wie die Geheimdienste später feststellten, hieß Abu Musab in Wirklichkeit Mohamedou Ould Slahi. Der Mann war ihnen als Al-Qaida-Aktivist durchaus ein Begriff. Nur wussten sie damals nicht, dass er in Deutschland operierte. Slahi lud die Hamburger Gruppe nach Duisburg ein. Dort riet er Atta, Al-Shehhi und Binalshibh, nicht nach Tschetschenien zu gehen, sie sollten besser zunächst die Ausbildungslager in Afghanistan besuchen, um dort für den Dschihad in Tschetschenien zu trainieren.[145] Die Hamburger nahmen den Rat an, und so flogen Binalshibh sowie die späteren Todespiloten Atta, Al-Shehhi und der im Libanon geborene Ziad Jarrah zwischen November und Dezember 1999 zu Bin Laden. Dort seien die Pläne für den Anschlag besprochen und Atta als Chef auserkoren worden, so Binalshibh. Ihm selbst sei die Aufgabe zugekommen, die direkte Verbindung zu Khalid Scheich Mohammed, dem gedanklichen Vater der US-Anschläge, in das Al-Qaida-Hauptquartier in Afghanistan zu halten

Einerseits erleichterten diese Schilderungen die deutschen Sicherheitsbehörden. Waren sie doch zuvor davon ausgegangen, die Attentate seien in Hamburg geplant worden. Andererseits machte Binalshibh in diesem Zusammenhang jedoch auch die für die Anklage folgenschwere Aussage, die den Hamburger Terrorprozess gegen Abdelghani Mzoudi kippte. Nur er selbst, versicherte Binalshibh, und die drei Hamburger Attentäter Atta, der aus den Vereinigten Arabischen Emiraten stammende Al-Shehhi und Jarrah, der letztlich für ihn die über Pennsylvania abgestürzte Maschine steuerte, hätten der Terrorzelle angehört. Alle anderen in ihrem Umfeld seien nicht in die Anschlagsplanungen und deren Vorbereitungen eingeweiht worden. Mit dieser Darstellung befolgte Binalshibh streng das Al-Qaida-Prinzip, nur sich selbst und all die zu belasten, die bereits tot sind. Doch das Hanseatische Oberlandesgericht zog den Schluss, es bestehe ernsthaft die Möglichkeit, dass Binalshibh die Wahrheit gesagt habe. Folglich hätte der angeklagte Mzoudi die ihm zur Last gelegten Taten nicht vorsätzlich ausgeführt.

Also sprach Richter Rühe ihn frei. Und kaum war er auf freiem Fuß, zog es den Marokkaner Mzoudi zurück in den Kreis der Islamisten, die sich weiterhin im Café der Hamburger Al-Kuds-Moschee treffen. Hierher kamen sie alle, nicht nur die Selbstmordpiloten, sondern auch ihre mutmaßlichen Helfer, wie die mit internationalem Haftbefehl gesuchten Bahaji und Zakariya Essabar.

Bahaji war übrigens als Einziger aus der Atta-Gruppe deutscher Staatsbürger. Er studierte Informatik in Hamburg, wird häufig als »Bin Ladens Terror-Ingenieur« bezeichnet und spricht neben Deutsch fließend Arabisch, Englisch und Französisch. Seine Spur versandete im September 2001 in dem kleinen pakistanischen Ort Quetta, zwei Stunden von der afghanischen Grenze entfernt. Quetta war damals mit afghanischen Flüchtlingen überfüllt, die dem Talibanregime entkommen waren. Ein idealer Ort zum Untertauchen also – und weit weg von Hamburg.

Acht Tage vor den Anschlägen in den USA hatte der Informatik-Student an Bord einer Maschine der Turkish Airlines die Hansestadt Richtung Istanbul verlassen. Seiner türkischstämmigen Frau Nese, die er zusammen mit seinem gerade erst fünf Monate alten Sohn zurückließ, hatte er gesagt, geschäftlich nach Pakistan zu müssen. Dass er nicht wiederkommen würde, verschwieg er.

Bahaji reiste nicht alleine. Mit an Bord der türkischen Linienmaschine waren mindestens vier Männer, die sich heute dem islamistisch-terroristischen Spektrum zurechnen lassen. Zwei von ihnen, die als Asylbewerber nach Deutschland gekommen waren, wiesen sich als Abdellah Hosayni und Ammar Moula aus. Die beiden hatten ihre Tickets bereits am 14. August in Hamburg bar bezahlt – und falsche Namen angegeben, wie die Polizei später feststellte. Für den Kauf der Tickets hatten sie einen in Frankreich gestohlenen und einen gefälschten belgischen Pass benutzt. Inzwischen wissen die Sicherheitsbehörden, dass es sich um die Algerier Ismail Ben Mrabete und Ahmet Taleb gehandelt hat, die in derselben Al-Qaida-Einheit trainierten wie Bahaji. Die Beamten erfuhren, dass Taleb in E-Mail-Kontakt zu Abu Zubaydah gestanden hatte, der damals

als dritthöchstes Al-Qaida-Führungsmitglied galt[146], bevor er im März 2002 in Pakistan festgenommen wurde.

Die beiden weiteren Verdächtigen an Bord der Turkish Airlines waren laut Passagierliste Mohammed Sarwar Juia und Patrick Joia, zwei Afghanen, die zu der Zeit ebenfalls in Hamburg lebten.[147] Patrick saß direkt neben Bahahji. Da Mohammed Sawar und Patrick dieselbe Adresse und einen Vater mit dem gleichen Vornamen angaben, nahmen FBI-Agenten nach der Durchsicht der pakistanischen Einreisedokumente an, jemand müsse die Nachnamen falsch geschrieben haben. Bei den beiden handele es sich vermutlich um Brüder, die Joya hießen. Jedenfalls waren alle vier, genau wie Bahaji, auf dem Weg ins unwirtliche Quetta.

Während eines Zwischenstopps in Istanbul bestieg ein weiterer Al-Qaida-Verdächtiger die Maschine. Es war Mohammed Belfatmi.[148] Der Algerier lebte zuletzt in Spanien. Den spanischen Behörden zufolge soll er an seinem damaligen Wohnort im katalanischen Tarragona zwischen dem 9. und 17. Juli 2001 einen dreitägigen Aufenthalt von Atta und Binalshibh organisiert haben. In seinen Aussagen gegenüber den US-Beamten widersprach Binalshibh dieser Darstellung. Danach ist er mit Atta in Reua bei Barcelona zusammengetroffen. Niemand anderes sei in dieses Treffen involviert gewesen. Gleichwohl behaupten die spanischen Sicherheitsdienste, auch Spaniens mutmaßlicher Al-Qaida-Chef Imad Eddin Barakat Yarkas könnte dabei gewesen sein. Über den inzwischen inhaftierten Barakat jedenfalls schließt sich der Kreis nach Hamburg wieder. Vor einem spanischen Richter sagte er aus, in Hamburg einen Mann namens Mohammed Joya zu kennen.

Als Belfatmi in Istanbul die Maschine der Turkish Airlines bestieg, hatte er ein in Madrid ausgestelltes Visum für Pakistan in der Tasche. Der Mann verhielt sich unauffällig und suchte keinen Kontakt zu den anderen Islamisten an Bord. Nach der Landung in Pakistan stiegen die aus Hamburg kommenden

Bahaji, Ismail Ben Mrabete und Ahmet Taleb im Hotel Embassy in Karachi ab. Mochte die Wahl des gleichen Hotels noch Zufall sein, so ließ den Ermittlern die Tatsache, dass die drei sogar gemeinsam im Zimmer 318 übernachteten, keinen Zweifel mehr an ihrer engen Verbindung.

Auch Belfatmi fuhr ins Embassy. Allerdings wählte er ein Einzelzimmer eine Etage tiefer als die anderen drei. In aller Frühe verließ er das Hotel mit unbekanntem Ziel.

Die Gäste aus dem Zimmer 318 hatten es ebenfalls eilig. Gegen vier Uhr morgens checkten sie aus. Bahaji bestieg ein Flugzeug nach Quetta, seine Begleiter nahmen den Bus. Seither sind sie spurlos verschwunden.

In Deutschland kommen jedoch regelmäßig Lebenszeichen von Bahaji an, meist in Form von E-Mails. Die erste schickte er seiner Frau am 5. September 2001. »Viele Grüße aus Pakistan. Friede sei mit Euch und Gottes Segen. Allah sei gelobt, mir geht es gut. Ich bin gesund angekommen. Leider werde ich nicht häufig anrufen können, weil es zu teuer ist. Bitte grüße alle in Deiner und meiner Familie von mir. Alles ist gut«, schrieb er. Ein zweites Mal meldete er sich am 1. Oktober 2001 kurz telefonisch bei seiner Mutter in Haselünne. Alles sei gut, sagte er auch ihr. Dann brach das Gespräch ab, doch der E-Mail-Kontakt steht. Offensichtlich macht sich Bahaji Gedanken darüber, wie er seine Familie wieder zusammenführen kann. »Ich bin überzeugt davon, dass meine Rückkehr ein großer Fehler sein würde. Glaub nicht, dass sie mir gegenüber gerecht sein werden«, teilte er seiner Frau Nese am 20. Juli 2004 mit.[149] Als Muslim dürfe er sich den Ungläubigen nicht beugen. »Meine Sorge ist vielmehr, wie ich Dich und Omar aus Deutschland herausholen kann.« Er riet seiner Frau, sie solle ihm lediglich einmal die Woche schreiben. Entgegen dieser Aussage glauben die Verfassungsschützer, Bahaji suche einen Weg zur Rückkehr nach Deutschland. Schließlich wisse Bahaji, dass der Geheimdienst die E-Mails mitlese. Die Freisprüche von Mzoudi und Motassadeq, dessen Verurteilung zu 15 Jahren Haft der Bundesgerichtshof am 4. März 2004 in Folge des Mzoudi-Urteils wieder aufgehoben hatte, hätten den Flüchtigen ins Grübeln gebracht.

Vieles spricht dafür, dass sich Bahaji im unwegsamen Grenzgebiet zwischen Pakistan und Afghanistan aufhält, wo auch Osama bin Laden vermutet wird. Die Ermittlungen sowohl in Hamburg als auch in Karatschi brachten jedoch keine neuen Hinweise auf sein mögliches Versteck. Allerdings fand die Polizei zahlreiche Belege für die Existenz einer großen Hamburger Terrorzelle um Atta.

In Bahajis Wohnung entdeckten die Beamten etwa Fotos mit der Aufschrift »Said Hochzeit«. Darauf sind Binalshibh, Jarrah und Al-Shehhi gemeinsam mit dem marokkanischen Studenten Essabar zu sehen. Essabar, so fand der Generalbundesanwalt heraus, benutzte in Hamburg einige Scheinadressen, überwies am 12. Dezember 2000 den Betrag von 1200 Mark an Binalshibh, arbeitete im Sommer 1998 gemeinsam mit Jarrah als Aushilfskraft in einem Automobilunternehmen und wollte am 15. Februar 2001 nach Florida reisen, wo sich Atta und Al-Shehhi mit einer Pilotenausbildung bereits auf die Anschläge vorbereiteten.

Von Bahajis Hochzeit im Oktober 1999 gibt es auch ein Video. Das wiederum lässt den im Café der Al-Kuds-Moschee sitzenden Mzoudi in keinem guten Licht erscheinen. Es zeigt ihn, wie er gemeinsam mit dem späteren Todespiloten Al-Shehhi während der Hochzeitsfeier in der Moschee radikale Gedichte und Lieder vorträgt.[150] Ein weiteres, in Mzoudis Wohnung sichergestelltes Videoband erhärtete den Verdacht, die während der Hochzeitsfeier zur Schau gestellte Radikalität beruhe auf persönlichen Überzeugungen. Denn das zweite Band ist eine Aufnahme des damals in London lebenden Hetzpredigers Abu Qatada, der dazu aufruft, »die Herrschaft der Ungläubigen zu beseitigen, ihre Kinder zu töten, ihre Frauen zu erbeuten und ihre Häuser zu zerstören«.[151]

Doch darüber sagt Mzoudi nichts, zumindest nicht öffentlich, und schon gar nicht gegenüber Fremden, die ungebeten
in der Al-Kuds-Moschee am Steindamm vorbeischauen. Bei
der Frage danach verstummt seine angeregte Unterhaltung
mit einem jungen Glaubensbruder. Und die Bitte um Antworten versinkt in einem schwarzen Loch des Schweigens. Stattdessen spricht Misstrauen aus zwei dunklen Augenpaaren.

Vielleicht waren sie Unbekannten gegenüber nicht immer so
schweigsam. Aber seit dem 11. September 2001 sind die Geheimdienste aufmerksamer und die Extremisten noch vorsich-
tiger geworden. Sie ziehen sich noch weiter zurück, schirmen
ihre Aktivitäten, so gut es ihnen möglich ist, nach außen ab.
Vorzugsweise treffen sie sich in Hinterzimmern von Moscheen
oder in Privatwohnungen.

Natürlich werden Leute wie Mzoudi oder Motassadeq ständig überwacht. Wer immer sich also mit ihnen trifft, dürfte
bald auch den Geheimdiensten bekannt sein. Daher werden
diejenigen, die sich bereits dem neo-islamistischen Terror verschrieben haben, jeden öffentlichen Kontakt mit polizeilich
überwachten Gleichgesinnten meiden. Sie werden versuchen,
vollkommen unauffällig zu bleiben. Ihre radikale, gegen die
freiheitlich-demokratische Grundordnung gerichtete Einstellung kann so jahrelang unerkannt bleiben, weil diese potenziellen Terroristen bis zum Zeitpunkt ihres Einsatzes dem
Anschein nach als unbescholtene Gäste oder, da der ein oder
andere die deutsche Staatsbürgerschaft besitzt, als Bürger dieses Landes leben. Sie werden in dieser Zeit noch sorgsamer als
andere darauf achten, gegen kein Gesetz zu verstoßen, sie werden ihre Miete pünktlich zahlen und sich nicht einmal beim
Falschparken erwischen lassen.

Aber es gibt auch andere. Vornehmlich in den Reihen der
Algerier und Marokkaner fehlt vielen eine berufliche Qualifi-
kation. Sie schlagen sich entweder mit Nebenjobs durch, beziehen Sozialhilfe oder leben von Kleinkriminalität. Zu ihren

wichtigsten Einnahmequellen zählt dabei der Handel mit gefälschten Papieren, die sie auch ins Hamburger Rotlicht- und Drogenmilieu verkaufen.

Wer immer gehofft haben mochte, der Islamismus werde nach den Anschlägen in den USA unter den in Deutschland lebenden Muslimen von allein an Sympathien verlieren, der irrte. Ein Blick in die Statistik ist ernüchternd. Allein in Hamburg gab es im Jahr 2003 über 2000 Islamisten, ermittelte das Landesamt für Verfassungsschutz. Stimmt schon diese Zahl bedenklich, so ist es geradezu alarmierend, dass nach Einschätzung des Staatsschutzes 200 von ihnen bereit wären, zur Durchsetzung ihrer radikal-fundamentalistischen Ansichten auch Gewalt anzuwenden. Im Verfassungsschutzbericht der Hansestadt für das Jahr 2003 heißt es dazu: »Zu dieser Szene gewaltbereiter Islamisten gehören weiterhin Personen aus dem ehemaligen Umfeld der Attentäter vom 11. 9. 01. Angehörige dieser Szene sind zumeist über persönliche Beziehungen, Personengeflechte und Kontakte in bzw. zu Institutionen wie Moscheen verbunden. Feste Strukturen sind kaum erkennbar.«[152] Insgesamt hat sich die Zahl der extremistischen Muslime somit trotz des erhöhten Fahndungsdrucks und der vom Bundestag im April 2002 beschlossenen Antiterrorgesetze, mit denen auch das Religionsprivileg im Vereinsrecht fiel, nicht verringert. Und die Gefahr neuer islamistisch motivierter Terroranschläge ist seit dem 11. September 2001 eher noch gestiegen, befürchten die Verfassungsschützer, die nach Auswertung aller Zeugenaussagen zu dem Schluss kamen: »Einzelne verfügen über umfangreiche Kontakte in das internationale Netzwerk islamistischer Terroristen.«[153] Die Hinweise darauf, dass neue Kämpfer für den Dschihad, den Kampf gegen Tyrannei und die Leugnung des Islam beziehungsweise seine Bedrohung durch die Ungläubigen rekrutiert würden, seien unübersehbar.

Nach unveröffentlichten Erkenntnissen der Hamburger Agenten lagen im Sommer 2004 bei zehn bis zwanzig potenziellen Terroristen, die sich in der Hansestadt aufhielten, sogar »in Teilen Anhaltspunkte für konkrete Attentatsplanungen vor«. Bekannt wurde in diesem Zusammenhang, dass sich fünf von ihnen unter der Führung des Algeriers Abderrazak Mahdjoub im März 2003 auf den Weg in den Irak gemacht hatten. Vermutlich wollten sie Terroranschläge gegen die US-Truppen unterstützen. Dazu kam es nur deshalb nicht, weil das Quintett schon in der syrischen Hauptstadt Damaskus festgenommen und zurück nach Hamburg abgeschoben wurde. Das ist wenig verwunderlich, denn die Abschiebung erfolgt immer in das Land, aus dem die Betroffenen eingereist sind.

Obwohl Mahdjoub spätestens seit seiner Festnahme in Damaskus und der Abschiebung wusste, dass er nunmehr auch bei den deutschen Behörden als gewaltbereiter Islamist geführt wurde, arbeitete er nach Informationen der Geheimdienste weiter an Terroraktionen. Er fühlte sich offenbar sehr sicher. Es mehrten sich die Hinweise auf die Vorbereitung eines Sprengstoffanschlags in Spanien. Als die Sicherheitsdienste glaubten, genügend Material gegen Mahdjoub gesammelt zu haben, erließ das Hamburger Landgericht am 24. Juli 2003 Haftbefehl. Doch schon vier Wochen später musste der Algerier wegen nicht ausreichender Beweise wieder aus der Untersuchungshaft entlassen werden. Kurz darauf lieferten die Italiener neues Belastungsmaterial. Es stammte von einer in Mailand ausgehobenen Terrorzelle der irakisch-kurdischen Gruppierung Ansar al-Islam.[154] Bei der Aktion hatten die Fahnder sechs Männer unter dem Verdacht festgenommen, Selbstmordattentäter für den Irak rekrutiert sowie Geld und gefälschte Dokumente beschafft zu haben. Während sie alle sichergestellten Unterlagen und Verhör-Protokolle auswerteten, reifte bei den italienischen Beamten der Verdacht, Mahdjoub gehöre der engeren Führung der Ansar Al-Islam zuzurechnenden Gruppe Al-Tawhid an. Der Algerier aus Hamburg habe vermutlich die Verbindungen zwischen den transnationalen Organisationen und deren Mitgliedern in Italien aufrechterhalten, teilten die Italiener ihren Kollegen in Deutschland mit. Außerdem habe Mahdjoub junge Leute für die Terrorausbildung im Irak geworben. Die Hinweise aus Italien überzeugten die deutschen Behörden. Am 19. März 2004 lieferten sie Mahdjoub an Italien aus.

Die Italiener sind nicht die Einzigen, die Auslieferungsersuchen an die deutschen Behörden stellten. Die spanische Regierung etwa sähe den in Syrien geborenen und in Hamburg lebenden Mamoud Darkazanli am liebsten vor einem spanischen Gericht. Darkanzanli ist Deutscher. In Madrid heißt es, er soll einen guten Draht zu dem mutmaßlichen Kopf der spanischen Al-Qaida-Zelle, Imad Yarkas, gehabt haben. Jedenfalls erhoben die Spanier Anklage gegen Darkazanli und erließen internationalen Haftbefehl gegen ihn mit der Begründung, der Deutsche sei zusammen mit 34 weiteren Verdächtigen in terroristische Aktivitäten verstrickt. Darkazanli wies alle Terroranschuldigungen gegen sich zurück.

Allerdings räumte er gegenüber den deutschen Behörden Begegnungen mit Atta und Bahaji ein. Von deren Absichten will er hingegen nichts gewusst haben. Er habe beide auf einer Hochzeit, vermutlich jener von Bahaji in der Al-Kuds-Moschee, gesehen. Auch bestätigte Darkazanli, Mitte der neunziger Jahre mit dem mutmaßlichen Finanzchef von Osama bin Ladens Al Qaida, dem Sudanesen Mamduh Mahmud Salim, zu tun gehabt zu haben. Mit Salim, der im Dezember 2000 in München festgenommen wurde, habe er über den Kauf einer Radio-Funkanlage verhandelt. Das Geschäft sei dann aber doch nicht zustande gekommen.

Nach Ansicht von Generalbundesanwalt Kay Nehm besteht gegen den Hamburger Geschäftsmann kein dringender Tatverdacht. Schließlich ist der Besuch von Moscheen oder das Zusammentreffen mit Extremisten in Deutschland nicht strafbar. Und so betreibt Darkazanli, gegen den US-Finanzermittler – im Gegensatz zu ihren deutschen Kollegen – einen schwerwiegenden Verdacht hegen, weiterhin seinen Import-Exporthandel in Hamburg. Als die amerikanischen Behörden nach den Anschlägen vom 11. September die Finanzwege des islamistischen Terrors untersuchten, stießen sie auch auf das kleine Unternehmen in Hamburg und setzten es auf die offizielle Liste der US-Regierung mit all jenen Organisationen, deren Konten wegen angeblicher Kontakte zu Osama bin Laden eingefroren wurden.

Vor der Eingangstür zu Darkazanlis Geschäftsräumen lag lange Zeit eine Fußmatte mit einem besonderen Aufdruck. Darauf war das Weiße Haus in Washington zu sehen. Jeder, der eintreten wollte, musste sich darauf die Füße abtreten. Gibt es eine stärkere Symbolik für die Verachtung des freiheitlich-demokratischen Westens?

Auch heute, Jahre nach dem Angriff auf die New Yorker Twin Towers und das Pentagon in Washington, sind längst nicht alle Rätsel um die Hamburger Terrorzelle gelöst. Dazu zählt etwa die Frage, wie es dem introvertierten Mohammed Atta gelang, den lebenslustigen, frisch verliebten Ziad Jarrah zum Selbstmordislamisten umzudrehen.

Jarrah stammte aus einer einflussreichen libanesischen Familie. Bevor er sich zum Studium in Greifswald entschloss, besuchte er christliche Privatschulen. Nach Hamburg wechselte er 1997, wobei unklar bleibt, wie und wann er Kontakt zu Atta bekam. »Er kannte die besten Nachtclubs und Diskos in Beirut, feierte rauschende Partys mit seinen Kommilitonen in Deutschland und trank Bier – ein absolutes Tabu für jeden religiösen Moslem«, beschrieb ihn die Kommission zur Aufklärung der Terrorattacken in ihrem Bericht an die US-Regierung.[155] Während seiner Pilotenausbildung am »Florida Flight Training Center« in Venice im US-Bundesstaat Florida telefonierte er beinahe täglich mit seiner in Deutschland lebenden

Freundin Aysel S. und seiner Familie im Libanon. Innerhalb von zehn Monaten flog er fünfmal nach Europa.

Atta, der sich nach seiner Reislamisierung sogar weigerte, Frauen die Hand zu geben, gefiel diese Entwicklung gar nicht. Der Musterstudent für Stadtplanung an der Technischen Universität Hamburg-Harburg und Spross einer wohlhabenden ägyptischen Familie befürchtete, Jarrah, der sich erst vor einem Jahr in Afghanistan der Al Qaida angeschlossen hatte, sei dabei, seine alte Lebensfreude wiederzuentdecken. Es kam zum Streit, den Binalshibh am Telefon schlichten konnte.

Als Jarrah vom 25. Juli bis zum 5. August 2001 zum letzten Mal zu seiner Freundin nach Deutschland flog, brachte Atta ihn zum Flughafen in Miami. »Ein ungewöhnlicher Umstand, der suggeriert, dass irgendetwas verkehrt laufen könnte«, schrieben die Berichterstatter der US-Regierung. Anders als üblich, hatte Aysel S. ihrem Freund nur ein Hinflug-Ticket gekauft. Es sah ganz so aus, als wolle Jarrah in Deutschland bleiben. Da sich die Lage derart zuspitzte, wurde Jarrah am Düsseldorfer Flughafen von Binalshibh empfangen. Der wollte einige klärende Worte an den Abtrünnigen richten. Doch Jarrah wies ihn barsch ab und sagte, er müsse umgehend seine Freundin sprechen.

Es dauerte einige Tage, bis er wieder bereit war, mit Binalshibh zusammenzukommen. Jarrah war psychisch schwer angeschlagen. Wenige Wochen vor den Anschlägen schwankte er buchstäblich zwischen Leben und Tod. Wie schlecht es ihm unmittelbar vor den Anschlägen wirklich ging, darauf lassen Andeutungen schließen, die Binalshibh später gegenüber den US-Ermittlern gemacht hat. Die beiden hätten schließlich ein von starken Gefühlen geprägtes Gespräch geführt, sagte Binalshibh. Dabei habe er Jarrah wiederholt ermutigen müssen, den Plan durchzuführen. In einem der letzten Telefonate mit Atta, nur wenige Tage vor den Anschlägen, wurde deutlich, in welchem Verhältnis die beiden spätestens jetzt zueinander standen. Jarrah bezeichnete den Ägypter als »Boss«. Wie auch immer es letztlich dazu kam, Jarrah führte seinen Auftrag aus und steuerte die dritte über Pennsylvania abgestürzte Maschine.

Ein weiteres, bislang ungelöstes Rätsel ist der Verbleib von Mohammed Haydar Zammar. Der Dreizentnermann galt als Statthalter Osama bin Ladens in Hamburg. Nachdem er im Oktober 2001 in Marokko verhaftet und an Syrien ausgeliefert worden war, sitzt er dort in Untersuchungshaft. Obwohl er nach Informationen der Geheimdienste direkten Kontakt zu Attas Terrorzelle sowie hochrangigen Al-Qaida-Mitgliedern in Afghanistan hatte, gab es kein Gerichtsverfahren gegen ihn oder ein Auslieferungsersuchen der deutschen Seite. »Offiziell wissen wir doch gar nicht, dass Zammar in Syrien ist«, sagt ein ranghoher Geheimdienstler im Vertrauen. Will heißen: Offiziell wollen sie es gar nicht wissen. Der Mann soll bleiben, wo er ist.

Von sich reden machte Zammar durch seine mitreißenden Geschichten von den Kämpfen gegen das von Moskau gestützte kommunistische Regime in Afghanistan und gegen die Truppen von Slobodan Milosevic in Bosnien. Nicht nur wegen dieser Erfahrungen, sondern schon aufgrund seines Alters passte der 1961 in Halab geborene Syrer eigentlich gar nicht zur Atta-Truppe. Er war gerade zehn Jahre alt, als sein Vater mit ihm nach Deutschland übersiedelte. Dem bis dahin in einer sehr religiösen und konservativen Umgebung aufgewachsenen Jungen fiel es nicht eben leicht, sich in dem einerseits von protestantisch-spröder Bürgerlichkeit, andererseits aber von einer krawalligen Sex-, Drogen- und Rock-Szene geprägten Hamburg zurechtzufinden. Irgendwann traf der inzwischen jugendliche Zammar den ebenfalls aus Syrien kommenden späteren Geschäftsmann Darkazanli. Die gemeinsame Herkunft verband die beiden, und so fand Zammar nicht nur schnell Vertrauen zu dem neuen Freund, sondern auch erste

Kontakte zu radikalen Muslimen, berichteten Reporter der *Washington Post*.[156] Ein wechselvolles Leben begann.

Nach der Schule wollte er Kraftfahrzeugingenieur werden, doch am Ende wurde nicht viel mehr daraus als ein Praktikum bei Daimler-Benz. Zu sehr war er in den Sog radikaler Einflüsse geraten. Zwar nahm er 1982 im Alter von 21 Jahren die deutsche Staatsbürgerschaft an, machte sich aber schon wenige Jahre später auf den Weg nach Saudi-Arabien. Dort verdingte er sich als Übersetzer in einem deutsch-saudischen Jointventure-Unternehmen. Immerhin blieb er ein paar Jahre. Ob und inwieweit er während dieser Zeit in Saudi-Arabien Kontakt mit der radikal-fundamentalistischen Opposition hatte, ist nicht bekannt. Gleichwohl muss hier seine Bereitschaft zum Kampf für den Islamismus gereift sein. Denn nach einem kurzen Zwischenstopp in Hamburg, wo er sich ein paar Mark als Fahrer für eine Spedition verdiente, machte er sich 1991 auf den Weg nach Afghanistan.

In den Mujaheddin-Camps wurde Zammar an Waffen und im Umgang mit Sprengstoff ausgebildet. Der Krieg gegen die Sowjets war seit zwei Jahren vorbei. Ob Zammar im Gefolge von Warlords und Islamisten wie Gulbuddin Hekmatyar kämpfte, ist nicht bekannt. Irgendwann 1995 verlegte er seinen Kriegsschauplatz ins bosnische Zenica, wo er an der Seite anderer arabischer Mujaheddin wohl tatsächlich in den Kampf zog.

Dort wurde die CIA auf ihn aufmerksam. Ab 1996 beobachtete der US-Auslandsgeheimdienst eine rege Reisetätigkeit Zammars zwischen Hamburg und Afghanistan. Zwischendurch machte er auch Abstecher nach Syrien, Schweden, Jordanien und in die Türkei. Ein so kostspieliges Leben konnte sich gewöhnlich kein Mujaheddin leisten, wenn er nicht aus wohlhabenden Verhältnissen stammte. Also blieben ihm die US-Agenten auf den Fersen und meldeten schon bald in die Zentrale nach Langley, was der Deutsche tatsächlich trieb. In den von ihm besuchten Ländern rekrutierte er junge Kämpfer und organisierte deren Flüge über die Türkei nach Afghanistan. Inzwischen hatte Bin Laden mitsamt seinem Gefolge die Zelte im Sudan abgebrochen und sein Hauptquartier dorthin verlegt. Und Zammar arbeitete im Auftrag eines Al-Qaida-Führungsmitglieds. Fortan galt er als Terrorverdächtiger. Im Sinne einer fruchtbaren Zusammenarbeit hätte die CIA diese Information dringend an die deutschen Dienste weitergeben müssen. Aber sie behielt sie leider für sich.

Dieser Fehler wurde zunächst durch die Aufmerksamkeit türkischer Spione ausgeglichen. Auch ihnen war der deutsche Vielflieger aufgefallen. Ihre Nachforschungen brachten dasselbe Ergebnis wie die Recherchen der CIA. Diese Information gab Ankara an den Verfassungsschutz weiter, der sofort mit der Beobachtung Zammars begann.

Die daraufhin in Hamburg gesammelten Erkenntnisse, die sogar von hochspezialisierten Sicherheitsleuten nicht richtig gedeutet und eingeordnet wurden, zeigen, wie wenig sich Polizei und Geheimdienste Ende der neunziger Jahre islamistischen Terror in Deutschland, Europa oder überhaupt in der westlichen Welt vorstellen konnten. Denn gemeinsam mit Zammar sahen Agenten verschiedener Geheimdienste gleichsam zu, wie sich um Mohammed Atta die bislang gefährlichste aller islamistischen Terrorzellen bildete. Erst nach dem 11. September 2001 erkannten sie, welchem Trauerspiel sie inmitten der tristen Kulissen am Hamburger Steindamm mit seiner unscheinbaren Al-Kuds-Moschee beigewohnt hatten.

Wenn Zammar in Hamburg war, besuchte er diese Moschee regelmäßig. Dort traf er 1998 zum ersten Mal auf Mohammed Atta, dort hielt der Vater von sieben Kindern gern große Reden. Unter anderem prahlte er damit, in Afghanistan Osama bin Laden persönlich begegnet zu sein, sagen Hamburger Verfassungsschützer. Ein Zimmergenosse aus Abdelghani Mzoudis Wohnung in der Marienstraße, Abderrasak Labied, erinnert sich an ein Essen bei Zammar zu Hause.[157] Dieser hatte junge Männer aus Äthiopien, Marokko, Algerien und Somalia eingeladen und schwelgte in Geschichten über seine Kampfeinsätze und den Heiligen Krieg.

Die durch den Hinweis aus der Türkei auf den Deutsch-Syrer gelenkte Aufmerksamkeit der Verfassungsschützer erhöhte sich mit einer Nachricht aus Italien. In Turin hatte die Polizei 1998 Islamisten festgenommen. In deren Wohnung fanden die Beamten die Hamburger Adresse von Zammar und dessen Mobilfunknummer. Jetzt weiteten sie ihre Nachforschungen deutlich aus. Unter anderem wurde sein Telefon abgehört. Der *Stern* dokumentierte wichtige Ergebnisse dieser Abhöraktion.[158] Danach meldete sich am 31. Januar der spätere Todespilot Marwan Al-Shehhi nur mit seinem Vornamen, der den Diensten bis dahin nichts sagte, bei Zammar. Er rief von Bonn aus an, wo er zu diesem Zeitpunkt noch studierte. Zammar bat ihn, nach Hamburg zu kommen. Die Verfassungsschützer ermittelten die Nummer des Anrufers. Sie gehörte zu einem in den Vereinigten Arabischen Emiraten registrierten Mobilfunktelefon. Sowohl den Namen als auch die Rufnummer gaben die deutschen Beamten an die CIA weiter. Schon kurze Zeit später konnte die Behörde nachweisen, dass »Marwan« mit Nachnamen Al-Shehhi hieß und neben Zammar auch Kontakt zu Darkazanli hatte.

Ein weiteres Gespräch wird vom 21. September 1999 dokumentiert. Zammar rief die Wohngemeinschaft von Mohammed Atta, der auch der inzwischen nach Hamburg gezogene Al-Shehhi angehörte, in der Harburger Marienstraße an. »Vergiss uns nicht in deinem Gebet«, sagte Al-Shehhi. »Du auch (...) grüß die anderen Brüder ganz herzlich«, antwortete Zammar. Danach spricht er mit Said Bahaji, der erst nach seiner Hochzeit dort ausgezogen ist.[159]

Auf diese Weise waren die Geheimdienste über Zammar schon genau zwei Jahre vor den Anschlägen in den USA in den Besitz der Telefonnummer und der Adresse der künftigen

Todespiloten gelangt. Sie hörten ihre Stimmen am Telefon, verfolgten ihre Gespräche. Deutsche, amerikanische und auch arabische Agenten waren so nah dran an der Terrorzelle vom 11. September 2001 und am Ende doch vollkommen ahnungslos, weil sie zwar Dialoge mitschnitten, ihnen aber der Kontext fehlte. Denn was in der Al-Kuds-Moschee, was in der von Atta an der Universität gegründeten Islam-AG oder in ihrem Buchladen gesprochen, welche religiös-ideologischen Ansichten dort offenbart wurden, blieb den Diensten verborgen.

Was damals in Hamburg geschah, hätte sich aus diesem Grund so auch in jeder anderen deutschen, europäischen oder US-amerikanischen Stadt zutragen können. Es hatte schlichtweg niemand damit gerechnet, dass muslimische Extremisten blutige Terrorattacken unter dem Schutz westlicher Demokratien vorbereiten würden. Die Kämpfer Bin Ladens waren nicht nur in der öffentlichen Meinung, sondern auch nach Ansicht der wichtigsten Sicherheitsexperten allesamt Leute, die im Nahen Osten, in Afrika oder auch in Afghanistan zuschlugen, nicht aber in hochgerüsteten Industriestaaten. Dabei hätte schon der Anschlag auf das New Yorker World Trade Center im Jahr 1993 sie eindeutig warnen müssen. Doch das globale Sicherheitsdenken änderte sich erst nach dem 11. September.

Gleichwohl liefern die Einblicke in das Leben und das Umfeld der Hamburger Attentäter und anderer Dschihadisten Erkenntnisse über ihre Gewohnheiten, ihre Handlungsmuster und die Bedeutung großer muslimischer Gemeinden für die mentale Aufrüstung. Sie belegen die internationale Vernetzung der Islamisten und tragen so zur Beleuchtung des Phänomens islamistischer Strukturen in unserer Gesellschaft bei.

Zu den wohl wichtigsten Erkenntnissen gehört, dass sich sowohl die Mitglieder und Sympathisanten der Atta-Zelle als auch das Umfeld anderer islamischer Gruppen wie Ansar Al-Islam in Hamburg in dem bereits hinlänglich beschriebenen, von dem deutschen Leben der Hansestadt weitgehend isolierten muslimischen Milieu bewegt haben. In der Al-Kuds-Moschee, die zu den ersten Anlaufpunkten von Atta und Binalshibh gehörte, predigte etwa Scheich Mohammed Fazazi II. seinen Hass auf die westliche Gesellschaft. Fazazi ist inzwischen in Marokko als einer der vier führenden islamistischen Ideologen des Landes zu 30 Jahren Haft verurteilt worden. Die Gruppe unterlag dem Einfluss der bekannten ideologischen Propaganda transnationaler islamistischer Gruppen und wurde von Zammar agitiert. In Hamburg sind Atta, Al-Shehhi und Binalshibh radikalisiert worden. Atta und seine Leute kamen nicht als Terroristen nach Deutschland. Sie haben das Land als solche verlassen.

Zweifellos ist es ist nur allzu menschlich, sich in einem fremden Land, noch dazu in einem fremden Kulturraum, zunächst einmal Leuten aus vergleichbaren Herkunftsländern anzuschließen. Wenn aber diese Gruppen bis zur Größe von Stadtteilen wachsen und ein weitgehendes, von der deutschen Gesellschaft kulturell klar abgegrenztes Eigendasein führen, bieten sie, gewollt oder ungewollt, subversiven Elementen Schutz für ihre Aktivitäten. Sie geben ihnen Raum zur Agitation und schaffen eine religiös-fundamentalistisch aufgeheizte Atmosphäre, in welcher nur noch der Neo-Islamismus der Al Qaida willkommen ist.

Hamburg nimmt auf der Landkarte des neo-islamistischen Terrors inzwischen einen besonderen Platz ein. Doch die Spur des Terrors zieht sich weiter durch ganz Deutschland. Sie führt immer wieder in das direkte Umfeld von Moscheen. Und meistens sind es Telefonnummern, die Polizei und Geheimdiensten den Weg von einem Terrorverdächtigen zu anderen verraten. So war es auch bei einem Mann, der aus Oberschlesien nach Deutschland kam und der mit dem blutigsten Terroranschlag gegen Deutsche in Verbindung gebracht wurde. Bei ihm fand die Polizei die Telefonnummer von Mounir el

Motassadeq. Hatte der Mann aus Polen etwa auch Kontakt zu den Todespiloten von Hamburg?

Konvertiten im Kampf gegen die Ungläubigen

In aller Frühe, kurz nach sieben Uhr, klingelte das Handy von Christian Michael Ganczarski im nordrhein-westfälischen Mühlheim. Lautlos schaltete sich ein Aufzeichnungsgerät der Sicherheitsdienste ein. Ganczarski wurde schon seit Monaten überwacht. Es war der 11. April 2002. Und für eine deutsche Reisegruppe auf der tunesischen Insel Djerba sollte es ein verhängnisvoller Tag werden.

Ganczarski ging ans Telefon. Er hörte die Stimme von Nizar Ben Mohammed Nawar, der aus Tunesien anrief. »Vergiss nicht, mich in deinen Gebeten zu bedenken«, sagte Nawar. »So Gott will«, antwortete Ganczarski, »brauchst du irgendetwas?« »Nein, danke«, sagte Nawar, »ich brauche nur deinen Segen.« »So Gott will«, antwortete Ganczarski.

Genau 73 Minuten später explodierte ein mit Gasflaschen beladener Transporter an der Außenmauer der La-Ghriba-Synagoge im Houmt Souk auf Djerba. Die Synagoge ging in Flammen auf – und mit ihr 21 Menschen, darunter 14 Deutsche.

Die Sicherheitsdienste waren Ohrenzeugen eines Terroreinsatzbefehls und konnten die Tat dennoch nicht verhindern. Die Sätze bildeten einen Code, den die mithörenden Beamten nicht verstanden. Und wie schon bei dem Hamburger Islamisten Zammar wusste der Geheimdienst nicht, mit wem der Deutsche sprach. Das erfuhren sie erst im Zuge ihrer späteren Recherchen auf Djerba.

Wenige Tage nach dem Attentat wurde Ganczarski in seiner Mühlheimer Wohnung verhaftet. Doch schon nach 24 Stunden kam er wieder auf freien Fuß, da die Polizei ihm die Beteiligung an einer strafbaren Handlung nicht nachweisen konnte.

Auch der dringende Verdacht auf Mitgliedschaft in einer ausländischen Terrororganisation half den Ermittlern nicht. Die Antiterrorgesetze, die in diesem Fall eine Strafverfolgung ermöglichen, wurden erst nach dem Djerba-Attentat beschlossen und können nicht rückwirkend angewandt werden. Machtlos mussten die Behörden zusehen, wie er im Herbst seine Kinder von der Schule abmeldete und nach Saudi-Arabien verschwand.

Christian Ganczarski wurde 1966 im oberschlesischen Gleiwitz geboren. Seine Eltern, mit denen er zehn Jahre später nach Deutschland übersiedelte, erzogen ihn streng katholisch. Je älter Ganczarski wurde, desto mehr verlor er das Interesse an der Religion. Seinen Eltern bereitete er ernste Sorgen. Denn seit sie in Deutschland lebten, kam ihr Sohn in der Schule nicht mehr zurecht und wollte auch vom Glauben nichts mehr wissen. Auf der Hauptschule brachte Ganczarski es gerade mal bis zur siebten Klasse, dann war Schluss. Er wollte arbeiten und hatte riesiges Glück, bei Mannesmann in Mühlheim einen Ausbildungsplatz zu finden. Er begann eine Lehre als Schmelzschweißer. Zur Überraschung aller schloss er als Bester ab. Im Anschluss fand er sofort Arbeit bei der Krefelder Firma Düwag. Hier sollte sein Leben die erste entscheidende Wende nehmen.

Denn bei Düwag arbeitete Ganczarski mit Muslimen zusammen. Sie redeten viel über Religion. Der Deutschpole erinnerte sich an seine Kindheit, wo ihm der Katholizismus eigentlich recht lange gut gefallen hatte. Um bei den Arbeitskollegen besser mitreden zu können, besorgte er sich einen Koran. Vieles war ihm fremd, was er darin las. Aber es zog Ganczarski an, so sehr, dass er 1986 in der Moschee des Islamischen Zentrums Wuppertal zum Islam konvertierte. Von nun an nannte er sich Abu Ibrahim und verbrachte einen Großteil seiner Freizeit in der Mühlheimer Moschee. Dort hatte er seine Freunde, dort fühlte er sich zu Hause.

In der Moschee lernte Abu Ibrahim Nicola G. kennen. Sie war ebenfalls Deutsche und erst kurz vor ihm zum Islam übergetreten. Die beiden mochten sich auf Anhieb und wurden ein Paar. Spätestens jetzt hatte Ganczarski so gut wie keinen Kontakt mehr zu Nichtmuslimen. Sein Leben verlief in anderen Bahnen, es war islamischen Gesetzen unterworfen und immer schwerer in Einklang zu bringen mit der deutschen Gesellschaft. 1990 heiratete er seine Freundin. Und nur ein Jahr später nahm sein Leben die zweite entscheidende Wende.

Völlig überraschend wurde ihm in der Mühlheimer Moschee ein Stipendium zum Studium des Islam an der Universität für islamische Wissenschaften im saudi-arabischen Medina angeboten. Er konnte es selbst nicht fassen. Er, der Hauptschulabbrecher, sollte studieren dürfen. Man sagte ihm, dass händeringend Konvertiten gesucht würden, die nach erfolgreichem Abschluss des Studiums in Deutschland missionieren sollten. Natürlich nahm er das Angebot an, packte die Koffer und zog mit seiner Frau nach Medina.

Ganczarski mühte sich redlich. Doch so sehr er auch an sich arbeitete, das Studium bekam er nicht hin. Nach zwei Jahren stellten die Geldgeber ihre Zahlungen ein, und die Familie flog zurück nach Mühlheim. Dieses Land jedoch, das spürte er sofort, war nichts mehr für ihn. Auch wenn er das Studium in Medina nicht bewältigt hatte, das Lernen hatte ihn so sehr für den Islam eingenommen, dass er sich nur noch ein Leben in islamischen Ländern vorstellen konnte. Außerdem drehten sich seine Gedanken jetzt ausschließlich um Abenteuer und Krieg. Er wollte teilhaben am globalen Dschihad.

Zu diesem Zweck reiste er nach Tschetschenien, Pakistan und Afghanistan. In den Ausbildungslagern von Al Qaida traf er auf Osama bin Laden und Khalid Scheich Mohammed, den Chefplaner der Terroranschläge vom 11. September 2001. Ganczarski fungierte als Kurier zwischen den beiden. Seinen Lebensunterhalt verdiente er sich mit dem Schmuggel von Edelsteinen. Eines Tages begegnete er in den Terrorcamps einem weiteren, bis dahin unbekannten Mann: Nizar Ben Mohammed Nawar, dem Attentäter von Djerba.

»In Afghanistan wollte ich für die gute Sache kämpfen«, sagte Ganczarski den deutschen Ermittlern in den Vernehmungen nach dem Bombenanschlag. Zu Djerba schwieg er. Weil ihm die deutsche Polizei nichts nachweisen konnte, ließ sie ihn wieder laufen, und Ganczarski verschwand mit Frau und Kindern nach Saudi-Arabien. Anders als bei seinem ersten Aufenthalt als Student war er diesmal jedoch nicht willkommen. Wegen des Verdachts, an dem Terroranschlag beteiligt gewesen zu sein, beobachtete ihn die Polizei auf Schritt und Tritt. Schließlich nahm sie ihn fest. Die saudischen Behörden hielten ihn so lange hinter Schloss und Riegel, bis sein Visum ablief. Dann verfügten sie die Ausreise. Nach Deutschland wollte Ganczarski nicht. Er buchte einen Flug nach Paris, ohne zu ahnen, dass die saudischen Behörden ihn dort ankündigen würden. Der französischen Polizei kamen die Reisepläne des Deutschen wie gerufen. Ein Marokkaner namens Karim Mehdi belastete ihn nämlich schwer. Den hatten die Franzosen zwei Tage vorher von Deutschland kommend festgenommen. Ganczarski habe einen auf der Insel La Réunion geplanten Anschlag mit einer Autobombe organisiert und mitfinanziert, sagte Mehdi, der dieses Attentat offenbar ausführen sollte. Es bestand der Verdacht, dass sich die beiden früher mal in Deutschland kennen gelernt hatten. Außerdem soll Mehdi, der 14 Jahre lang in Duisburg lebte, ein Vertrauter des Todespiloten Ziad Jarrah gewesen sein. Jedenfalls reichte diese Anschuldigung den französischen Behörden für einen Haftbefehl gegen den Deutschpolen.

Ganczarski ist nicht das einzige Beispiel für die Radikalisierung von deutschen Konvertiten. 1998 reiste beispielsweise Stephan Smyrek in ein Trainingslager der Hizbollah in den Libanon. Nachdem er dort zum Terroristen ausgebildet worden war, schickte ihn die Organisation als Spion nach Israel. Da der Verfassungsschutz ihn bereits längere Zeit beobachtete, informierte der Geheimdienst die Kollegen in Israel, so dass Smyrek gleich nach seiner Einreise festgenommen wurde.

Auf fatale Art und Weise gleichen sich Ganczarskis und Smyreks Wege der Islamisierung. Wie der Deutschpole kam auch Smyrek bei der Arbeit mit Muslimen in Kontakt. Der ehemalige Zeitsoldat jobbte in einer Pizzeria, in der sich die Muslime immer trafen. Sie kamen ins Gespräch und weckten das Interesse des Deutschen. Dabei verliebte sich Smyrek offenbar in eine Ägypterin. Er wollte sie heiraten, doch ihr Vater verweigerte als gläubiger Muslim seine Zustimmung. Smyrek konvertierte zum Islam – und geriet in die Fänge der Hizbollah.

Die Radikalisierung von Konvertiten ist kein singulär deutsches Problem. Ähnliche Erfahrungen machten auch Frankreich und Großbritannien. In diesen Ländern stellten die Sicherheitsdienste fest, dass die Neigung junger Leute, während einer Sinnkrise in der Adoleszenz in den Islam zu flüchten, bei Al Qaida hoch willkommen ist. Bin Laden selbst und sein Chefstratege Ayman Al Zawahiri seien ständig auf der Suche nach solchen jungen Leuten, die aus Protest gegen ihre Eltern oder ihr gesamtes Lebensumfeld zum Islam konvertierten, behauptet der französische »Terroristenrichter« Jean-Louis Bruguiere.[160] Am liebsten würden sie junge Frauen für sich gewinnen. Oft werden die Konvertiten mit den jungen Linksextremisten in den siebziger Jahren verglichen, die aus dem Protest gegen den Vietnamkrieg heraus radikalisiert wurden.

Der französische Geheimdienst hat festgestellt, dass gerade Konvertiten den anderen Muslims ihre Ehrerbietung zeigen wollen. Dafür seien sie bereit, im Kampf für den Islam weiter zu gehen als alle anderen. Sie seien fanatisch und darauf aus, sich selbst zu beweisen. Drei von neun Briten, die mit Al Qaida in Afghanistan für die Taliban kämpften und später in Guantanamo inhaftiert wurden, sind zum Islam konvertierte Katholiken. Als Risikogruppe gelten den britischen Sicherheitsbehörden Konvertiten aus Afrika und der Karibik.

In der Bundesrepublik sind bislang ausschließlich deutschstämmige Konvertiten als Extremisten aufgefallen. Beispiele hierfür sind Ganczarski und Smyrek. Letzteren haben die Israelis inzwischen zusammen mit anderen potenziellen Terroristen aus der Haft entlassen. Er wurde nach Deutschland ausgeflogen.

Weder Ganczarski noch Smyrek haben aktiv am Kampf der Dschihadisten teilgenommen. Ein junger Konvertit aus dem Schwäbischen jedoch griff selbst zur Waffe – und bezahlte dafür mit seinem Leben. Sein Fall lenkte die Aufmerksamkeit der Sicherheitsbehörden auf Neu-Ulm.

Was geschieht in Neu-Ulm?

Drei Männer, die dem Umfeld des Neu-Ulmer Multikultur-Hauses zugeordnet werden, sind heute tot. Sie starben im Kugelhagel russischer Speznaz-Einheiten im Kaukasus. Alle drei waren Deutsche. Als die ersten beiden Ausweise 2002 über Moskau in die Bundesrepublik geschickt wurden, trauten die Beamten in Deutschland ihren Augen nicht. Denn dass auch Deutsche sich am globalen Dschihad beteiligten, hatten sie nicht für möglich gehalten.

Bei den Toten handelte es sich um den Deutsch-Tunesier Tarek Boughdir, den türkischstämmigen Mevlüt Polat und um Thomas Fischer. Boughdir und Polat fielen 2002 im Kampf gegen das russische Militär, Fischer ein Jahr später.

Thomas Fischer war Konvertit. Er wuchs im Schwäbischen auf und wurde katholisch erzogen. Irgendwann brach er mit seiner Religion, er zog sich immer mehr zurück, wandte sich von alten Freunden ab und verlor das Interesse an allen materiellen Dingen. Seine ganze Aufmerksamkeit galt von nun an dem Islam. Er kam häufig in das Neu-Ulmer Multikultur-Haus, das hauptsächlich von arabischen Muslimen frequentiert wird, ließ sich beschneiden und konvertierte schließlich. Sein neuer Name war Hamsa, der Löwe.

Boughdir und Polat sollen sich seit Jahren in extremistischen Kreisen bewegt haben. Nach Informationen des bayerischen Verfassungsschutzes war Polat Mitglied bei Milli Görüs. Angeblich hat er Geld für den Kampf der Mujaheddin in Tschetschenien gesammelt. Boughdir bewohnte mit seiner deutschen Frau eine Dachwohnung in Schorndorf. Nachbarn beschrieben ihn gegenüber der Polizei als einen zurückhaltenden und freundlichen Mann, der regelmäßig die Milli-Görüs-Moschee besucht habe. Auffällig war, dass Boughdir in den Jahren vor seinem Tschetschenien-Einsatz häufig in die Türkei, nach Aserbaidschan und Georgien reiste.

Der Tod der drei Männer nährt den Verdacht, dass von Deutschland aus in größerem Stil Nachschub für den Dschihad in Tschetschenien organisiert wird. Daher durchsuchte die Polizei im Jahr 2003 in Bayern, Baden-Württemberg, Berlin und Nordrhein-Westfalen insgesamt 26 Wohnungen mutmaßlicher Tschetschenienkämpfer. Zentrum der Aktion in Bayern war Neu-Ulm. Bei der Vorstellung des Verfassungsschutzberichtes 2003 sprach Bayerns Innenminister Günther Beckstein von umfangreichen Verdachtsmomenten. So gebe es nicht nur Hinweise auf die »Anwerbung von Glaubenskämpfern für terroristische Zwecke in Tschetschenien«, sondern auch »Anhaltspunkte für die Beschaffung von entsprechenden Ausrüstungsgegenständen und Geld für die terroristischen Kampfhandlungen«. Die hierfür verantwortlichen Islamisten würden ohne weiteres auch Anschläge in Deutschland verüben, sobald sie einen entsprechenden Befehl bekämen.

In Verfassungsschutzkreisen gilt das Multikultur-Haus in Neu-Ulm seither als islamistischer Treffpunkt mit nationaler

wie auch internationaler Ausstrahlung. Ein Großteil der Besucher dort hätte die Al-Qaida-Lehren verinnerlicht. Misstrauisch macht Geheimdienste und Bundeskriminalamt zudem,
dass sich Reda Seyam an diesen Ort zurückgezogen hat. Seyam
ist Deutsch-Ägypter und wird verdächtigt, an dem Bombenanschlag am 12. Oktober 2002 gegen Urlauber-Discotheken auf
Bali beteiligt gewesen zu sein. Dabei wurden 202 Menschen
getötet. Zwei im Zusammenhang mit dem Anschlag verhaftete
Indonesier sagten aus, Seyam sei ihr Chef gewesen. Er habe
den Anschlag im Auftrag von Al Qaida über zwei muslimische
Stiftungen finanziert.[161] Seyam selbst bestreitet alle Vorwürfe.
Und trotz der Zeugenaussagen sahen die indonesischen Behörden keine Möglichkeit, strafrechtlich gegen ihn vorzugehen.
Unzählige Male wurde Seyam auch von Mitarbeitern des Bundeskriminalamtes verhört. Nichts. Es gibt keinerlei Beweise gegen den Deutsch-Ägypter. Und dennoch halten ihn die deutschen Behörden für verdächtig. Ausschlaggebend hierfür sind
die Rahmenbedingungen seines Aufenthaltes in Asien und
seine Vorgeschichte.

Durch die Heirat einer Deutschen erlangte Seyam die deutsche Staatsbürgerschaft. In den neunziger Jahren hielt er sich
länger in Bosnien auf. Dort drehte er angeblich als freier Journalist Kriegsvideos. Die deutschen Geheimdienste gehen davon aus, dass Seyam Videos aufnahm, die ausschließlich Verbrechen an Muslimen zeigten. Die Filme seien dann in
Moscheen eingesetzt worden, um Kämpfer für den Dschihad
zu werben. Auch den Behörden in Indonesien wies er sich als
freier Journalist aus. Nachdem er das Land mehrmals kurz
besucht hatte, reiste Seyam zum vorerst letzten Mal wenige
Monate vor dem Terroranschlag nach Indonesien ein. Er selbst
bewohnte ein feudales Haus und soll ein weiteres angemietet
haben, in dem sich Araber mit verdächtigen indonesischen
Muslimen trafen. Die CIA wurde auf den Deutsch-Ägypter
aufmerksam und informierte den indonesischen Geheim-

dienst. Den Behörden war die Sache nicht geheuer. Deshalb nahmen sie Seyam kurzerhand fest. Da sie nichts anderes gegen ihn in der Hand hatten, klagten sie ihn wegen Verstoßes gegen die Einreisebestimmungen an. Das Gericht in Jakarta verurteilte Seyam am 16. Januar 2003 zu zehn Monaten Haft. Am 16. Juli wurde er vorzeitig entlassen und flog zurück nach Deutschland. Er hätte überall hingehen können. Warum er sich am Frankfurter Flughafen ausgerechnet eine Fahrkarte nach Neu-Ulm kaufte, ist selbst den Sicherheitsbehörden schleierhaft. Hatte es mit dem Multikultur-Haus zu tun? Oder aber zumindest mit der Anwerbung von Dschihadisten für den Tschetschenien-Krieg? Niemand weiß es. So ist Seyam seit Jahren eine der rätselhaftesten Figuren für die Polizei.

Sicher ist hingegen die wachsende Popularität eines Tschetschenien-Einsatzes unter radikalisierten Muslimen. Das harte Vorgehen der russischen Einsatzkräfte ermöglichte einen Solidarisierungseffekt. Al Qaida und andere Neo-Islamisten nutzen die Kämpfe seit langem für ihre Propaganda. Die starke Ausstrahlung dieses Konfliktes gerade auch auf die in Deutschland lebenden Muslime macht Tschetschenien zu einem sehr diffizilen außenpolitischen Thema. Einerseits bemüht sich die Bundesregierung um freundschaftliche Beziehungen zum Kreml, andererseits gibt es in der Regierungskoalition und in der Öffentlichkeit immer wieder deutliche Kritik am Vorgehen der Russen. Daran änderten auch die blutigen Geiselnahmen durch tschetschenische Terroristen in den vergangenen Jahren nichts.

Da von Deutschland aus außer nach Tschetschenien Mujaheddin auch in den Irak gezogen sind, bleibt festzustellen, dass die Bundesrepublik auch für die neuen Krisenregionen bei der Rekrutierung junger Kämpfer eine bedeutende Rolle in den strategischen Überlegungen der Neo-Islamisten spielt. Auch dies ist ein Beleg dafür, dass in den abgekapselten muslimischen Zentren weiterhin junge Muslime radikalisiert werden.

Bomben gegen Europa

Sie sangen. Sie sangen, so laut sie konnten, ihre religiösen Lieder. Unten wartete die spanische Polizei in Mannschaftsstärke. Erst als die schwer bewaffneten Beamten das Mietshaus erstürmten, sprengten sich der Tunesier Sarkane Ben Abdelmajid Fakhet und der Marokkaner Jamal Ahmida zusammen mit fünf weiteren Islamisten samt ihrer Wohnung in die Luft. Die Detonation in Leganés, einem Vorort von Madrid, erschütterte das ganze Gebäude. Dichter Staub schleuderte durch die zerborstenen Außenwände und rieselte auf die Straße. Ben Abdelmajid und Ahmida, die mutmaßlichen Bombenleger der Terroranschläge in der spanischen Hauptstadt, waren tot. Sie sollen der marokkanischen Bewegung Groupe Islamique Combattant Marocain (GICM) angehört haben.

Kurz darauf ging an diesem 3. April 2004 der bereits abgewählte spanische Innenminister Angel Acebes vor die Presse. »Die Zelle ist neutralisiert. Der Nukleus ist entweder tot oder hinter Gittern«, sagte er. Damit war für ihn die Ermittlungsakte zu den Bombenanschlägen auf den Madrider Bahnhöfen, die am 11. März 191 Menschen töteten und 1500 zum Teil lebensgefährlich verletzten, offenbar geschlossen.

Aufgeklärt war die Bluttat freilich noch nicht. Es gab unzählige Verdächtige, mögliche Mitwisser. Ein aufwändiges Gerichtsverfahren gegen diese Leute stand an. Das wollte gut vorbereitet sein. Unbeantwortet war die Frage, wer die Anschläge geplant hatte. Die spanische Justiz ermittelte weiter auf Hochtouren. Mit allen Sicherheitsdiensten Europas, der USA und Nordafrikas wurden Informationen ausgetauscht.

Doch damit wollte die Regierung von José Maria Aznar in der Phase der Übergabe der Amtsgeschäfte an die Sozialisten möglichst nichts mehr zu tun haben. So selbstbewusst und entschlossen, wie die konservative spanische Regierung ihre

Truppen – gegen den mehrheitlichen Willen der Bevölkerung – zum Antiterroreinsatz in den Irak marschieren ließ, so unsicher, zögerlich und widerwillig nahm sie ihre Verantwortung im Umgang mit der Katastrophe im eigenen Land an. Die Konservativen hatten wegen der Anschläge die drei Tage später stattfindenden Parlamentswahlen verloren. Sie wollten diese Katastrophe so schnell wie möglich hinter sich lassen. Über ein Dutzend Islamisten saßen zeitweilig in Untersuchungshaft. Was jetzt kam, war Sache der Sozialisten.

Zu den Inhaftierten gehörte auch Jamal Zougam, ein junger Marokkaner, der sich bewusst von den Spaniern abgrenzte und die Nähe zu islamistischen Ideologen suchte. Er bewegte sich in einem Milieu, in dem Zuhälter und Drogendealer ebenso zu Hause waren wie radikale Theologen, die den Kampf gegen die Juden und Kreuzfahrer forderten.

Bis zu seinem zehnten Lebensjahr lebte Zougam in Tanger. Dann nahm seine Mutter ihn und seinen Halbbruder mit nach Spanien. Sie zogen in die marokkanische Exilgemeinde von Madrid.[162] Es ging ihnen nicht gut, aber allemal besser als in Tanger. Manchmal fuhren die Jungen mit ihrer Mutter in den Sommerferien in die Heimat und besuchten Verwandte.

Um das zwanzigste Lebensjahr herum veränderte sich Zougam. Er sprach besonders abfällig über die USA, ging jetzt noch häufiger in die Moschee; und irgendwann einmal ist er, ob in Madrid oder in Tanger, dem radikalen Prediger Mohammed Al-Fazazi begegnet. Fazazi war ein gefährlicher Demagoge, einer der glühendsten Verfechter des Dschihad gegen die Ungläubigen und Chefplaner der Terroranschläge von Casablanca, wo sich am 16. Mai 2003 13 Selbstmordattentäter gleichzeitig in die Luft gesprengt und so 45 Menschen getötet hatten. Auf seiner »Europa-Tour« Ende der neunziger Jahre agitierte er in der Hamburger Al-Kuds-Moschee auch das Umfeld der künftigen Todespiloten um Mohammed Atta. Nur um Fazazi zu hören, fuhr Zougam später nach Marokko.

Nachdem er mit der Schule fertig war, half er seiner Mutter für kurze Zeit in deren Früchtegeschäft. Dann machte er in der Straße Tribulete, im Stadtteil Lavepiés, selbst einen Telefonladen auf. »El Nuevo Siglo« (Das neue Jahrhundert) nannte er ihn. In dem Laden war immer außergewöhnlich viel Betrieb, so dass die Nachbarn schon bald Böses argwöhnten.[163] Seine Kunden bestanden fast ausschließlich aus Arabern.

In dieser Zeit, so vermutet die Polizei, kam Zougam irgendwie mit Spaniens mutmaßlichem Al-Qaida-Chef Imad Eddin Barakat Yarkas, alias Abu Dahdah, in Kontakt. Da Abu Dahdah von der Polizei überwacht wurde, lernten die Beamten auf diese Weise erstmals auch Zougam kennen. Als der Al-Qaida-Mann später wegen Unterstützung der Terroranschläge in den USA angeklagt wurde, blieb der junge Marokkaner jedoch unbehelligt. Aber sein Leben bewegte sich in immer engeren Kreisen. Der Telefonladen avancierte zur »Informationsbörse« der Al Qaida in Spanien.

Es ist nicht sicher, ob Zougam in den Trainingslagern der Al Qaida in Afghanistan war. Seine engsten Vertrauten unter den Extremisten waren Marokkaner. Irgendwann nach den Anschlägen in den USA schmiedeten auch sie ihren teuflischen Plan, den sie am Morgen des 11. März 2004 ausführten.

Ein blauer Himmel spannte sich an diesem Donnerstag über Madrid. Der Wetterbericht sagte, es sollte ein frühlingshafter Tag werden. Wie jeden Tag machten sich Tausende Pendler aus den Vororten auf den Weg in die spanische Hauptstadt. Gegen 6.40 Uhr startete in Guadalajara ein Zug der Linie C-2. Die meisten Fahrgäste waren in ihre Zeitungen vertieft. Einige versuchten, noch ein wenig Schlaf nachzuholen, als um 7.39 Uhr drei Sprengsätze den Zug in Stücke rissen. Zeitgleich explodierten vier weitere Bomben in einem Zug gut 500 Meter vom Südbahnhof Atocha entfernt. Nur zwei Minuten später, um 7.41 Uhr, explodierten in zwei anderen Pendlerzügen nahe der Station El Pozo je zwei Bomben, ein weiterer Sprengsatz detonierte im Bahnhof Santa Eugenia. Der 13. Sprengsatz zündete nicht. Es dauerte nicht lange, bis die Polizisten ihn fanden. Sie hörten ein Handy klingeln und gingen dem Geräusch nach. Dabei entdeckten sie einen Rucksack, der unversehrt unter einem Sitz lag. Das Klingeln kam aus dem Gepäckstück. Als sie es öffneten, entdeckten sie einen Sprengsatz, der mit dem Handy gekoppelt war. Offensichtlich hatte der Zünder nicht funktioniert. Techniker verfolgten den Anruf zurück und landeten – bei Zougam.

Während sich die Terrornachricht in Windeseile um die ganze Welt verbreitete, brauchte die konservative spanische Regierung über zwei Stunden, bis sie zu einer Reaktion fähig war. Um 10.10 Uhr sagte Arbeitsminister Eduardo Zaplana: »Das ist ein kollektives Töten einer kriminellen Bande und die heißt ETA.« Die baskische Separatistenorganisation sollte für die Anschläge verantwortlich sein. Zwanzig Minuten später fand die Polizei auf einem Parkplatz am Bahnhof Alcala de Henares, wo einer der Todeszüge abgefahren war, einen weißen Renault Kangoo. In dem Wagen stellten die Beamten sieben Zünder für Sprengladungen und eine Kassette mit Koranversen sicher. Die Nachricht von dem Fund wurde erst einmal nicht veröffentlicht. Auf abenteuerliche Weise lösten sich von nun an die tatsächlichen Ermittlungsergebnisse von der offiziellen Darstellung durch Regierungsmitglieder, die eine in Europa bislang einzigartige Strategie der gezielten Desinformation betrieben. Hintergrund war einzig und allein die Angst vor einer Niederlage bei den Parlamentswahlen in drei Tagen. In den Wahlumfragen lagen die Konservativen klar vorne. Das Einzige, was Aznars Partei jetzt noch den Sieg nehmen konnte, war neo-islamistischer Terror in Spanien. Sollten die vielen Toten die Antwort Bin Ladens auf den spanischen Militäreinsatz im Irak sein, würde die Stimmung im Land kippen, weil das Volk diesen Einsatz mit großer Mehrheit abgelehnt hatte.

Das wusste Aznar. Deshalb durfte – noch – nicht sein, was mit größter Wahrscheinlichkeit passiert war. Die Regierung wollte Zeit gewinnen. Nach der Wahl hätte man die ETA von aller Schuld freigesprochen und die wahren Täter benannt. Nur drei Tage fehlten den Konservativen noch zum Wahlsieg. Es sollten drei lange Tage werden.

Gegen 13 Uhr gab Innenminister Acebes eine Pressekonferenz. Ohne jeden Zweifel habe die ETA die Anschläge begangen, sagte er. Den in den Zügen verwendeten Sprengstoff benutze die ETA immer. Er warnte die Journalisten ausdrücklich, die Öffentlichkeit über die »wahren Hintermänner« zu unterrichten. Spekulationen über die Al Qaida wollte die Regierung unter allen Umständen verhindern. Derweil informierte Außenministerin Ana Palacio am Telefon ihre Außenministerkollegen in Europa über die angebliche ETA-Täterschaft.

Am späten Nachmittag riefen die Regierungssprecher alle einflussreichen Journalisten an. Es gebe absolut verlässliche Hinweise auf eine Täterschaft der ETA, versicherten sie. Alle Argumente der Journalisten, dass etwa die ETA gewöhnlich über einen unmittelbar bevorstehenden Anschlag informiere und das Ausmaß nicht zu ihr passe, wurden in den Wind geschlagen. Die Regierung kämpfte mit allen ihr zur Verfügung stehenden Mitteln gegen die Zeit. Am Abend ging bei der arabischen Zeitung *Al-Quds-Al-Arabi* in London ein Bekennerschreiben per E-Mail ein. Darin erklärte die Gruppe »Brigade Abu Hafs Al Masri«, sie habe die Anschläge ausgeführt, weil Spanien zu den engsten Verbündeten der USA im »Krieg gegen den Islam« gehöre. »Zu den Völkern der Alliierten Amerikas sagen wir, sie sollen Druck auf ihre Regierungen ausüben, damit sie sich sofort aus ihrem Bündnis mit Amerika zurückziehen«, hieß es in dem Schreiben. Und weiter: »Wir sagen euch, die Truppe des rauchenden Todes wird bald bei euch ankommen. An diesem Tage werden eure Toten in den Tausenden liegen. (...) Wir setzen die Muslime der Welt davon in

Kenntnis, dass ein Schlag namens ›Winde des schwarzen Todes‹, der gegen Amerika erwartet wird, jetzt in der letzten Phase, zu 90 Prozent vorbereitet und – so Gott will! – schon nahe ist. Er wird zu einer Zeit, die den Mujaheddin passend erscheint, stattfinden. Es wird dies eine Freude sein für diejenigen, die an den Sieg Gottes glauben.«[164]

Erst am nächsten Morgen berichtete ein Radiosender über den im Zug gefundenen Rucksack. Das Handy mit dem Sprengsatz sei »die derzeit heißeste Spur«, meldete der Sender. Die Regierung schwieg dazu.

Der Verbindungsbeamte des Bundeskriminalamtes in Madrid meldete laufend den Stand der Ermittlungen nach Deutschland. Die Terrorexperten in Meckenheim hegten jedoch Zweifel an der offiziellen spanischen Darstellung. Da auf den Bahnhöfen mehrere Bomben zeitgleich und mit der Absicht, möglichst viele Menschen zu töten, gezündet worden waren, gingen die Bundespolizisten von einem Al-Qaida-Anschlag aus. Es kam zu einer Diskussion mit den Agenten vom Bundesnachrichtendienst. Denn die waren anderer Ansicht. Die Mitteilungen der spanischen Behörden seien überzeugend, sagte der Auslandsgeheimdienst.

In Spanien spitzte sich die Lage zu. Nun wurden erste Geheimdienstmitarbeiter anonym damit zitiert, dass sie eine Täterschaft der ETA bezweifelten. Auch die Meldung über den Rucksack lief den ganzen Tag weiter im Radio. Für den späten Nachmittag wurden landesweit Demonstrationen gegen den Terror angekündigt. In strömendem Regen gingen über elf Millionen Menschen auf die Straße.

Am Samstag kamen die Zeitungen mit mehrseitigen Berichten zu den Anschlägen heraus. Es wurde spekuliert, ob nun Al Qaida oder vielleicht doch die ETA verantwortlich sei. Am späten Vormittag brachte ein Rundfunksender eine neue Geheimdienstmeldung. Diesmal hieß es, es lägen eindeutige Hinweise auf einen islamistischen Hintergrund vor. Zu diesem Zeitpunkt kippte die öffentliche Stimmung endgültig. Über 5000 Menschen zogen in Madrid vor die Zentrale der Konservativen und forderten die Parteispitze auf, endlich alle Informationen auf den Tisch zu legen. Innenminister Acebes bekräftigte noch um 17 Uhr, die Regierung gehe weiterhin davon aus, dass die ETA für die Anschläge verantwortlich sei.

Am frühen Abend nahm die Polizei die ersten fünf Verdächtigen fest. Es handelte sich um drei Marokkaner, unter ihnen Jamal Zougam, und zwei Inder. Gleichzeitig untersuchte sie ein Videoband, auf dem ein Marokkaner sagte, Al Qaida habe die Anschläge verübt. Es stellte sich heraus, dass die Zünder für die Bomben aus Zougams Telefonladen stammten. Trotz der Festnahmen und des Videos erklärte die Regierung, die islamistische Spur sei nur eine von vielen. Bei dieser Version blieben die Konservativen bis zur Wahlniederlage am Sonntagabend. Als der Wahlsieg der Sozialisten feststand, ging deren Spitzenkandidat José Luis Rodriguez Zapatero vor die Kameras und kündigte den Abzug der spanischen Truppen aus dem Irak an, falls der Einsatz nicht durch ein Mandat der Vereinten Nationen gedeckt würde. Damit hatten Zougam und seine Terrorhelfer eines der wichtigsten Ziele von Al Qaida erreicht. Und die Politik hatte so ziemlich alles falsch gemacht, was sie falsch machen konnte. Mit der Truppenentsendung in den Irak handelte die konservative spanische Regierung gegen den Willen der Menschen, die sie zuvor gewählt hatten. Ab diesem Zeitpunkt war sie erpressbar. Al Qaida erkannte die Schwäche der Regierung und nutzte sie aus. Wenn Aznar sich über die erhöhte Terrorgefahr infolge der Truppenstationierung im Irak bewusst war, muss ihm auch klar gewesen sein, dass er das Vertrauen der gesamten Bevölkerung verlieren würde, sobald sich der Terror, in welcher Form auch immer, gegen sein Land richtete. Trotzdem entschied er sich für eine Machtpolitik, die den Einfluss Spaniens in der Welt wieder vergrößern sollte. Er ging ein hohes

Risiko ein, indem er in einer substanziellen Frage gegen sein Volk regierte, und er verlor.

Auf der anderen Seite hätte Zapatero gerade wegen des Terrors auf den von ihm schon lange vorher verlangten Truppenrückzug in diesem entscheidenden Augenblick verzichten müssen. Genauso wenig, wie eine Regierung Außenpolitik gegen die Interessen des eigenen Volkes machen sollte, darf sie sich von Terroristen erpressen lassen. Wer so handelt, erklärt die Gewalttäter zu den eigentlichen Wahlsiegern und ermuntert sie geradezu zum Weitermachen. Es ist nicht auszuschließen, dass die im Sommer 2004 ausgebrochene Terrorwelle im Irak, bei der mit Enthauptungen von Geiseln Regierungen erpresst werden sollten, auch eine Folge dieser spanischen Rückzugslinie war.

Am Montag nach den Attentaten trat in Deutschland eine interne Arbeitsgruppe der Innenministerkonferenz zusammen. Sie beriet darüber, wie Deutschland sich vor einem solchen Terroranschlag schützen könnte. Zu diesem Zeitpunkt wussten sie noch nicht, dass zwei Spuren der Attentäter von Madrid direkt nach Deutschland führten.

Anfang April sickerte eine vertrauliche Information aus Ermittlerkreisen durch. Es hieß, im Januar hätten sich in einem Landhaus auf der Ferieninsel Ibiza Al-Qaida-Terroristen mit dem Chef der Bombenleger, Ahmida, zur Vorbereitung der Attentate getroffen. Ahmida habe zudem Drogengeschäfte auf der Insel abgewickelt, um das Blutbad in Madrid zu finanzieren. Zu dem Treffen sei auch ein Mann aus Deutschland angereist, der seit langem von Interpol überwacht werde. Um wen es sich dabei handelte, wurde nicht bekannt. Möglicherweise war es Fouad Almorabit, der sich seit langem in Deutschland um ein Elektrotechnikstudium bemühte. Der Marokkaner war in Darmstadt gemeldet. In Spanien soll er sich mit einem der Bombenleger eine Wohnung geteilt haben. Jedenfalls fand die spanische Polizei seine Fingerabdrücke in jenem Haus südlich von Madrid, in dem die Terroristen die Bomben gebaut hatten.

Eine zweite Spur lieferte der zusammen mit Jamal Zougam verhaftete Marokkaner Fouad al Moraibit Anghar. In seinem Computer fand die Polizei eine gespeicherte Handy-Nummer. Sie gehörte Rabei Osman al Sayed Ahmet, der 1999 auf mysteriöse Weise ins Saarland gekommen war. Bei dem Versuch, ohne Papiere von Deutschland nach Frankreich zu reisen, wurde der Marokkaner festgenommen. Seine tatsächliche Identität verbarg er, gab sich stattdessen als verfolgter Palästinenser aus und beantragte politisches Asyl. Wie alle Illegalen landete er zunächst in der Justizvollzugsanstalt Ottweiler. Dort fiel er nicht weiter negativ auf und wurde am 12. September 2000 in das Aufnahmelager Lebach verlegt. Ahmet begann zu predigen. Er ging nur noch im Kaftan und hetzte gegen die Juden und Ungläubigen. »Mohammed, der Ägypter« nannten ihn die anderen Asylbewerber in Lebach. Warum, das erfuhren die deutschen Behörden erst, als er schon lange auf und davon war. Zuletzt wurde er in Lebach kurz vor dem 11. September 2001 gesehen.

Ahmet brachte alle Voraussetzungen für einen Top-Terroristen mit. Er war intelligent, ideologisch geschult und militärisch sehr gut ausgebildet. Dieses Training hatte er in Ägypten erhalten, wo er fünf Jahre lang einer Brigade des Heeres angehörte. Dann schloss er sich den Mujaheddin an. Mit ihnen war er im Sudan, in Saudi-Arabien und Afghanistan.

Nachdem er in Lebach unbemerkt verschwunden war, tauchte Ahmet in Madrid auf, wo er wiederum nicht lange unbemerkt blieb, da seine Predigten für den Heiligen Krieg so viel Aufmerksamkeit auf ihn lenkten, dass ihm bald schon die Geheimpolizei auf den Fersen war. In diesen Tagen lernte er wohl auch den Drahtzieher der Terroranschläge kennen, den Tunesier Abdelmajid Faketh. Als Ahmets Name Anfang 2002 in einem Bericht des Untersuchungsrichters Baltasar Garzón auftauchte, der in Spanien für die Verfolgung islamistischer Terroristen zuständig war, wurde ihm der Boden dort zu heiß. Wo er dann unter welchen Umständen abtauchte, ist unklar. Doch seit die Sicherheitsdienste seine Handy-Nummer aus Anghars Computer hatten, wurde das Telefon abgehört. »Diejenigen, die als Märtyrer gestorben sind, sind meine über alles geliebten Freunde. Das war mein Projekt, ein Projekt, das mich sehr viel Geduld und viel Arbeit gekostet hat«, hörten die Geheimdienste Ahmet prahlen. »Ich sage dir die Wahrheit: Der Faden von Madrid, das bin ich.«[165] Im Juni 2004 wurde Rabei Osman al Sayed Ahmet in Mailand verhaftet.

So reich sind Terrororganisationen

Geld ist eine der schärfsten Waffen der Terroristen. Für die Planung und Durchführung der Anschläge vom 11. September 2001 hat Al Qaida zwischen 400 000 und 500 000 Dollar ausgegeben, recherchierte das FBI für die von der US-Regierung eingesetzte Kommission zur Aufklärung der Terrorattacken.[166] Al Qaida kam für alle Kosten der Todespiloten auf, die im Zusammenhang mit den Anschlägen entstanden. Dazu zählten sämtliche Flüge zwischen den USA und Europa, Europa und Afghanistan. Und meistens reisten die Terroristen auf Linienflügen in der ersten Klasse. Weitere Kosten entstanden für die Flugausbildungen in den USA, Unterkunft, Verpflegung, Telefonate und so weiter. Das erste Mal zahlte Al Qaida für die Hamburger Zelle, als diese 1999 in Afghanistan auf den Anschlag eingeschworen worden war. Damals habe er Atta und den anderen je 5000 Dollar für den Rückflug nach Deutschland mit auf den Weg gegeben, sagte der Chefplaner der Anschläge, Khalid Scheich Mohammed, in stundenlangen Verhören durch die US-Geheimdienste aus. Die US-Regierung geht davon aus, dass Al Qaida vor dem 11. September 2001 jährlich etwa 30 Millionen Dollar für den Terror ausgab. Der größte Teil davon wurde der Organisation gespendet.

Ganz so üppig sprudelten die Geldquellen allerdings nicht von Anfang an. Der Drahtzieher des Bombenanschlags auf das World Trade Center im Jahr 1993, Ramzi Yusif, sagte nach seiner Festnahme, sie seien nicht in der Lage gewesen, eine so große Menge des qualitativ hochwertigen Sprengstoffes zu kaufen, die notwendig gewesen wäre, um das WTC zum Einsturz zu bringen, weil ihnen das Geld ausgegangen sei. Deshalb sei die Aktion früher als geplant und schlecht ausgeführt worden. Tatsächlich muss die Gruppe vollkommen pleite gewesen sein. Sie versuchte sogar den Händler, der ihnen den Wagen vermietete, mit dem sie die Bombe transportieren wollten, um die Miete zu prellen.

Osama bin Laden hingegen kann nicht klagen, wenngleich das FBI ihm zunächst noch weitaus mehr Geld zugerechnet hatte, als er tatsächlich besaß. Die US-Agenten waren lange Zeit der Ansicht, der Spross einer reichen saudi-arabischen Familie, dessen Vater bis zu seinem Tod 1968 einen riesigen Konzern aus verschiedenen Bauunternehmen geschaffen hatte, habe 300 Millionen Dollar geerbt und damit den Dschihad in Afghanistan und im Sudan finanziert. Erst im Jahr 2000 entdeckten die Agenten, wie es wirklich um die Finanzen des meistgesuchten Terroristen bestellt war. Danach bekam Bin Laden in der Zeit von 1970 bis 1994 jährlich rund eine Million Dollar aus dem Vermögen seiner Familie ausbezahlt. »Sicher ist das eine bemerkenswerte Summe, es sind aber eben nicht die 300 Millionen Dollar, mit denen er den Dschihad anschieben konnte«, schreibt die Regierungskommission. Die USA hatten auch die Situation im Sudan falsch eingeschätzt, wo Bin Laden sich seit dem Golfkrieg aufhielt, weil er sich mit dem saudischen Königshaus wegen der Stationierung von US-Truppen überworfen hatte. Im Sudan betrieb Bin Laden ein Bauunternehmen und tat eine Menge für die Infrastruktur des Landes. Parallel dazu unterstützte er den Kampf der algerischen Islamisten gegen die Regierungstruppen. Aber als das sudanesische Regime mit ihm brach, jagte es ihn nicht nur aus dem Land, sondern verzichtete auf die Begleichung offener Rechnungen und kassierte stattdessen alle Vermögenswerte, an die es herankam.

Angeblich soll der Sudan lediglich zehn Prozent des Gesamtrechnungsbetrages beglichen haben, heißt es in nicht bestätigten Berichten, die offenbar von Al Qaida gestreut wurden. Danach hat Bin Laden in Afrika rund 150 Millionen Dollar verloren. Nach Afghanistan ging er jedenfalls mit deutlich weniger, als er in den Sudan gekommen war. Insgesamt soll Bin Laden laut nicht bestätigten Berichten drei schwere finanzielle Rückschläge erlitten haben. Einer davon war der bereits erwähnte Zahlungsausfall im Sudan. Zur selben Zeit etwa soll das saudische Königshaus Bin Ladens Vermögen eingefroren haben, angeblich eine Summe zwischen 200 und 300 Millionen Dollar. Sollten diese Zahlen stimmen, musste der Al-Qaida-Führer Mitte der neunziger Jahre auf 450 Millionen Dollar verzichten. Der dritte Rückschlag sei wiederum von der saudischen Regierung ausgegangen. Der Geheimdienst hatte offenbar Informationen darüber erhalten, wie Bin Laden sein Geld anlegte. Allerdings erfuhr auch Bin Laden, dass man ihm auf die Schliche kam. Er löste die Geschäftsverbindungen auf und musste dabei wohl hohe Verluste hinnehmen.

Es dauerte eine ganze Weile, bis der studierte Betriebswirt über pakistanische Kanäle wieder Geld von reichen saudischen Freunden einwerben konnte. Dabei war er dann allerdings sehr erfolgreich.

Inzwischen verfügt Al Qaida über ein breit angelegtes Finanzierungssystem. Eine Gruppe von Vermittlern sammelt Geld bei einer ganzen Reihe von superreichen Spendern und anderen Geldgebern in den Golfstaaten ein. Die größten Spender sitzen in Saudi-Arabien. Einige von ihnen wissen genau, wofür das Geld bestimmt ist, das sie den Spendensammlern anvertrauen. Andere wiederum wissen es nicht, vermuten die US-Agenten. Eine große Hilfe beim Spendensammeln ist das islamische Gebot, Almosen zu geben (zakat). Die Finanz-Vermittler können sich dabei fest auf die islamistischen Imame verlassen, welche die Spenden der Gläubigen dem Terror zukommen lassen.

Das Geld für die Flugausbildung von Mohammed Atta, Ziad Jarrah und Marwan Al-Shehhi kam zum größten Teil aus Dubai. Vermittelt hat es nach Informationen der US-Regierungskommission Ali Abdul Aziz Ali, eine Neffe von Scheich Mohammed. Zwischen dem 29. Juni und dem 17. September 2000 ließ er den Todespiloten insgesamt 114 500 Dollar zukommen. Er stückelte die Summe in fünf Tranchen von 5000 bis 70 000 Dollar, die er gemeinsam mit anderen Überweisungen in die USA transferierte. Ali vertraute darauf, dass die kleinen Beträge in dem Kreislauf, in dem täglich Billionen Dollar um die Erde wandern, nicht auffielen. Er hatte Recht. Weil niemand auf die Geldflüsse aufmerksam wurde, hinterfragte folglich niemand deren Verwendungszweck. Auch Ramzi Binalshibh organisierte als gelernter Banker die Finanzierung der Attentäter. Im Auftrag von Scheich Mohammed transferierte er ebenfalls im Sommer 2000 rund 10 000 Dollar in die USA. Weder Atta noch Al-Shehhi oder Zarrah benutzten in den USA gefälschte Papiere, sondern quittierten den Empfang mit ihren Namen. Bis heute weiß die US-Regierung nicht, aus welchen Quellen das Geld letztlich stammte.

Matthew Levitt, der früher bei der FBI-Terrorabwehr arbeitete und heute Terrorstudien für das Washingtoner Institut für Nahost-Politik erarbeitet, zeichnete weitere Finanzflüsse nach. Danach soll der Saudi Mustafa Ahmad Al-Hasnawi Al Qaida für die Terroranschläge vom 11. September 2001 Geld vermittelt haben. Als er sich nach Pakistan absetzte, seien davon 15 000 Dollar noch nicht ausgegeben gewesen.[167] Yasin Al-Qadi, ein Geschäftsmann aus Jidda, gilt laut Levitt als Finanzier für Gruppen von Al Qaida bis Hamas. Er zitiert aus US-Gerichtsakten, denen zufolge Al-Qadi 1992 den US-Hamas-Führer Muhammad Salah mit 27 000 Dollar unterstützte und dem der Organisation zugerechneten Quranic Literacy Institute mit Sitz in Chicago 820 000 Dollar lieh.

Eine weitere Geldquelle von Al Qaida und anderer islamistischer Terroristen sind islamische Hilfsorganisationen. Die Terroristen versuchen, eigene Leute oder zuverlässige Sympathisanten in den Auslandsbüros der international agierenden Organisationen unterzubringen. Dabei wählen sie gezielt jene Einrichtungen aus, in denen es die Führung mit der Kontrolle nicht so genau nimmt. Die US-Kommission nennt als ein Beispiel die saudi-arabische Al Haramain Islamic Foundation. Solche großen Hilfsorganisationen unterstützen weltweit kleinere Einrichtungen. Sie bewegen also eine Menge Geld. Korrupte Mitarbeiter leiten einen Teil dieser Finanzflüsse direkt in die Kassen der Al Qaida. Ausdrücklich erwähnen die US-Beamten auch die Al-Wafa-Organisation. Sie soll die Terrorgruppe wissentlich finanziell unterstützt haben. Nach FBI-Informationen nimmt sie sogar eine Schlüsselstellung bei der Finanzierung des Al-Qaida-Terrors ein. Ein hoher Regierungsbeamter sagte, Al-Wafa verwende einen kleinen Teil ihres Geldes für humanitäre Zwecke, von dem Rest kaufe sie Waffen.[168] Der aus Saudi-Arabien stammende und in Afghanistan gefasste Al-Qaida-Führer Abd al-Aziz soll die Terrororganisation über Al-Wafa mit Geld versorgt haben.[169]

Am 23. September 2001 kündigte US-Präsident George W. Bush an, ab sofort würden alle Konten von Firmen, Institutionen, Wohltätigkeitsorganisationen und Privatleuten eingefroren, die im Verdacht stünden, den Terror zu unterstützen. Die Regierung erstellte eine Liste mit 387 Namen potenzieller Unterstützer von Terroristen. Innerhalb von drei Jahren wurden auf diese Weise 142 Millionen Dollar eingefroren, davon alleine 37 Millionen in den Vereinigten Staaten. Die US-Regierung konnte Fonds im Wert von 4,5 Millionen Dollar direkt Al Qaida zuordnen und einfrieren. Weltweit wurden Al Qaida auf diese Weise 72 Millionen Dollar entzogen. Betroffen von den Maßnahmen war unter anderem die Holy Land Foundation. Mit den von ihr in den USA gesammelten Millionenbeträgen würden nicht nur soziale Einrichtungen wie Krankenhäuser und Kindertagesstätten gefördert, sondern auch Selbstmordattentäter ausgebildet und deren Familien finanziell abgesichert.

Die Terrororganisationen helfen sich aber auch untereinander. Die ägyptische Muslimbruderschaft und die jordanische Islamische Aktionsfront etwa machen kein Geheimnis daraus, dass sie Hamas unterstützen.

Damit das aus dem Nahen Osten nach Europa fließende Geld nicht als Unterstützung für terroristische Zwecke entdeckt wird, deklarieren es einige Terrorzellen als »Geschäftseinnahmen«. Sie melden ein Gewerbe an, etwa einen Gebrauchtwagenhandel, und verkaufen die Autos angeblich zu sensationellen Preisen in arabische Länder. Natürlich sind die Auftragsbücher und Umsätze gefälscht. Andere Al-Qaida-Aktivisten verschaffen sich Scheinarbeitsplätze, die ihnen als Tarnung dienen, über die sie legal Lohn beziehen und die vielleicht auch noch nützliche internationale Kontakte bringen. So soll der Hamburger Islamist Muhammad Haydar Zammar, der angeblich Kämpfer für den Dschihad rekrutierte, bei der Firma »Tatex« gearbeitet haben. Tatex-Direktor Abd Al-Matin Tatari gilt als Mitglied der syrischen Muslimbruderschaft, und sein Teilhaber Muhammad Majid Said war von 1987 bis 1994 Direktor des syrischen Geheimdienstes.[170]

Im Kampf gegen den islamistischen Terror ist die Spur des Geldes ein sicherer Wegweiser zu den Tätern und ihren Helfern. Nach den Anschlägen vom 11. September 2001 wurden die US-Behörden etwa durch Überweisungen von Binalshibh auf die Verbindung zwischen Zacarias Moussaoui und der

Hamburger Terrorzelle aufmerksam. Al Qaida hatte Moussaoui, der sich bereits in den USA aufhielt, eigentlich als Todespiloten vorgesehen. Der Plan platzte, weil das FBI den Franzosen vorher verhaftete. Die Bundespolizei hatte einen Hinweis bekommen, Moussaoui sei in terroristische Aktivitäten verstrickt. Sie wusste allerdings nicht, in welche. Ohne die Überweisungen wäre die Verbindung nie aufgeflogen. Es gab auch Geldtransfers zwischen Moussaoui und Terroristen in Malaysia, die der pakistanisch-islamistischen Gruppe Jama'a al-Islamiyya zugerechnet werden.

Als Osama bin Laden den Sudan verlassen musste und nach Afghanistan ging, war er zunächst von den internationalen Finanzmärkten abgekoppelt. Es dauerte einige Zeit, bis an den wichtigsten Bankenplätzen wieder Al-Qaida-Leute saßen und das gesammelte Geld gewinnbringend in den internationalen Kreislauf einfließen lassen konnten. Bin Laden nutzte fortan das anachronistische, in muslimischen Ländern aber immer noch gebräuchliche Hawala-Modell für Finanztransfers. Bei Hawala gibt es keine Überweisungsbelege, der gesamte Transfer erfolgt informell und basiert auf dem Vertrauen der Vertragspartner. Beträge werden unter Verwendung eines Codes eingezahlt und an einem anderen Ort nach einem Anruf oder Fax wieder ausgezahlt. Die OECD geht davon aus, dass in Indien etwa 50 Prozent aller Finanztransfers auf diese Weise getätigt werden. Sie sind garantiert nicht nachvollziehbar. Al Qaida hat das Geld aus den Spendenfonds auf diesem Weg an die großen Bankenplätze transferiert und von dort auf die Konten der Terrorzellen überwiesen.

Al-Qaida-Quellen berichteten in den neunziger Jahren, Bin Laden nutze nur dann westliche Banken, wenn dies unumgänglich sei. Außerdem sei er der Auffassung, dass Banken und Börsen von Juden kontrolliert würden.

Eine besondere Rolle spielen zudem die Banken Al-Barakat und Al-Taqwa. Im November 2001 fror die US-Regierung die

Konten von 62 Organisationen und Privatleuten ein, die deren Finanzsysteme genutzt hatten. Bis zum Sommer 2002 wurden auf diese Weise 130 Millionen Dollar gesperrt. US-Präsident George W. Bush beschuldigte die Banken, über ihr Finanzgeflecht würden Al Qaida Spenden und anderes Geld zugeführt, Waffengeschäfte abgewickelt und Schiffslieferungen finanziert. Ein halbes Jahr später wurde die US-Regierung noch deutlicher. Die Bank Al-Taqwa sei 1988 mit großer Unterstützung der islamistischen Muslimbruderschaft gegründet worden. Über sie würden die Terrorgruppen Hamas, die Front Islamique du Salut (FIS), die bewaffnete Islamische Gruppe (GIS), die tunesische En Nahda (Bewegung der Erneuerung) und Al Qaida das Geld für ihren Terror erhalten.

Nach Berechnungen des Linzer Volkswirtschaftlers Friedrich Schneider verfügte Al Qaida zur Zeit der Terroranschläge vom 11. September 2001 über ein Vermögen von fünf Milliarden Dollar.[171] Daraus könne sie jährlich über ein Budget zwischen 20 und 50 Millionen Dollar verfügen. Die US-Regierung spricht von 30 Millionen Dollar. Dem Taliban-Regime in Afghanistan hat Al Qaida laut Schneider über einen Zeitraum von zehn Jahren rund 100 Millionen Dollar für Waffenkäufe und den Aufbau militärischer Organisationen zur Verfügung gestellt. Im Vergleich zu anderen Terror-Gruppen sei die Truppe um Osama bin Laden neben der Hizbollah, die ebenfalls über ein rund 50 Millionen Dollar hohes Jahresbudget verfügt, die mit Abstand finanzstärkste. Die algerische Front Islamique besitze beispielsweise ein Jahresbudget von fünf Millionen Dollar, Hamas zehn Millionen Dollar. Die Vereinten Nationen schätzen, dass Al Qaida in Nordafrika, Asien und im Mittleren Osten jederzeit auf insgesamt 300 Millionen Dollar zugreifen kann.

Die Waffen seien nicht das teuerste am Terror, sagt Saad Al-Fagih, der heute als Physiker in London lebt und in den achtziger Jahren als Mujaheddin in Afghanistan die Sowjets bekämpfte. Im Yemen seien raketengetriebene Granaten billiger zu haben als ausländische Kassettenrecorder. Und in Somalia sei Dynamit preiswerter als Zucker.

Nach den Anschlägen des 11. September 2001 kamen Spekulationen über verdächtige Transaktionen an den Weltbörsen auf. Angeblich seien vor dem 11. September ungewöhnlich hohe Put-Optionen von United Airlines, American Airlines, Morgan Stanley und Merill Lynch beobachtet worden. Mit Flugzeugen dieser Airlines hatten die Attentäter ihre Anschläge verübt. Die genannten Investmentbanken waren Mieter im World Trade Center und einem Nachbargebäude. Put-Optionen garantieren das Recht, einem Vertragspartner Aktien an einem im Voraus bestimmten Zeitpunkt und zu einem fixierten Preis zu verkaufen. In diesem Fall geht man von stark fallenden Börsenkursen aus. Tatsächlich fielen die Kurse der genannten Unternehmen ins Bodenlose. Schätzungen gingen von rund 16 Millionen Dollar Spekulationsgewinnen aus. Allerdings versichert der Report der 9/11-Kommission, trotz aufwändigster Recherchen von FBI und Börsenaufsicht habe sich dieser Verdacht nicht bestätigt. Niemand habe durch vorzeitige Kenntnis der Anschläge an den Börsen Profit gemacht. Auch der Vorwurf, Al Qaida verdiene Millionen durch den Handel mit Drogen und den Schmuggel von Diamanten, konnten die US-Ermittler nicht erhärten. Hierfür gäbe es keine verlässlichen Hinweise.

Die internationalen Finanzmärkte sind zu einem undurchschaubaren Dickicht geworden. Zwischen 600 und 1500 Milliarden Dollar aus kriminellen Geschäften werden darin jedes Jahr hin und her geschoben, vermutet der Internationale Währungsfonds. Wenn es nicht gelingt, hier mehr Transparenz zu schaffen, wird das »schmutzige Geld« des Terrors nie entdeckt werden.

Sowohl die USA als auch Europa haben Maßnahmen zur besseren Kontrolle der Finanzmärkte eingeleitet. Die US-Regierung schuf das Foreign Terrorist Asset Tracking Center (FATAC). Die Behörde mit einem Jahresbudget von 6,4 Millionen Dollar soll die Vermögenswerte der Terrororganisationen aufspüren. Dabei haben ihre Mitarbeiter weitgehende Befugnisse. Neben dem Büro der Devisenkontrollen, der Steuerverwaltung und dem Zoll müssen ihnen auch FBI und CIA Informationen liefern. In Europa gibt es die Financial Action Task Force (FATF), die nach dem Vorbild der Amerikaner entstand und in erster Linie Fälle von Geldwäsche aufspüren soll. Allerdings besitzt die FATF nicht so weitgehende Rechte und ist daher in ihrer Kontrollmöglichkeit eingeschränkt. Deutschland schuf im Finanzministerium eine »Zentralstelle zur verfahrensunabhängigen Finanzermittlung«. Über sie können Sicherheitsbehörden zu Ermittlungsverfahren Geldwäscheinformationen austauschen. Die Erfolge all dieser Einrichtungen sind bis heute eher bescheiden.

Al Qaida und Europa

Vier Wochen nach den verheerenden Attentaten auf die Pendlerzüge in Madrid wandte sich Al-Qaida-Chef Osama bin Laden erstmals direkt an Europa. Mittelsmänner der Terrororganisation spielten den Redaktionen der Fernsehsender Al-Arabija und Al-Dschasira ein Tonband zu, auf dem er den Europäern einen Waffenstillstand anbot. Amerikanische Sicherheitsdienste bestätigten die Echtheit des am 15. April 2004 veröffentlichten Dokuments. Der Zeitpunkt war nicht zufällig gewählt. An diesem Tag stellte der neu gewählte spanische Regierungschef José Luis Rodríguez Zapatero im Parlament die Grundlinien seiner Politik vor. »Ich biete den europäischen Ländern einen Waffenstillstand mit der Zusage an, Einsätze gegen jeden Staat einzustellen, der Angriffe auf Muslims oder die Einmischung in ihre Angelegenheiten stoppt. Die

Erklärung des Waffenstillstands beginnt mit dem Abzug der letzten Soldaten aus unserem Land, und die Tür ist offen für drei Monate mit Beginn des Tages der Verbreitung dieser Erklärung«, sagte Bin Laden. Der Terrorchef nutzte die Angst der Bevölkerung vor weiteren Anschlägen, um die internationale Allianz, sprich die Unterstützung der europäischen Staaten für die USA im Kampf gegen den islamistischen Terrorismus, aufzubrechen. Überrascht hatte er sie damit allemal. Ständig kursierten Geheimdienstmeldungen über drohende Anschläge. Immer neue Verdächtige tauchten auf, denen Verbindungen zu Al Qaida nachgewiesen wurden. Seit dem Einsturz der Türme des World Trade Center in New York war überall in den Hauptstädten die Bedrohung gegenwärtig: Regierungsgebäude wurden weiträumig abgeriegelt und von schwer bewaffneten Polizisten bewacht. Die Europäer hatten sich die Worte von CIA-Chef George Tenet zu Herzen genommen, der sie ermahnt hatte, so zu denken, als wären sie im Krieg. Seither stand jeder mysteriöse Vorfall, wie etwa der Sturz eines Kleinflugzeuges in den Mailänder Pirelli-Turm im April 2002 oder der ebenfalls in einem Kleinflugzeug über der Frankfurter City kreisende verwirrte Student, so lange unter Terrorverdacht, bis das Gegenteil bewiesen war. Ground Zero war nicht nur ein riesiger Krater in New York, dieser Abgrund hatte sich in den Köpfen der Menschen aufgetan. Und doch hatte all diese Angst und Vorsorge das Inferno von Madrid nicht verhindern können.

In dieser Situation erreichte die Europäer also das Angebot zum Waffenstillstand. Und Bin Laden griff diesen Umstand bewusst auf. »Was am 11. September und am 11. März geschah, ist eine Heimzahlung an euch, damit ihr wisst, dass Sicherheit eine Notwendigkeit für alle ist«, sagte er auf dem Tonband.

Bevor die ersten Regierungen sich öffentlich äußerten, versicherten sie sich untereinander noch einmal in zahlreichen Telefonaten, dass niemand auf Bin Laden eingehen werde.

Doch alle wussten, dass seine Offerte die Antwort auf das Verhalten der spanischen Sozialisten nach dem Wahlsieg war, den diese, so traurig es klingt, ausschließlich dem Terror von Madrid zu verdanken hatten. Weil Zapatero noch am Wahlabend unter dem Eindruck der Katastrophe den sofortigen Rückzug der spanischen Truppen aus dem Irak versprach, falls es kein UN-Mandat gebe, versuchte Bin Laden, die Furcht der Europäer vor weiterer Gewalt politisch zu instrumentalisieren. Am 15. April deutete Zapatero vor dem Parlament den Rückzug nur noch indirekt an. Er versicherte jedoch, dass der Kampf gegen Terror höchste Priorität genieße. Daher werde sich Spanien künftig stärker als bisher am Einsatz in Afghanistan beteiligen. In Berlin sagte ein Regierungssprecher, die Bundesregierung werden mit »Terroristen und Schwerverbrechern wie Osama bin Laden nicht verhandeln«. Die Stellungnahmen aus London, Paris und von der EU-Kommission in Brüssel fielen ähnlich aus.

Mehrmals wiesen die »Abu-Hafs-Brigaden«, die sich nach dem ermordeten Al-Qaida-Führer Muhammed Atef benannten, darauf hin, dass das Waffenstillstandsangebot Bin Ladens Mitte Juli auslaufe. Da weder die EU noch die Mitgliedstaaten Zugeständnisse machten, kündigten sie Anschläge in Italien an. Dort stünden Mujaheddin bereit. Etwa zeitgleich veröffentlichten sie im Internet »die Roadmap der Mujaheddin«. Darin erklärten sie ausführlich, dass Europa und die Vereinten Nationen gemeinsam mit »den USA und den Juden einen Kreuzzug« gegen den Islam führten. Wörtlich hieß es in dem Pamphlet: »Die europäischen Hauptstädte werden in den kommenden Tagen eine Kette von Anschlägen sehen, von Mujaheddin, die schon auf der Lauer liegen.« Die Sicherheitsdienste waren in höchster Alarmbereitschaft.

Vor dem Anschlag in Madrid schien Europa den Terroristen ausschließlich zur Rekrutierung von Anhängern gedient zu haben. Jetzt wollten sie den Kontinent offenbar in ein Schlachtfeld verwandeln. Was steckte dahinter? War die neue Strategie allein den gesellschaftlichen und rechtsstaatlichen Verhältnissen geschuldet, oder verbarg sich dahinter eine bis dahin unbekannte, besondere Beziehung von Osama bin Laden und dem erweiterten Führungszirkel von Al Qaida zu Europa?

Soweit bekannt ist, hat Bin Laden nie ein europäisches Land bereist. Berichte über Besuche in der Schweiz wurden von Al-Qaida-Sprechern dementiert. Anders als beispielsweise der islamistische Chefideologe und Muslimbruder Sayyid Qubt war Bin Laden auch niemals in Amerika. Bei Qubt führte aber gerade dieser Aufenthalt zu seiner religiösen Radikalisierung.

Bin Laden indes zeigte nie Interesse am Westen. Als Mitglied einer wohlhabenden und einflussreichen Familie hätte er um die Welt reisen können, doch Bin Laden blieb in Saudi-Arabien und strebte offenbar eine seinen Verhältnissen gemäße Zukunft an. Mit 17 heiratete er 1974 ein syrisches Mädchen. Eine so frühe Ehe ist in muslimischen Ländern nicht ungewöhnlich. Und beruflich hoffte er wohl auf eine Perspektive im Baukonzern der Familie, denn schon bald schrieb er sich an der König-Abdul-Aziz-Universität in Jeddah für Betriebswirtschaftslehre ein. Er studierte noch, als die Russen in Afghanistan einmarschierten. An der Uni diskutierten die Kommilitonen leidenschaftlich über den Kampf der muslimischen Brüder in Afghanistan und die Revolution im Iran. Bis zu diesem Zeitpunkt war Bin Laden nicht durch besonderes politisches Engagement aufgefallen. Aber das Zusammentreffen dieser Ereignisse weckte auch sein politisches Interesse. Schon zwei Wochen nach dem Einmarsch der sowjetischen Truppen in Afghanistan reiste der Saudi nach Pakistan. Mitglieder der Islamistenorganisation Jama'at-i Islami brachten ihn von Karatschi nach Peshawar, damit er sich ein Bild von der Situation der dorthin geflohenen Afghanen machen konnte. In Peshawar traf er auch einige Führer der Aufständischen. Bin Laden blieb etwa einen Monat, in dem er Gespräche führte,

Eindrücke sammelte und schließlich mit dem festen Vorsatz nach Hause zurückkehrte, um finanzielle Unterstützung für die Mujaheddin zu werben. Als er das nächste Mal dorthin reiste, nahm er einige Pakistanis und Afghanen mit, die seit Jahren für die Baufirmen seines Vaters arbeiteten. Gemeinsam wollten sie Möglichkeiten erkunden, die Mujaheddin mit Material zu versorgen. Er kam noch zwei oder drei Mal, bevor er sich 1982 entschied, erstmals in das Kriegsgebiet zu gehen. Er brachte Baumaschinen mit, Bulldozer und ähnliches Gerät, das die Mujaheddin zum Aufbau von Abwehranlagen benötigten. Später zog er selbst in den Kampf. Seine Gruppe wurde in kleinere, sporadisch auftretende Gefechte verwickelt. Wichtiger aber wahr, dass sein Kampfeinsatz weitere Saudis dazu bewog, sich den Mujaheddin anzuschließen. Von 1986 bis 1988 errichtete Bin Laden sechs bis acht eigene Camps im afghanischen Grenzgebiet zu Pakistan.

Dabei ist er aber selbst engen Mitstreitern lange Zeit nicht als Person mit besonderem Charisma oder Machtanspruch aufgefallen. Abdul Salam Zaeef, der frühere Botschafter der Taliban, bezeichnete Bin Laden einmal als »ganz normalen Menschen«.[172]

Als Saudi gehört Bin Laden den Wahhabiten an, einer extremistischen Richtung des sunnitischen Islam. Die Wahhabiten sehen sich als Kämpfer für den reinen, unverfälschten Islam. In der Zeit des Afghanistan-Krieges las Bin Laden immer häufiger in den Schriften des wahhabitischen Theologen und Ideologen Ibn Taimiya, dessen Gedankengut zum Dschihad er verinnerlichte. Häufiger zitierte er später Taimiyas Leitsatz: »Der Tod des Märtyrers für die Einigung aller Menschen unter Gott und seinem Wort ist der glücklichste, beste, leichteste und tugendhafteste aller Tode.«

Nach dem Sieg über die Sowjets ging Bin Laden nach Saudi-Arabien zurück und stieg wieder ins Baugeschäft ein. Gleichzeitig intensivierte er den Kontakt zu den Oppositionsgruppen, die ihn bei seiner Rückkehr als Helden empfangen hatten. Das saudische Königshaus hielt ein waches Auge auf ihn. Allerdings gab es keinerlei Anzeichen, dass hier ein Demagoge und Visionär den Feldzug des Islam gegen die ganze westliche Welt vorbereitete. Aber als der Irak Kuwait angriff, empörte es Bin Laden, dass die saudische Führung den Amerikanern die Erlaubnis erteilte, Truppen im Land zu stationieren. Er war der Auffassung, seine in Afghanistan siegreiche Mujaheddin-Armee müsse das Land verteidigen, falls es in Gefahr gerate. Doch mit solchen Vorstellungen mochte sich das Königshaus nicht anfreunden. Es kam zum Zerwürfnis, Bin Laden ging in den Sudan.

Vermutlich begann er zu dieser Zeit, sich politisch gegen die USA zu positionieren. Darauf lässt eine Aussage schließen, die er in einem berühmt gewordenen Interview mit dem US-Fernsehsender ABC gemacht hat: »Nach unserem Sieg über die Russen in Afghanistan begannen die internationalen und die amerikanischen Massenmedien, gemeine Kampagnen gegen uns zu fahren (…) Sie nannten uns Terroristen, noch ehe die Mujaheddin einen Terrorschlag gegen die wirklichen Terroristen, die Amerikaner, ausgeführt hatten.«[173] Ganz offensichtlich fühlte er sich von den Amerikanern im Stich gelassen. Für die Kämpfe in den kargen Bergen Afghanistans waren er und seine bunte Truppe gut genug gewesen. Nun aber, da es um die Verteidigung des »Heiligen Landes« ging, sollte dies ausgerechnet Aufgabe der ungläubigen Amerikaner sein? Bin Laden sah sich persönlich gedemütigt und in dem amerikanischen Verhalten eine inakzeptable Überheblichkeit. Diese Sichtweise kommt in allen späteren Interviews und Erklärungen zum Ausdruck.

Anlass für die Terrorverdächtigungen gegen Bin Laden war der Bombenanschlag vom 29. Dezember 1992 auf ein Hotel in Aden, Jemen, in dem US-Truppen einen Zwischenstopp auf dem Weg nach Somalia eingelegt hatten. Als die Bombe hochging, waren die Soldaten allerdings schon weg. Stattdessen starben zwei österreichische Touristen. Al Qaida hat sich nicht zu dem Anschlag bekannt.

Für Bin Laden ging damals so ziemlich alles schief, was nur schief gehen konnte. Mit dem saudischen Königshaus hatte er sich überworfen und musste in den Sudan fliehen. Prompt froren die Saudis sein Vermögen ein und entzogen ihm die Staatsangehörigkeit. Nun war er vogelfrei. Für ihn gab es keinen sicheren Ort mehr auf der Welt. Und dann wollte ihn sogar das korrupte Regime im Sudan an die Amerikaner ausliefern. In diesem Moment stand es ganz schlecht um den Terrorchef. Zu seinem Glück lehnte US-Präsident Bill Clinton das Angebot ab. Die US-Sicherheitsdienste hatten ihn davon überzeugt, dass es besser sei, so einen nicht in US-Gefängnissen zu haben. Sie fürchteten Freipressungsversuche, Geiselnahmen, eine Flut von Terroranschlägen auf US-Einrichtungen. Also ließen die Amerikaner ihn zum zweiten Mal nach Afghanistan ziehen.

Das war der Augenblick, in dem Bin Laden zum Pan-Islamismus überging und die Welt endgültig einteilte in diejenigen, die für, und diejenigen, die gegen ihn sind. Man könne ihm zwar seinen Pass wegnehmen, sagte er trotzig, aber er bleibe ein Saudi, und das Land bleibe seine Heimat, und von nun an sei seine Nationalität die des Muslims.

Die USA und die Saudis hatten es zwar geschafft, Bin Laden international zu isolieren, aber sie hatten seine Popularität in den arabischen Ländern unterschätzt und die sozio-ökonomische Situation dort sträflich missachtet. Überall gab es Tausende junger Leute aus der Mittelschicht, die nach dem Uni-Abschluss arbeitslos wurden und ohne Perspektive dastanden. Die Schuld an ihrer Situation gaben sie der westlichen Welt und den mit ihr kooperierenden arabischen Staatschefs, denen sie vorhielten, die Öl-Ressourcen ihrer Länder auszubeuten, sich selbst zu bereichern und damit den westlichen Imperialismus zu unterstützen. Sie verbanden typisch linke Argumentationsmuster der Sozial- und Globalisierungskritik mit religiös-ideologischen Denkmustern. Genauso hielt es Bin Laden und avancierte auf diese Weise zu ihrem Idol. Sätze wie diese werden ihm zugeschrieben: »Sie raubten uns unseren Reichtum, unsere Ressourcen und unser Öl. Unsere Religion wird bekämpft. Sie töten, morden unsere Brüder. Sie verletzen unsere Ehre und nehmen uns unsere Würde, und wenn wir auch nur ein Wort des Protestes wagen, schimpfen sie uns Terroristen.«

Als Bin Laden zum zweiten Mal in Afghanistan sein Lager aufschlug, strömten wieder junge, kampfbereite Muslime zu ihm. Sie kamen aus den arabischen Ländern, Pakistan, Kaschmir und den ehemaligen Sowjetrepubliken. Und Bin Laden kam auf die Idee, eine internationale Mujaheddin-Front aufzubauen.

Immer wenn er in dieser Zeit direkt auf Europa angesprochen wurde, antwortete er ausweichend. Die Länder Europas unterstützten Amerika. Somit sei der gesamte Westen der gemeinsame Feind aller Muslime. Er werde nicht aufhören, die Feinde der Muslime zu bekämpfen. Der Islam sei ein Ruf an die gesamte Menschheit. Und er könne nur alle Nationen ermahnen, diesen Ruf zu hören.

Wie wenig Bin Laden in nationalen und territorialen Kategorien dachte, erkennt man auch daran, dass er die Palästinenserfrage erst nach den Anschlägen vom 11. September 2001 erwähnte. Er verfolgt das große Ziel, nämlich die Unterwerfung aller Völker unter die Herrschaft des Islam. So wie die Nazis die Vorherrschaft der Arier propagierten und die ganze Welt in den Krieg stürzten, so propagiert Osama bin Laden die Herrschaft der Muslime und terrorisiert den gesamten Erdball. Wer in solchen Kategorien denkt, für den ist Europa nur ein kleines, unbedeutendes Fleckchen Erde. Er reduziert Europa zu einem Satelliten der Amerikaner, den man aus global-strategischen Gründen ausschalten sollte, weil dies die Allianz des Westens erheblich schwächen würde.

Die Bedeutung Europas für die Terrorlogistik sowie die

Rekrutierung von Mujaheddin erkannten, so darf man annehmen, andere Köpfe in der Al-Qaida-Führung. Und sie wären auch nicht von alleine darauf gekommen, wenn es nicht zwei parallel verlaufende Entwicklungen gegeben hätte. Erstens tourten zu jener Zeit unzählige beschäftigungslose ehemalige Afghanistan-Mujaheddin durch die Welt. In ihren arabischen Herkunftsländern drohten ihnen viele Jahre Haft. Wenn sie aber nicht bei den Taliban bleiben wollten, mussten sie irgendwo anders unterkommen. Da bot sich Europa, und hier vor allem Deutschland, erstens aufgrund der leichten Einreise- und komfortablen Asylmöglichkeiten an. Zweitens trafen die Mujaheddin in den Migrantenvierteln auf funktionierende muslimische Gemeinden, in denen man auch illegal wunderbar abtauchen konnte. Das sprach sich in den einschlägigen Kreisen schnell herum. Und so dauerte es nicht lange, bis die ersten als Mittelsmänner für Al Qaida operierten oder neue Verbindungsleute extra zum Zweck der Rekrutierung von jungen Kämpfern anreisten. Außerdem war Europa als Handels- und Finanzplatz wichtig. Hier konnte man Spenden sammeln, Geld anlegen und in die ganze Welt transferieren. Das zusammengenommen waren Vorteile, die man den Strategen in der Al-Qaida-Führung wie Khalid Scheich Mohammed und Ayman Zawahiri nicht lange erklären musste. Die tödlichen Folgen, die sich daraus ergaben, sind bekannt. Inzwischen haben auch andere Länder erfahren müssen, wozu eine falsch verstandene Toleranz führen kann. In den Niederlanden etwa, das über Jahrzehnte so stolz auf seine multikulturelle Gesellschaft war, schlägt der Inlandsgeheimdienst AIVD Alarm. »Einige Moscheen in unserem Land sind Brutstätten des Terrors«, sagte der AIVD-Chef Sybrand van Hulst.[174] Damit meint er vor allem die Amsterdamer Al Tawhee-Moschee. Dort wird ein Buch mit dem Titel *Der Weg zum Muslim* verteilt, in dem unumwunden dazu aufgerufen wird, Homosexuelle zu töten. Weil der niederländische Filmemacher Theo van Gogh genau diese Zustände und Entwicklungen wortgewaltig kritisierte, wurde er am 2. November 2004 auf offener Straße getötet. Die rechtsliberale Politikerin Ayaan Hirsi Ali, die mit ihm zusammen den islamkritischen, allerdings auch durchaus fragwürdigen Film »Submission« gemacht hatte, wurde ebenfalls mit dem Tod bedroht und musste untertauchen. Auch die belgische Senatorin Mimount Bousakla, die den Sozialisten angehört, erhielt nach dem Mord an van Gogh wegen ihrer islamkritischen Äußerungen Morddrohungen. Seither lebt sie an einem geheimen Ort.

Der israelische Geheimdienst Mossad machte darauf aufmerksam, dass in den Benelux-Ländern Islamisten bereits über chemische Waffen verfügen sollen. Europa ist für den islamistischen Terror, der im weitesten Sinne Al Qaida zugeordnet werden kann, zu einem der wichtigsten Stützpunkte neben den Ausbildungscamps in Afghanistan geworden. Anders als etwa Scheich Qaradawi, der von dem Gedanken beseelt scheint, an die siegreiche Epoche des Osmanischen Reiches anknüpfen zu können und Europa zu islamisieren, denkt Osama bin Laden in Bezug auf Europa augenscheinlich nicht in historischen Zusammenhängen. Jedenfalls hat er sich so noch nicht geäußert. Europa ist Feindesland. Aber das ist für ihn ja die ganze Welt. Wozu also über Europa reden?

KAPITEL ACHT

Die Terrorabwehr

Sicherheitsmaßnahmen in Deutschland

Wer den Terror bekämpfen will, muss zunächst einmal klar definieren, was Terror ist. Der Brockhaus versteht darunter »politisch motivierte Gewaltanwendung vor allem durch revolutionäre oder extremistische Gruppen und Einzelpersonen, die aufgrund ihrer zahlenmäßigen Unterlegenheit gegenüber dem herrschenden Staatsapparat mit auf besonders hervorragende Vertreter des herrschenden Systems gezielten, meist grausamen direkten Aktionen die Hilflosigkeit des Regierungs- und Polizeiapparates gegen solche Aktionen bloßstellen, Loyalität von den Herrschenden abziehen und eine revolutionäre Situation schaffen wollen; sie unterscheiden sich durch die Nichtverfügbarkeit von Macht und Herrschaft und die Form der Gewaltanwendung vom staatlich angeordneten oder tolerierten Terror, der von Staatsorganen oder von durch diese gedeckten privaten Gruppen durchgeführt wird.« Legt man diese Definition zugrunde, zählen nahezu sämtliche von Al Qaida durchgeführten Anschläge nicht zur Kategorie Terrorismus, da sie sich nicht gegen »besonders hervorragende Vertreter des herrschenden Systems« richteten, sondern den Massenmord bevorzugten.

Das japanische Strafgesetz sieht im Terrorismus »eine Maßnahme, die der Bevölkerung Furcht einflößt«. Wenn man die Definition so schlicht hält, könnte man auch die Sozialgesetze der rot-grünen Bundesregierung dazu zählen. Die flößten den

Deutschen so große Furcht vor Armut ein, dass sie immerhin zu Hunderttausenden auf die Straße gingen, um dagegen zu protestieren. Am ehesten trifft wohl die Terrorismusformulierung der Vereinten Nationen auf Al Qaida zu: »Jede Handlung, die Zivilisten töten oder schwer verletzen soll, wenn das die Bevölkerung einschüchtern oder eine Regierung oder eine internationale Organisation zu einem Handeln oder Unterlassen nötigen soll.«

Europa kann auf eine lange Geschichte des Terrorismus zurückblicken. Angefangen von Staatsterrorismus à la Robespierre, der 1793 die Revolutionsregierung auf den Terror als Maxime festlegte, über den Naziterror bis hin zu den aktuellen Erscheinungsformen des linksradikalen Terrors in den siebziger Jahren der Roten Armee Fraktion, der Action Directe sowie der Roten Brigaden und seinen regionalen Erscheinungsformen in Spanien (ETA) und Nordirland (IRA). Keine der aktuellen Erscheinungsformen kann als besiegt gelten. Zwar gibt es die Rote Armee Fraktion nicht mehr, weil es der Polizei nach jahrelanger Fahndungsarbeit gelang, die Täter zu fassen, und der Nachwuchs für diese Gruppe ausblieb. Gleichwohl gibt es weiterhin den linksradikalen Terror, man denke nur an die Anschlagsdrohungen zu jedem Weltwirtschaftsgipfel. Aber keine der neueren Erscheinungsformen des Terrors ist vergleichbar mit dem massenmörderischen neo-islamistischen Terror der Al Qaida. Für Bundeskanzler Gerhard Schröder war schon am Abend des 11. September 2001 klar: »Das ist eine Kriegserklärung gegen jede Zivilisation.« Es war also Krieg, aber ein Krieg, wie ihn die Menschheit noch nicht kannte. Jederzeit konnte sich jeder Ort in ein Schlachtfeld verwandeln. Niemand war nirgendwo mehr sicher. Der Staat, so schien es, konnte seine Bürger nicht mehr schützen. Die Terroristen hatten alle Sicherheitscodes geknackt. Wie sollte die Zivilisation auf diese unerhörte Herausforderung des Unzivilisierten reagieren?

»Um das Böse zu besiegen, müssen wir uns böser Mittel bedienen: der zeitlich unbegrenzten Verhaftung von Verdächtigen, der Anwendung von Zwangsmitteln bei Verhören, gezielter Tötungen, sogar der Führung von Präventivkriegen«, mahnte Michael Ignatieff die Europäer nach den Terroranschlägen von Madrid.[175] Das war schweres Geschütz, und genau mit solchem wollte er auch auf die Terroristen schießen. Dazu zählte die Preisgabe elementarer verfassungsgemäßer Rechte, ja er rief gar zu Folter und Liquidierung auf. Aber das war eben die US-amerikanische Sicht der Dinge. So etwas war mit Bundesinnenminister Otto Schily nicht zu machen. Allerdings zeigte er sich nach dem 11. September auch nicht gerade als Zauderer, wenn es darum ging, Gesetze zu verschärfen. Gleichwohl blieben seine Fixpunkte die »Grundwerte unserer Verfassung und die Universalität der Menschenrechte, die unter keinen Umständen zur Disposition stehen – gegenüber keiner Religion«.[176] In diesem Rahmen wollte er an der Stellschraube des Rechts drehen. Nicht wenige meinen, er hat sie dennoch überdreht.

Zwar hatte Schily schon 1999 gewarnt, der Islamismus sei nicht nur eine Sache der inneren Sicherheit. Doch jetzt, wo sich »die Zivilisationen« einem Krieg ausgesetzt sahen, mussten sie zur Verteidigung nachrüsten. Außerdem verlangten die Bürger Aufklärung darüber, wie es dazu kommen konnte, dass Terroristen unbehelligt Anschläge wie jene in den USA planen und organisieren konnten. Auf allen Ebenen wurde nach den Lücken in der Sicherheitsarchitektur geforscht.

Schon wenige Tage nach den Anschlägen vom 11. September 2001 stellte die Bundesregierung drei Milliarden Mark (rund 1,53 Mrd. Euro) für ein Sofortprogramm zur Terrorismusbekämpfung zur Verfügung. Der größte Teil, nämlich 1,5 Milliarden Mark, war für die Bundeswehr vorgesehen, die im Rahmen internationaler Friedenseinsätze besser ausgerüstet werden sollte. Grenzschutz, Bundeskriminalamt, Verfassungsschutz und der Katastrophenschutz wurden mit 500 Millionen bedacht. 200 Millionen Mark bekamen das Auswärtige Amt und das Bundeswirtschaftsministerium »zur Bekämpfung der Wurzeln des Terrorismus«. Das Geld sollte für Aufbau- und Hilfsprogramme in Krisenregionen, die nicht näher beschrieben wurden, für die Versorgung von Flüchtlingen und die Stärkung des interkulturellen Dialogs bereitstehen. Der Generalbundesanwalt erhielt 50 Millionen, damit seine Behörde die Geldwäschekriminalität besser bekämpfen kann, und der Bundesnachrichtendienst wurde ebenfalls mit 50 Millionen Mark bedacht. Von ihm erwartete die Regierung eine verstärkte Auslandsaufklärung. Die restlichen 500 Millionen Mark legte der Finanzminister angeblich als Reserve beiseite.

Die Regierung wollte möglichst umfassend vorgehen. Und das Signal war sicher richtig. Die eigentliche Schwierigkeit bestand aber nicht darin, die Bundeswehr besser auszurüsten und die Auslandsaufklärung zu verstärken, sondern darin, die innere Sicherheit des Landes zu erhöhen, ohne die Freiheitsrechte des Einzelnen unnötig zu beschneiden. Otto Schily gab die Parole aus: Sicherheit gewährleistet Freiheit. Innerhalb kürzester Zeit legte er dann ein ganzes Gesetzeskonvolut vor, das unter dem Eindruck der Terrorattacken ohne Widerstände verabschiedet wurde. Zum 1. Januar 2002 trat das erste Antiterrorpaket in Kraft, im September 2002 folgte das zweite. Von nun an besaßen das Bundeskriminalamt und das Bundesamt für Verfassungsschutz mehr Kompetenzen. Ab sofort durfte das Bundeskriminalamt auch gegen Anhänger ausländischer Terrororganisationen ermitteln. Was einem heute wie selbstverständlich vorkommt, war bis zu diesem Zeitpunkt nicht möglich. Für die Arbeit des Inlandsgeheimdienstes wurden sogar das Bankgeheimnis und der Datenschutz im Luftverkehr eingeschränkt. Damit wollte die Bundesregierung Erkenntnisse über die Geldflüsse des Terrors gewinnen. Dazu heißt es im Gesetz: »Informationen über Geldströme und

Kontobewegungen von Organisationen und Personen, die extremistischer Bestrebungen oder sicherheitsgefährdender bzw. geheimdienstlicher Tätigkeiten verdächtigt werden, können zur Feststellung von Tätern und Hintermännern führen. Zur Erforschung dieser Geldströme und Kontobewegungen erhält das Bundesamt für Verfassungsschutz die Befugnis, Informationen bei Banken und Finanzunternehmen über Konten und Konteninhaber einzuholen. Ferner sind Auskunftsbefugnisse gegenüber Postdienstleistern, Luftverkehrsunternehmen, Telekommunikations- und Teledienstleistern vorgesehen.« Außerdem ermächtigte der Gesetzgeber den Verfassungsschutz, künftig auch Aktivitäten zu beobachten, die gegen Völkerverständigung und friedliches Zusammenleben gerichtet waren.

All das war als klare Reaktion auf die Hamburger Terrorzelle zu verstehen. Die Todespiloten hatten während ihrer Flugausbildung in den USA teilweise Geld aus Hamburg überwiesen bekommen. Es gab zahlreiche mitgehörte Telefonate, die nur deshalb nicht richtig gedeutet werden konnten, weil der zweite Gesprächsteilnehmer nicht bekannt war. Den extremistischen Organisationen in Deutschland suchte die Regierung mit einem anderen Mittel beizukommen. Sie strich im Vereinsgesetz das so genannte Religionsprivileg, womit nun etwa der »Kalifatsstaat« verboten werden konnte. Weitere Verbote verhängte Otto Schily gegen die Gruppe Hizb ut-Tahrir und den Verein Al Aqsa e.V. Das Verbot von Al Aqsa wurde am 3. Dezember 2004 vom Bundesverwaltungsgericht in Leipzig bestätigt.

Deutlich verschärft wurden die Ausländergesetze. Wer die freiheitlich-demokratische Grundordnung gefährdet und seine politischen Ziele notfalls auch mit Gewalt durchsetzen will, öffentlich gar zur Gewalt aufruft oder einer Vereinigung angehört, die den internationalen Terrorismus unterstützt, hat keinen Anspruch auf ein Visum oder eine Aufenthaltsgenehmigung. Auf diese Weise versucht die Regierung, den radikalen Kreisen um bestimmte Moscheen in Deutschland den Nachschub aus dem Ausland zu entziehen. Zu diesem Zweck sollte auch die Zusammenarbeit mit den Auslandsvertretungen verbessert werden. Bei Asylverfahren ist nun eine Abnahme von Fingerabdrücken erlaubt. So soll verhindert werden, dass ein und dieselbe Person nach einem abgelehnten Asylverfahren nochmals unter anderem Namen um Asyl ersucht. Ihre Fingerabdrücke bleiben zehn Jahre archiviert und werden dabei automatisch mit allen beim Bundeskriminalamt gesammelten Fingerabdrücken von Straftätern verglichen.

Im Zusammenhang mit dem Zuwanderungsgesetz wollten Schily und die Sicherheitspolitiker von CDU und CSU hier noch einmal nachlegen. Ihr Ziel war es, jeden Ausländer, schon bei dem Verdacht, er könne einer terroristischen Vereinigung nahe stehen, sofort ausweisen zu können. Dieses Vorhaben scheiterte jedoch am Widerstand der Grünen.

Gemeinsam beschlossen wurde hingegen der Ausbau der Visa-Datei beim Ausländerzentralregister zu einer »Visa-Entscheidungsdatei«. Dadurch sollen Polizisten bei Personenkontrollen sofort feststellen können, ob sich ein Ausländer legal oder illegal in Deutschland aufhält. Das war vor den Antiterrorgesetzen nicht möglich, denn beim Ausländerzentralregister wurden lediglich die Visa-Anträge erfasst, aber nicht, was aus ihnen wurde.

Seit den Anschlägen in den USA sind auf ausgewählten Flügen deutscher Airlines bewaffnete Flugbegleiter des Bundesgrenzschutzes mit an Bord. Überhaupt wurden die Sicherheitsstandards im Luftverkehr deutlich erhöht. Im Verdachtsfall müssen sich die Mitarbeiter der Fluggesellschaften weitreichenden Zuverlässigkeitsprüfungen unterziehen. Auch die Kontrolle der Fluggäste wird sehr viel strenger gehandhabt. Als wichtigste Maßnahme will Otto Schily hierzu neben dem Lichtbild ein weiteres biometrisches Merkmal in den Pass aufnehmen. Damit ist er bislang gescheitert. Zum einen sperren sich die Grünen dagegen, zum anderen sind längst nicht alle

Staaten der Europäischen Union bereit, diesen Weg mitzugehen. Dennoch startete Schily im Februar 2004 am Frankfurter Flughafen einen Testlauf. Dort konnten Fluggäste freiwillig die Merkmale ihrer Iris erfassen lassen. Etwa 9000 Reisende beteiligten sich in den ersten sechs Monaten an dem Test. Für sie genügt statt der üblichen Ausweiskontrollen nunmehr der Blick in eine Kamera, die unzweifelhaft ihre Identität feststellt.

Einen schweren Rückschlag musste Schily auch bei seinem Engagement für den europäischen Haftbefehl hinnehmen, der die Auslieferung von Straftätern an das Ausland erleichtern soll. Auf den EU-Innenministerkonferenzen hatte er seine Idee mit ebenso viel Verve vertreten wie im Bundestag. In Brüssel konnte er sich mit seiner Forderung rasch durchsetzen. In Bundestag und Bundesrat hingegen haperte es. Inzwischen ist der europaweite Haftbefehl geltendes EU-Recht. Die Parlamente vieler Mitgliedsstaaten haben die gesetzgeberischen Voraussetzungen dafür geschaffen. Nur Deutschland stand nach den Terroranschlägen von Madrid noch ohne entsprechendes Gesetz da. Der Grund waren wieder die Grünen, die immer stärker als Anwalt der Bürgerrechte auftraten. Sie fügten einen Passus in das Gesetz ein, wonach Ausländer nicht mehr ausgeliefert werden dürfen, wenn Deutschland ihr gewöhnlicher Aufenthaltsort ist und sie mit einem deutschen Staatsangehörigen in familiärer Lebensgemeinschaft leben. Dem wollten nun wiederum die Unionsparteien nicht zustimmen.

Obwohl die Angelegenheit noch nicht vom Tisch war, kam der Bundesinnenminister im Sommer 2004 mit neuen Vorschlägen. Er kündigte ein drittes Sicherheitspaket an. Darin wollte er die Stellung des Bundeskriminalamtes und des Bundesamtes für Verfassungsschutz weiter stärken. Die Pläne sahen den Umzug der Antiterrorspezialisten des Bundeskriminalamtes nach Berlin vor und räumten der Behörde Ermittlungen ohne konkreten Tatverdacht sowie Eingriffe in die Befugnisse der Landeskriminalämter ein. Das Bundesamt für

Verfassungsschutz sollte gar eine Weisungsbefugnis gegenüber den Landesämtern erhalten. Außerdem plante Schily einen Informationsaustausch zwischen Geheimdienst und Polizei. Doch damit nicht genug. Parallel dazu plädierte er für den Aufbau von Flüchtlingslagern in Nordafrika und hatte mit Italien bereits eine gemeinsame EU-Initiative dazu verabredet. Sie sah vor, dass die Asylbewerber gar nicht erst nach Europa gelassen würden. Beamte der Asylbehörden bekämen danach den Auftrag, in die nordafrikanischen Auffanglager zu reisen und dort die Schutzbedürftigkeit der Flüchtlinge zu überprüfen. Das alles widersprach dem liberalen Rechtsverständnis des kleinen Koalitionspartners, der sich dem Ansinnen des Innenministers verweigerte. Auch die Innenminister der Bundesländer sahen keinen Grund, Schilys Streben nach einer Zentralisierung der Sicherheitsdienste zu unterstützen. Sie sprachen sich gegen eine Verfassungsänderung aus, die notwendig gewesen wäre, um die Kompetenzen des Bundeskriminalamtes in dem Umfang, der Schily vorschwebte, zu erweitern.

Völlige Handlungsfreiheit hatte der Bundesinnenminister nur bei den ihm zugeordneten Behörden. Dort wurde nach den Anschlägen vom 11. September umfassend umgeschichtet. Das Bundeskriminalamt zog Islamismusexperten und Ermittler aus dem Bereich der organisierten Kriminalität zur Sonderkommission Terror zusammen. Zeitweilig arbeiteten bis zu 400 Beamte in der SoKo. Im Sommer 2004 liefen insgesamt 154 Ermittlungsverfahren, es gab Haftbefehle gegen 21 Verdächtige und 34 Rechtshilfegesuche an das Ausland.

Vor allem nach den Terrorattacken unterstützte eine breite Mehrheit der Deutschen Otto Schilys harten Kurs. So auch in einer Umfrage des Instituts für Demoskopie Allensbach vom 15. September 2004. Die Umfrage entstand unmittelbar, nachdem tschetschenische Terroristen in einer Schule in Beslan, Ossetien, rund 1000 Kinder und ihre Eltern als Geiseln genommen hatten. Zu diesem Zeitpunkt befürworteten 79 Prozent die Abschiebung von Asylbewerbern, wenn der Verdacht besteht, dass sie sich an terroristischen Aktivitäten beteiligen; 78 Prozent waren bereit, öffentliche Plätze durch Kameras überwachen zu lassen. Einen Bundeswehreinsatz im Inland zum Schutz von Gebäuden oder Personen befürworteten immerhin noch 59 Prozent. Und 55 Prozent meinten, von jedem Ausländer, der nach Deutschland einreist, sollten Fingerabdrücke genommen werden. Fast die Hälfte der Deutschen, nämlich 46 Prozent, wollte Terrorverdächtige auch dann in Sicherungshaft nehmen, wenn ihnen keine Straftat oder die Unterstützung einer Terrorzelle nachgewiesen werden kann.[177]

In der Phase des Terrors nutzte Innenminister Schily alle Räume, die sich ihm boten, die Gesetze zu verschärfen und den Bedürfnissen der Bürger nach mehr Sicherheit gerecht zu werden. Dabei ließ der erste sozialdemokratische Innenminister seit 1928 den oppositionellen Unionsparteien so gut wie keinen Raum zur Profilierung. Rechts von Schily war nur noch die Wand. Deshalb ist es kaum verwunderlich, dass Bürgerrechtler und Juristen gegen seine Politik Sturm liefen und genau jenen Grundsatz in Gefahr sahen, den Schily als Vorstandsmitglied der »Humanistischen Union« 1978 gegen die Terrorgesetze der Regierung von Helmut Schmidt unterschrieben hatte: »Man bekämpft die Feinde des Rechtsstaats nicht mit dessen Abbau, und man verteidigt die Freiheit nicht durch deren Einschränkung.«[178]

Auf dem Weg in den Überwachungsstaat?

Der selbstbestimmte Staat ist in liberalen Demokratien kein Selbstzweck. Sein normatives Fundament ist vielmehr der Schutz der individuellen Freiheit seiner Bürger. In diesem Rahmen galt es nach den Anschlägen in den USA und Madrid, die Sicherheitsgesetze anzupassen, um die Bürger vor dem neo-islamistischen Terror zu schützen. Nach Ansicht von Bürgerrechtsgruppen und Juristenverbänden, aber auch von Politikern, sind Bund und Länder bei dem Bemühen, diesen Anspruch zu erfüllen, übers Ziel hinausgeschossen. Ihnen ging das Sammeln zusätzlicher Daten, mit dem Ziel, immer mehr Wissen und so einen besseren Zugriff auf die Bürger zu gewinnen, eindeutig zu weit. Sie sahen dadurch eines der höchsten Güter der freiheitlichen Demokratie in Gefahr: die garantierte Privatsphäre. Der Einzelne soll und will selbst darüber verfügen, was andere über ihn wissen sollen. Je mehr andere über ihn wissen, und je stärker er beobachtet, gefilmt oder belauscht wird, desto stärker wird sein Verhalten fremdgesteuert. Das Bundesverfassungsgericht stellte 1983 in seiner Entscheidung zur Volkszählung fest, dass der Bürger, der sich beständig beobachtet glaubt, in seiner Freiheit wesentlich gehemmt werden könne, »aus eigener Selbstbestimmung zu planen und zu entscheiden«.

Der Staat muss sich also fragen, wie stark er überwachen will, wen er überwachen will und welche Informationen er tatsächlich benötigt, um den Terror effektiv zu bekämpfen. In einem offenen Brief an die Abgeordneten des Deutschen Bundestages stellten 26 Juristen- und Bürgerrechtsorganisationen wie die Humanistische Union, die Internationale Liga für Menschenrechte, die Strafverteidigervereinigungen und das Komitee für Grundrechte und Demokratie bei den vorgelegten Antiterrorpaketen die Verhältnismäßigkeit der Mittel infrage. Ihrer Ansicht nach führen die Maßnahmen im Ausländer- und Asylrecht »zu einer Ausweitung der Ausgrenzung und informationellen Sonderbehandlung von Ausländern«. Sie kritisierten, dass für die sieben Millionen in Deutschland lebenden Ausländer per Rechtsverordnung vorab festgelegt werde, welche biometrischen Daten in deren Pässe und Visa eingetragen würden. »Ausländer erhalten kein Recht auf Auskunft über den Inhalt der ggf. verschlüsselt eingetragenen Daten.« Durch fragwürdige Verdachtstatbestände werde die Einreise von Ausländern erschwert, ihre Abschiebung erleichtert und das Vereinsrecht beschränkt. »Um dieses zu erreichen, müssen Ausländer umfassend durch Geheimdienste überwacht werden – ein deutliches Zeichen auf dem Weg in den Polizei- und Überwachungsstaat.« In einem Positionspapier bemängelt das schleswig-holsteinische Landeszentrum für Datenschutz, dass die Neuerungen bei den Ausländergesetzen keine Ansätze für sozial wirkende Prävention enthielten. Solche Maßnahmen seien jedoch zur Terrorismusbekämpfung unerlässlich

In einer weiteren Stellungnahme, die ausschließlich Bürgerrechtsorganisationen anlässlich der Anhörung des Innenausschusses des Deutschen Bundestags am 30. November 2001 abgaben, wird kritisiert, dass allein die Herkunft eines Menschen zum Kriterium für eine lückenlose und unbeschränkte Überwachung durch sämtliche deutsche Behörden werde. Durch eine Analyse der Versäumnisse würden solch einschneidende Maßnahmen überflüssig. Die bisherigen Möglichkeiten, Daten zu erheben und auszutauschen, reichen nach Ansicht der Bürgerrechtsorganisationen aus, um eine Wiederholung der Anschläge vom 11. September zu verhindern. »Dies ergibt sich insbesondere aus den durch die Bundesanwaltschaft und das Bundeskriminalamt mitgeteilten Erkenntnissen, die aufgrund der alten Rechtslage erhoben wurden. Dass es nicht bereits vorher zu einer konkreteren Aufklärung und Überwachung des betroffenen Personenkreises gekommen ist, basierte offensichtlich auf einer Fehleinschätzung der Strafverfolgungs- und Ermittlungsbehörden – und nicht auf einem Mangel an Information. (...) Was im Ergebnis nach Umsetzung der angeblichen Antiterrormaßnahmen im Ausländer- und Asylrecht bleiben wird, ist eine Totalüberwachung von Ausländern und Flüchtlingen unter Hinnahme der Verletzung des Gleichheitsgrundsatzes.«

Nahezu alle Verbände, Kommissionen und Rechtsexperten,

die sich zu den Antiterrorgesetzen äußerten, gingen ausführlich auf die darin vorgesehene Mobilfunküberwachung ein. Die Pläne des Bundesinnenministeriums räumten dem Verfassungsschutz das Recht auf den Einsatz eines so genannten IMSI-Catchers ein. Mit diesem technischen Gerät ist es möglich, den Standort eines Handy-Besitzers, seine Geräte- und Kartennummer herauszufinden, ohne dass der Betroffene telefoniert. Es genügt, wenn er sein Mobilfunkgerät eingeschaltet hat. Die schleswig-holsteinischen Datenschützer sahen in der Anwendung einen Eingriff in die Rechte Dritter. Wenn der IMSI-Catcher benutzt werde, könnten nicht nur der Betroffene, sondern auch alle anderen Mobilfunkteilnehmer im Einsatzbereich des IMSI-Catchers keine Gespräche führen, ohne dass ihre Daten abgefangen würden. »Mit der Legitimierung des staatlichen Einsatzes von IMSI-Catchern wird eine Technik gefördert und sozusagen ›salonfähig‹ gemacht, die etwa im Bereich der Wirtschaftskriminalität von hohem Interesse ist, da es mit ihr nach dem gegenwärtigen technischen Stand auch möglich ist, die Verschlüsselung von Gesprächen auszuschalten und Gespräche abzuhören.« Das Abhören wollte Otto Schily dem Verfassungsschutz zwar erst in einem zweiten Schritt erlauben. Der Geheimdienst sollte mit dem IMSI-Catcher lediglich die Anschlussnummer ermitteln und anschließend die Überwachung dieses Anschlusses beantragen. Das Datenschutz-Zentrum glaubt allerdings nicht, dass es dabei bleibt. Erstens solle das Gerät offensichtlich allgemein zur Erfüllung der Verfassungsschutzaufgaben eingesetzt werden, und zweitens werde die Polizei auch damit arbeiten, prophezeien die Datenschützer. »Es ergäbe sich eine völlig neue Qualität der immer vollständigeren staatlichen Überwachbarkeit des Aufenthaltsortes von Personen, die durch Aktivschaltung ihres Mobiltelefons erreichbar sein wollen.«

Als gravierenden Verstoß gegen das Recht auf Privatsphäre bezeichneten die Autoren des schleswig-holsteinischen Positionspapiers die Weitergabe von Sozialdaten. Dazu zählen nicht nur Angaben zum Einkommen, Familienstand und Vermögen, sondern auch medizinische Informationen. Es sei nicht vertretbar, diese dem besonderen Schutz des Staates anvertrauten sensiblen Daten über die bislang schon existierenden abgestuften Möglichkeiten polizeilicher Einzelfallermittlungen hinaus weiterzugeben.

Alle Bürgerrechtsgruppen, Datenschützer und viele Juristenverbände sprachen sich damals demonstrativ gegen die in Schilys Gesetzentwürfen geforderten Kompetenzerweiterungen für das Bundeskriminalamt und den Verfassungsschutz aus. Die Sorge galt dabei einer unzulässigen Vermischung von Polizei und Geheimdiensten. Das Trennungsgebot müsse unbedingt beibehalten werden.

Es ist nicht von der Hand zu weisen, dass die umfassende Erfassung und der Austausch von Daten ausschließlich von Ausländern diese Menschen zu einer prinzipiell verdächtigen Gruppe abstempelt. Das ohnehin vorhandene Gefühl des Andersseins, des Ausgestoßenseins wird auf diese Weise nur noch verstärkt. Mehr als je zuvor ist der Staat auf die Loyalität der in Deutschland lebenden Ausländer angewiesen. Sein Ziel muss es also sein, nicht alle unter Generalverdacht zu stellen, sondern die kleine Gruppe der gewaltbereiten Islamisten zu isolieren. Dieses Ziel kann aber nur dann erreicht werden, wenn die private Autonomie der großen Mehrheit der in Deutschland lebenden Ausländer, in diesem Fall speziell der Muslime, erhalten bleibt und zum Ausgangspunkt einer integrativen Entwicklung wird. Eine Verhärtung des Misstrauens den Ausländern gegenüber beschränkt nicht nur die Freiheit dieser Gruppe, sondern die Freiheit der Gesellschaft insgesamt und somit auch die Demokratie.

Die USA haben unmittelbar nach den Anschlägen des 11. September 2001 über 700 Muslime verhaftet und im Schnitt 80 Tage lang ohne jede Angabe von Gründen oder Beweisen für irgendeine Straftat interniert. Solches Handeln hat rechtsradikale Bürger sogar dazu ermuntert, ihre Gewehre aus dem Schrank zu holen und auf Muslime zu schießen. In jenen Tagen fielen die USA zurück in die Zeit von McCarthys Hexenjagd.

Josef Kardinal Ratzinger sagt, Terror könne nicht durch Gewalt allein überwunden werden. Zwar müsse die Verteidigung des Rechts gegen die selbstzerstörende Gewalt sich unter Umständen ihrerseits einer genau abgewogenen Gewalt bedienen, um das Recht zu schützen. »Aber damit die Rechtsgewalt nicht selbst Unrecht wird, muss sie sich strengen Maßstäben unterwerfen. Sie muss auf die Ursachen des Terrors achten, der seine Quelle sehr oft in bestehendem Unrecht hat, dem keine wirksamen Maßnahmen entgegentreten. Sie muss daher auf die Beseitigung des vorausgehenden Unrechts mit allen Mitteln bedacht sein.«[179]

Zu diesem Zweck wurde die Bundeswehr nach Afghanistan, zum Horn von Afrika und in den Golf von Oman abkommandiert. Dort soll sie helfen, das Terrornetzwerk Al Qaida zu bekämpfen. Und was geschieht im Inland? Da hat der Interdisziplinäre Arbeitskreis Innere Sicherheit, zu dem sich 1996 über 160 Wissenschaftler aus den Fachrichtungen Rechtswissenschaft, Politologie, Soziologie, Kriminologie und Historische Polizeiforschung zusammengeschlossen haben, gravierende Defizite festgestellt. In einer am 11. Januar 2002 vorgelegten Zehnpunkteerklärung bescheinigte er der Bundesregierung, in den Sicherheitspaketen I und II würden die jeweiligen Bedrohungslagen nicht ausreichend hinsichtlich ihrer Ursachen analysiert. Die Terrorgesetze müssten im Zusammenhang mit der Entwicklung der Sicherheitspolitik in den achtziger Jahren gesehen werden. In immer neuen Schüben würden für kurzfristig wahrgenommene Bedrohungsszenarien, von der Organisierten Kriminalität über den Rechtsextremismus bis hin zum islamistischen Terrorismus, umfangreiche gesetzliche

Ermächtigungsgrundlagen geschaffen. Aber niemand nehme sich die Zeit, angemessene kriminalpolitische, kriminalstrategische sowie flankierende gesellschaftspolitische Maßnahmen zu entwickeln. »Sobald neue Probleme auftauchen, beginnt der Kreislauf erneut. Die zuvor begründeten gesetzlichen Ermächtigungsgrundlagen, in der Regel kaum vollständig entwickelt, werden dadurch aber nicht beendet, sondern bestehen weiter fort. In der Folge entsteht ein Wust an Rechtsnormen.« Damit sei das Personal in den Sicherheitsbehörden komplett überfordert, weil es angesichts der nicht mehr eindeutigen Zielvorgaben und vor dem Hintergrund knapper Ressourcen an Zeit, Geld und Mitarbeitern keinen klar eingegrenzten Handlungsrahmen mehr vorfinde. Auf der anderen Seite bekämen die Bürger den Eindruck »eines aufziehenden Überwachungsstaates«, weil sie die Gesetze und die Arbeit der Sicherheitsbehörden nicht mehr verstünden. »Letztlich wird damit das Vertrauen in die Funktionsfähigkeit staatlicher Institutionen insgesamt untergraben. Denn wenn jede neue Problemlage so grundlegende Gesetzesänderungen erforderlich macht, wird damit seitens des Staates auch ausgedrückt, dass die zuvor geltenden Rechtsgrundlagen offensichtlich nicht geeignet waren, neue Gefahren abzuwehren.«

Der Arbeitskreis Innere Sicherheit glaubt in den Antiterrorgesetzen viele Elemente wiederzufinden, die bereits während der siebziger Jahre gegen den Terror der Roten Armee Fraktion eingesetzt worden waren. Die Erfahrungen von damals ließen sich allerdings nicht auf die heutige Situation übertragen. Tätermotive, Täterprofile, ihre Denk- und Vorgehensweisen unterschieden sich grundlegend von denen islamistischer Terroristen. In den siebziger Jahren sei die Abschreckung ein konstitutives Element der Terrorabwehr gewesen. Der Täter sollte fürchten, Leib und Leben zu verlieren. Solche Ansätze müssten jedoch bei Tätern versagen, die ihren Körper als Waffe einsetzten. »Es droht zudem die hilflose und undifferenzierte Ausweitung des Extremismusbegriffes und der potenziellen Verdachtsannahme gegen ganze Bevölkerungsgruppen, insbesondere arabisch-islamischer Herkunft.« Dieser Gefahr könne man nur begegnen, wenn die Sicherheitspolitiker den Dialog mit den Migrationspolitikern aufnähmen. Schließlich sei die aktuelle Sicherheitspolitik nicht zu trennen von den Themen Migration, Zuwanderung und Integration. »Die Bundesrepublik muss sich die Frage stellen, warum es nicht nur weitgehend fehlgeschlagen ist, die de facto zugewanderten Bevölkerungsgruppen einzugliedern, sondern warum es gerade bei der zweiten und dritten Generation der hier lebenden Zuwanderer Anzeichen dafür gibt, dass selbst die geringen Integrationserfolge sogar wieder rückläufig sind. Die rein formalrechtliche Verleihung von Staatsbürgerrechten wird das Problem nicht lösen.«

Dieses Problem erkannte auch Bundesinnenminister Otto Schily schon früh. Und er sah die Millionen Menschen, die in den kommenden Jahren über das Mittelmeer zusätzlich nach Europa drängen und folglich die innenpolitische Situation weiter verschärfen werden. Daher warb er seit dem Sommer 2004 für seine Idee, diese Flüchtlinge, deren Vorhut derzeit vornehmlich in kleinen Booten in Spanien oder aber auf der italienischen Insel Lampedusa anlandet, sofort wieder nach Nordafrika zurückzuschicken und dort in große Aufnahmelager einzuquartieren. Seiner Ansicht nach waren und würden auch in Zukunft die meisten von ihnen Wirtschaftsflüchtlinge sein, die sich in den Ländern Europas ein besseres Leben versprechen. Außerdem wollte er verhindern, dass auf diesem Wege weitere radikal-islamische Kräfte ins Land kommen. All jenen, die tatsächlich politisch verfolgt werden, wollte er Asyl gewähren. Dazu sollten in Zukunft EU-Beamte in die Lager gehen und nach EU-Recht über die Schutzbedürftigkeit der Flüchtlinge befinden. Die Grünen hingegen sahen in einem solchen Vorgehen eine grobe Verletzung der Menschenrechte.

Sie betrachteten die Flüchtlinge zunächst einmal alle als politisch Verfolgte, denen somit eine Behandlung gemäß der Genfer Konvention zustünde. Da sie Schilys Vorgehen auf jeden Fall verhindern wollte, beschloss die Bundestagsfraktion der Grünen im September 2004 gar ein mehrseitiges Papier, in dem sie seinem Plan »fehlende Rechtsstaatlichkeit, mangelnde Praktikabilität, fehlende Übereinstimmung mit der Genfer Flüchtlingskonvention« und die »Auslagerung des Flüchtlingsschutzes« vorwarf. Die fehlende Rechtsstaatlichkeit begründete sie damit, dass in der EU rund die Hälfte der Asylbewerber erst im Zuge einer gerichtlichen Überprüfung anerkannt werde. Diese Möglichkeit hätten die Flüchtlinge in afrikanischen Lagern nicht. Unpraktikabel sei der Vorschlag, weil ein Großteil der Länder, in denen die Auffanglager aufgebaut werden sollten, selbst Auswanderungsländer seien. Auch wenn die Außengrenzen dieser Länder noch so scharf kontrolliert würden, fänden die Flüchtlinge immer einen Weg – »und mag dieser auch noch so (lebens)gefährlich sein«. Die Unterbringung in haftähnlichen Auffangzentren verstoße gegen die Genfer Konvention, weil den Flüchtlingen danach Freizügigkeit und soziale Rechte eingeräumt werden müssten. Die gravierendsten Folgen aber habe die am 29. April 2004 vom Rat der EU-Innen- und Justizminister beschlossene Asylverfahrensrichtlinie. Danach könnten direkt in Europa ankommende Asylbewerber künftig etwa nach Libyen, Tunesien, Algerien oder Marokko abgeschoben werden, da man ja dort ihre Asylanträge prüfen könne. Im Gegenzug schlagen die Grünen eine langfristige Aufbauhilfe in den Herkunftsländern vor, die an den Ursachen der Migration ansetzt. Ihr Ziel ist eine »nachhaltige, wirtschaftliche, soziale und ökologische Entwicklung in den Herkunftsländern zu fördern«. Gleichzeitig sollten in der EU legale Einwanderungsmöglichkeiten geschaffen werden.

Ohne Zweifel sind das hehre Ziele. Doch erstens verfolgt sie die deutsche Entwicklungshilfe schon seit Jahrzehnten, und zweitens würden sich die Erfolge in den Herkunftsländern, sollten sie denn erreicht werden, erst in den kommenden Jahrzehnten einstellen. Der Migrationsdruck bliebe somit auf lange Zeit unverändert bestehen.

Der islamistische Terrorismus und die durch die Zuwanderung entstandenen gesellschaftlichen Veränderungen haben die europäischen Staaten in einen Sicherheitskonflikt gestürzt. Einerseits sollen und wollen sie ihre Bürger vor dem Terror schützen, gleichzeitig aber auch an einer humanitären Flüchtlings- und Zuwanderungspolitik festhalten. Diese ungewöhnliche Situation erfordert sicher ungewöhnliche Maßnahmen, die eine Einschränkung der Freiheitsrechte und der Großzügigkeit neuen Migranten gegenüber notwendig erscheinen lassen. Der Erfolg dieser Maßnahmen wird entscheidend von der Mitwirkung der gesamten Bevölkerung abhängen. Deshalb müssen die Menschen von der Effektivität aller einzuleitenden Schritte überzeugt werden, sie brauchen eine Perspektive und das Gefühl, dass der Staat sie weder gering schätzt noch bespitzelt, sondern weiterhin ihr Beschützer, ihr Garant für Sicherheit und Freiheit sein wird. Diesen Glauben an sich selbst haben die Amerikaner trotz Guantanamo, der bislang größten Menschenrechtsverletzung durch ihre Regierung, nicht verloren. Auch deshalb, weil das jeder Amerikaner in seinem Land offen aussprechen kann.

Was Europa und die USA unternehmen

Abends gab es Currywurst. US-Präsident George W. Bush war nicht eben begeistert. Das lag vielleicht auch an der Wurst. Der eigentliche Grund aber war vielmehr das angespannte Verhältnis zur Bundesregierung. Denn die hielt nichts von einem Militäreinsatz gegen den Irak, den er zielstrebig verfolgte und bei dem er möglichst alle Länder Europas geschlossen hinter sich versammeln wollte. Da saß er nun also in einem Lokal am Brandenburger Tor inmitten einer Schar sorgfältig ausgewählter Gäste und sah Bundeskanzler Gerhard Schröder beim Essen der »Literarischen Currywurst« zu – so hieß sie auf der Speisekarte.

Draußen war Berlin verstummt. Das Areal um das Regierungsviertel wurde am 22. Mai 2004 kilometerweit abgeriegelt. Aus dem ganzen Bundesgebiet zusammengezogene Polizeihundertschaften blockierten Straßen und die U-Bahn. Sicherheitsvorkehrungen in diesem Ausmaß hatte es bislang für keinen anderen US-Präsidenten gegeben. Aber die regierten auch nicht in Zeiten des islamistischen Terrors. Und nun war George W. Bush zu Gast in dem Land, von dem aus die Todespiloten aufgebrochen waren, die Türme des World Trade Center in Schutt und Asche zu legen. Tagelang hatten FBI-Beamte die Örtlichkeiten untersucht. Jedem U-Bahn- und Lüftungsschacht, jedem Kanaldeckel wurde höchste Aufmerksamkeit zuteil. Niemand sollte auch nur die geringste Chance haben, ein Attentat auf den Präsidenten zu verüben. Die USA befanden sich seit dem 11. September 2001 im Kriegszustand. Und im Krieg muss man Festungen bauen, um sich zu schützen. Von den eher kleineren Rangeleien zwischen Anti-Bush-Demonstranten und der Polizei am Rande der Absperrmaßnahmen bekam das amerikanische Staatsoberhaupt folglich nichts mit. 58 Demonstranten wurden kurzzeitig festgenommen. Das war kaum der Rede wert.

Nach 9/11, wie die Amerikaner sagen, hatte die Bush-Regierung die bislang schärfsten Sicherheitsmaßnahmen in der US-Geschichte erlassen. Auf diese Sicherheit wollte sie auch im Ausland nicht verzichten. Ihre Strategie ruhte auf zwei Säulen: einem umfassenden Aufbau der Landesverteidigung und der Bekämpfung des Terrors in den Ländern, wo sie dessen Wurzeln vermutete. Zu diesen Ländern zählte die US-Regierung damals auch den Irak. Sie war fest davon überzeugt, dass es

Verbindungen zwischen Al Qaida und dem irakischen Präsidenten Saddam Hussein gab. Ihre Sorge war, der unberechenbare Diktator könne den Terroristen Massenvernichtungswaffen für Anschläge mit verheerenderen Ausmaßen überlassen. Als Bush am nächsten Tag von Bundespräsident Johannes Rau empfangen wurde, versicherte er diesem unter vier Augen, noch keine militärischen Pläne »auf dem Tisch« zu haben, aber sehr wohl militärische Optionen gegen Saddam Hussein zu prüfen. Wie die überwältigende Mehrheit der Deutschen lehnten sowohl Rau als auch Bundeskanzler Schröder jede militärische Aktion kategorisch ab. Da sein Besuch in den Bundestagswahlkampf fiel und Schröder die Irakdebatte zu einem der wichtigsten Wahlkampfinhalte gemacht hatte, weil er in dieser Frage das Volk hinter sich wusste und darin seine letzte Chance sah, sein Amt zu verteidigen, vermied es Bush, den Irak öffentlich zu thematisieren. Doch die Enttäuschung, dass einer der wichtigsten Verbündeten der USA ihm die Solidarität verweigerte, war Bush anzumerken.

Auch im Reichstag, wo er als erster US-Präsident vor den Bundestagsabgeordneten sprach, erwähnte er den Irak nicht direkt. »Für die Vereinigten Staaten war der 11. September 2001 ein tiefer Einschnitt in unsere Geschichte – ein Zeitenwandel, so klar wie Pearl Harbour oder der erste Tag der Berliner Blockade. Es kann keine dauerhafte Sicherheit geben in einer Welt, die der Gnade der Terroristen ausgeliefert ist – nicht für meine Nation und nicht für irgendeine Nation«, sagte Bush. »Die Terroristen sind durch ihren Hass definiert. Sie hassen Demokratien, Toleranz und die freie Meinungsäußerung. Sie hassen Frauen, sie hassen Juden, sie hassen die Christen und sie hassen alle Muslime, die sich gegen sie richten (…) In diesem Krieg verteidigen wir nicht nur Amerika und Europa, wir verteidigen die Zivilisation selbst.« Und dann kündigte er an, was seine Regierung innerhalb kürzester Zeit umsetzen sollte: »Unsere Reaktion wird ausgewogen, klar, zielgerichtet sein. Wir werden mehr einsetzen als unsere militärische Macht. Wir werden terroristische Finanzströme abschneiden, diplomatischen Druck ausüben und unsere Erkenntnisse austauschen.« Bush forderte eine neue NATO-Strategie und die Hinwendung zu Regionalkonflikten wie in Afghanistan oder auf dem Balkan, »die Gewalt anfachen«.

Ein Jahr später kämpften US-Truppen im Irak. Zwar war das Regime Saddam Husseins rasch besiegt, doch zu keinem Zeitpunkt gelang es, das Land zu befrieden. Im Gegenteil, die Lage wurde unübersichtlicher denn je. Täglich starben Menschen durch Terroranschläge, Geiseln wurden vor laufender Kamera enthauptet, die Wirtschaft lag am Boden. Das Land versank im Chaos. Der Krieg hatte die Terroristen erst angelockt, bestätigten europäische Geheimdienste. Die USA erreichten also genau das Gegenteil von dem, was sie erreichen wollten.

Auf anderem Gebiet waren sie weitaus erfolgreicher. So sind inzwischen führende Al-Qaida-Leute wie Khalib Scheich Mohammed und Ramzi Binalshibh gefasst. Auch der mutmaßliche »Personalchef« Abd Rabim Nashiri, die für die Planung von Anschlägen zuständigen Hasan Guhl und Zayn Abidin, Abu Zubair Haili, Ibn Scheich Libi sind in Haft. Neun weitere führende Mitglieder wurden bei Kämpfen getötet. Eine Hand voll weiterer Al-Qaida-Mitglieder, wie der Sohn von Osama bin Laden, Saad, sollen sich in iranischer Haft befinden.

Niemand weiß, wo die US-Behörden die ihnen überstellten Al-Qaida-Führer festhalten. So erfährt auch niemand, wie sie behandelt und welche Verhörmethoden angewandt werden. Doch die Vorfälle in den irakischen Gefängnissen, in denen Iraker von US-Soldaten schwer misshandelt wurden, und die Zustände im kubanischen Guantanamo, wo die mutmaßlichen Terroristen wie Tiere in Käfigen gehalten werden, lassen darauf schließen, dass auch bei den Haftumständen der Al-Qaida-Führer weder die Grundsätze eines Rechtsstaates noch die Rechte von Kriegsgefangenen gewahrt werden.

Aus Anlass des Jahrestages der Anschläge zog George W. Bush am 11. September 2004 eine überaus positive Bilanz seiner umfassenden Antiterrormaßnahmen. Tatsächlich unterzog er die so genannte Heimatverteidigung der gravierendsten Reform seit 50 Jahren. Bush schuf die Behörde für Heimatsicherheit (Department of Homeland Security) mit über 180 000 Mitarbeitern. Zusätzlich gibt es seither einen »White House Homeland Security Council«, also eine Art Sicherheitsrat, der dem Weißen Haus angeschlossen ist. Er wird von einem Heimatschutzexperten geleitet, der direkt dem US-Präsidenten berichtet.

Nach den Fehlern und Versäumnissen in der Vergangenheit unterstellte der US-Präsident das FBI und die CIA einem Geheimdienstdirektor. Der Posten wurde neu geschaffen. Ziel war es, die Informationen beider Dienste zusammenfließen zu lassen und auf diese Weise schlagkräftiger zu werden. Aber auch innerhalb von FBI und CIA wurde kräftig reformiert. Das FBI spezialisierte sich neben seinen bisherigen Aufgaben auf die Terrorabwehr. Ein neu geschaffenes »Terrorist Threat Integration Center« sollte alle von den Geheimdiensten im In- und Ausland gesammelten Gefährdungsinformationen analysieren und zusammenfügen. Darüber hinaus richtete die Regierung das »Terrorist Screening Center« ein, dessen ausschließliche Aufgabe es ist, die vorliegenden Daten über Terroristen zusammenzufügen und zu vereinheitlichen, damit alle Sicherheitsbehörden mit den selben Terroristendaten arbeiten. Nicht zu vergessen ist der »USA PATRIOT ACT«, durch den die gesetzlichen Möglichkeiten, Terroraktionen vorzubeugen, gegen Terroristen zu ermitteln und diese anzuklagen, ausgeweitet werden sollten.

Im Zuge ihrer Ermittlungen hoben die US-Behörden Terrorzellen in New York, Washington, Oregon, Northern Virginia, North Carolina und Florida aus. Gegen Hunderte Verdächtige wurde ermittelt.

Ein besonderes Augenmerk legte die Regierung auf die Verbesserung der Sicherheit im Luftverkehr. Sie traf eine Vielzahl von Maßnahmen. Unter anderem stellte sie sicher, dass tatsächlich jedes Gepäckstück auf seinen Inhalt hin überprüft wurde. Sicherheitsbehörden bildeten Piloten im Umgang mit Schusswaffen aus. Alle großen Flughäfen stellten Sprengstoffspezialisten an. »Air-Marshals« begleiten seit den Terroranschlägen die Flüge. Zur Sicherung der Häfen und Wasserwege unterstellte die Bush-Administration die bestehenden Behörden einer gemeinsamen Führung.

Außenpolitisch verfolgte die US-Regierung eine Dreischrittestrategie. Der erste Schritt war »der Kampf gegen den Feind in Übersee«. Die USA wollten den Terror von amerikanischem Boden fern halten. In einer zum Jahrestag der Anschläge herausgegebenen Erklärung des Weißen Hauses hieß es dazu: »Wir zerstören die Führungsstrukturen des Terrornetzwerkes durch Überraschungsangriffe, nehmen ihnen ihr Geld und ihre Planung und schränken ihre operative Freiheit immer weiter ein, indem wir ihnen Raum und Unterstützung durch andere Regierungen entziehen.«[180] In einem zweiten Schritt sollte dann der so erreichte Frieden in den ehemaligen Krisenregionen geschützt werden. Dazu warb die Regierung Unterstützung von »Freunden«, Alliierten und internationalen Institutionen ein, um gemeinsam Terroristen und Diktatoren zu isolieren und zu bekämpfen. »Drittens werden wir den Frieden ausweiten, indem wir den Aufbau von Demokratien fördern – und somit auch die Hoffnung und den Fortschritt, die Demokratien mit sich bringen – als Alternative zu Hass und Terror im Nahen Osten.«

Alle internationalen Einsätze beurteilte die US-Regierung durchweg positiv. Afghanistan sei von den Taliban befreit worden, einem der »brutalsten und rückwärts gewandtesten Regime der neueren Geschichte«. »Für den Herbst ist eine Präsidentenwahl angekündigt, die Terrorcamps sind geschlossen und die afghanische Regierung hilft uns in den abgelegenen Regionen, die Taliban und Terroristen zu jagen«, so das Weiße Haus. Weil die USA sich entschlossen hätten, das Taliban-Regime zu bekämpfen, sei eine Bedrohung beseitigt worden.

Lobende Worte fand die US-Regierung vor allem für Pakistan. Dort habe sich ein grundlegender Wandel vollzogen. Vor den Anschlägen des 11. September war Pakistan eines der wenigen Länder, das die Taliban anerkannte. Al Qaida konnte dort Kämpfer rekrutieren, ohne ernsthaft mit dem Einschreiten der Sicherheitskräfte rechnen zu müssen. Obwohl die CIA während des Afghanistan-Feldzuges der Sowjetunion in den achtziger Jahren eng mit dem pakistanischen Geheimdienst zusammengearbeitet hatte, kühlte das Verhältnis in den neunziger Jahren merklich ab. Niemand dort hatte mehr ein Interesse daran, den Amerikanern im Kampf gegen Al Qaida zu helfen. Im Gegenteil unterhielt der pakistanische Geheimdienst nunmehr gute Beziehungen zu Osama bin Laden. Der Al-Qaida-Chef soll den von US-Präsident Bill Clinton im August 1998 befohlenen Raketenangriff auf die Terroristencamps nur deshalb überlebt haben, weil ihn der pakistanische Geheimdienst vorwarnte. Im Sommer 2004 bewertete die Bush-Regierung die Lage neu. »Heute arbeiten wir im Kampf gegen den Terror eng mit Pakistan zusammen, und die pakistanischen Streitkräfte bringen immer wieder Terroristen an der Westgrenze des Landes auf. Präsident Musharraf ist ein Freund unseres Landes (…).« Die wichtigsten Al-Qaida-Führer hatten in der Tat die pakistanischen Sicherheitsdienste gefasst, wenngleich die CIA vorab Informationen lieferte. Es waren die Pakistanis, die Kahlid Scheich Mohammend und Ramzi Binalshibh festnahmen.

Interessant war die Bewertung Saudi-Arabiens durch die US-Regierung. Der Öl-Staat war über viele Jahre ein getreuer Partner, bis im Zuge der Suche nach den Terrorfinanzen plötzlich viele Spuren nach Saudi-Arabien führten. Dort saßen die wichtigsten Financiers der Bin-Laden-Truppe. Geschäftsleute versorgten Al Qaida nicht nur mit Geld, sondern auch mit logistischer Hilfe. Was tun? Saudi-Arabien war ein wichtiger militärischer Stützpunkt der USA in der Region, den sie schon aus strategischen Gründen nicht aufgeben konnten. Noch dazu ist der Wüstenstaat einer der wichtigsten Öl-Lieferanten weltweit. Jedes andere Land mit vergleichbaren Verbindungen zum islamistischen Terror hätten die USA ganz oben auf die Liste der Schurkenstaaten gesetzt. Nicht so Saudi-Arabien, denn den wirtschaftlichen und strategischen Vorteil wollten die USA nicht aufgeben. Die Unstimmigkeiten zwischen den Ländern blieben allerdings nicht unter der Decke und werden auch zwischen den Zeilen der zum Jahrestag der Anschläge herausgegebenen Erklärung des US-Präsidenten deutlich. Es klingt fast schon wie Schadenfreude, wenn seine Beamten schreiben: »Heute, nach den Attacken in Riad und anderswo, weiß die saudische Regierung, dass Al Qaida ihr Feind ist.« Das Königshaus selbst hat ein ureigenes Interesse am Kampf gegen die Neo-Islamisten. Denn eines der vordringlichsten Ziele Bin Ladens ist, diese Herrschaft zu beenden. Dabei kann sich der gebürtige Saudi noch immer auf viele Verbündete, auch in den Sicherheitsdiensten, stützen.

Ginge es nach der US-Regierung, wäre die Welt durch den Antiterrorkampf sicherer geworden. Westliche Geheimdienste beurteilen die Lage indes ganz anders. Ihren Erkenntnissen zufolge konnte sich Al Qaida schon im Frühjahr 2004 im Grenzgebiet zwischen Pakistan und Afghanistan wieder relativ frei bewegen. Die Organisation war restrukturiert und so schlagkräftig wie vor dem 11. September 2001. Im Irak müssen alle Demokratisierungsbemühungen vorerst als gescheitert angesehen werden, dort herrschen Mord und Totschlag. Im Süden des Landes rebellierten die Anhänger des Schiitenführers Muktada al-Sadr, in der Mitte töteten die Bomben der Terroristen beinahe täglich Frauen, Kinder, Alte, Kranke und Soldaten.

Der Jordanier Abu Musab al-Zarquawi ließ Geiseln vor laufender Kamera enthaupten oder griff gar selbst zum Messer, um seinen Opfern bei lebendigem Leib die Köpfe abzuschneiden. Nach dem Feldzug gegen Saddam Hussein versank der Irak in Anarchie und Barbarei. Vom Sieg über den Terror konnte wahrlich keine Rede sein.

Auch für Europa gaben die Geheimdienste keine Entwarnung. »Der Aufruf zum Dschihad geht durch die Straßen Europas – und er wird beantwortet«, schrieb die *New York Times* am 3. Mai.[181] In den arabisch-muslimischen Enklaven Deutschlands und Frankreichs wachse die Begeisterung der jungen Muslime für den Terror. Dazu habe vor allem der Irak-Krieg beigetragen.

Als die Innenminister der EU-Staaten unmittelbar nach den Anschlägen von Madrid am 19. März 2004 in Brüssel zu einem Sondergipfel zusammenkamen, waren sie über die aktuelle Lage bestens informiert. Und so mangelte es denn auch nicht an Vorschlägen für den Antiterroreinsatz. Ihr wichtigstes Ziel bestand darin, den Informationsaustausch noch weiter zu verbessern. Zwar trafen sich schon seit den Anschlägen in den USA regelmäßig die Terrorismusbeauftragten der nationalen Geheimdienste, doch das genügte den Innenministern nach den Erfahrungen von Madrid nicht mehr. Mehrere Minister wollten daher die verschiedenen nationalen Behörden dauerhaft miteinander verbinden. Andere sprachen sich dafür aus, die vorliegenden Erkenntnisse und Daten sollten über ein EU-weites »Informationboard« ausgetauscht sowie Daten von Geheimdiensten und Polizei verglichen und verknüpft werden. Belgien und Österreich regten gar den Aufbau eines europäischen Geheimdienstes an. Das ging den anderen Innenministern allerdings zu weit. Eine europäische CIA wollten sie nicht schaffen. Beschlossen wurde ein verbesserter Datenaustausch, für den die nationalen Behörden ihre Datenbanken öffnen sollten. Außerdem einigte man sich auf Gijs de Vries, den Fraktionschef der Liberalen im Europaparlament, als Terrorismus-beauftragen der EU. Er sollte die Zusammenarbeit zwischen dem europäischen Polizeiamt Europol und den nationalen Nachrichtendiensten koordinieren.

Eigentlich war Europol das wichtigste Element der europäischen Terrorismusbekämpfung. Angesichts der Erfahrungen von Madrid sollte die Behörde daher nochmals gestärkt werden. Die Verbindung zum FBI hielten bereits zwei Europolbeamte in Washington. Der Einsatz eines FBI-Agenten bei Europol wurde angekündigt. Nach dem 11. September 2001 hatten die Innenminister eine »Task Force Terrorismusbekämpfung« gegründet, der die Polizeichefs aller 25 EU-Mitgliedsländer angehörten. Allerdings kam diese »Task Force« so gut wie nie zusammen. Das müsse sich ändern, beschlossen die Innenminister am 19. März. Und schon beim eigentlichen Frühjahrsgipfel in Dublin waren die obersten Polizisten mit von der Partie.

Auf Initiative von Bundesinnenminister Otto Schily plante die EU die Aufnahme von biometrischen Daten in Visa, Aufenthaltsgenehmigungen, Pässe und Personalausweise. Während dieses Thema in der Öffentlichkeit breit diskutiert wurde, fand 2002 der Beschluss zur Einführung eines Europäischen Visumsinformationssystems (VIS), das ebenfalls die Aufnahme von biometrischen Merkmalen vorsieht, kaum Beachtung. In den Bereichen Telefonüberwachung, Flugsicherung und Terrorfinanzen hatte die EU bereits nach dem 11. September zahlreiche Beschlüsse gefasst. Davon waren allerdings drei Jahre später einige nur teilweise – wie das Visumsinformationssystem oder der europäische Haftbefehl – umgesetzt. Letzterer sollte das Auslieferungssystem ersetzen und zu einer schnelleren Überstellung der Täter führen. Ab 2004 sollte der europäische Haftbefehl in allen Mitgliedstaaten umgesetzt werden. In fünf Ländern, darunter Deutschland, war das noch nicht der Fall.

Wie der europäische Haftbefehl war auch der Aufbau einer

europäischen Staatsanwaltschaft ein deutscher Vorschlag. Die Behörde bekam den Namen Eurojust und ihren Sitz in Den Haag. Deutschland brachte die Idee 1999 vor allem deshalb beim Europäischen Rat in Tampere ein, um den Verfolgungsdruck auf die Organisierte Kriminalität zu erhöhen. Als die Behörde 2002 beschlossen wurde, kam zwangsläufig der Kampf gegen den Terrorismus als weitere wichtige Aufgabe hinzu. Eurojust sollte die nationalen Staatsanwaltschaften koordinieren und strafrechtliche Ermittlungen mit Bezug zur Organisierten Kriminalität unterstützen.

Um die Finanzierung des Terrors zu verhindern, überarbeiteten die EU-Innenminister vor allem die schon 1991 erlassene Geldwäscherichtlinie, nach der lediglich Finanzinstitute Transaktionen melden mussten, bei denen ein Geldwäscheverdacht bestand. Nun wurde diese Pflicht auch auf die freien Berufe wie Immobilienmakler, Rechtsanwälte, Notare, Steuerberater oder Buchprüfer ausgedehnt. Die Kommission schlug zudem vor, Zollkontrollen für Bargeldbewegungen an den Außengrenzen einzuführen, da sie erwartete, dass die Terroristen aufgrund der verschärften Kontenüberwachung künftig in bar zahlen würden.

Die Europäische Union und ihre Nationalstaaten erließen also ebenso wie die USA eine Fülle von Maßnahmen, mit deren Hilfe die Sicherheit für die Bürger erhöht und der Terror bekämpft werden sollte. Seit US-Präsident George W. Bush in Berlin gewesen war, die Currywurst verschmähte und liebend gerne offensiv für den Einmarsch in den Irak geworben hätte, schienen die gesetzgeberischen Mittel der Staaten im Kampf gegen den Terror ausgereizt zu sein. Und doch ist der Terror noch lange nicht besiegt.

KAPITEL NEUN

Toleranz ist nicht Gleichgültigkeit
oder
Für ein echtes Miteinander

Nach dem Geiseldrama von Beslan, bei dem 339 Menschen starben, als russische Elitesoldaten die Schule stürmten, in der tschetschenische Terroristen 1000 Eltern und Kinder festgehalten hatten, sagten 62 Prozent der Deutschen, sie sähen sich im »Kampf der Kulturen«. Immerhin ein Fünftel rechnete gar mit einem schweren Terroranschlag in Deutschland mit vielen Toten. Und sogar 83 Prozent erklärten, wenn sie das Wort Islam hörten, müssten sie sofort an Terror denken.[182] Genau das wollten die Terroristen erreichen, nämlich die Aufteilung der Welt in zwei sich feindlich gegenüberstehende Pole: hier der Westen, dort der Islam. Sie wollen Angst verbreiten mit ihrem Terrorkrieg, in dem es keinen territorialen Frontverlauf, kein räumlich begrenztes Schlachtfeld gibt. Denn ihre stärkste Waffe ist die Angst derer, die sie bekämpfen. Angst zersetzt die Abwehrkräfte und macht erpressbar. Das ist das Kalkül der Terroristen. Der Terroranschlag in Madrid hat es gezeigt.

Auf der anderen Seite wird für den Verängstigten jeder Muslim zum potenziellen Feind. Die ohnehin schon tiefe Kluft, die Deutsche, Franzosen oder Spanier von den in ihren Ländern lebenden Muslimen trennt, gerät so zur Feindeslinie und schafft somit endgültig jene Konstellation der sich unversöhnlich gegenüberstehenden Angehörigen unterschiedlicher Kulturen, die der Terror erzwingen will.

Polizei und Geheimdienste haben eine Fülle zusätzlicher Befugnisse erhalten, um die Terroristen aufspüren und festnehmen zu können. Der Informationsaustausch der Sicherheitsbehörden untereinander wurde optimiert, die Kontrollen an den Flughäfen intensiviert und das Bankgeheimnis gelockert, damit auch die Geldflüsse der Terrororganisationen gestoppt werden können. All das ist unverzichtbar. Ebenso unverzichtbar ist es, die Terroristen dort zu jagen, wo sie sich verstecken und wo sie ihre Ausbildungscamps haben, nämlich im Grenzgebiet zwischen Afghanistan und Pakistan. Diese Aufgabe überlassen die Amerikaner und ihre Verbündeten derzeit weitgehend dem pakistanischen Militär. Die Soldaten tun sicher ihr Bestes, können aber, was ihre Ausbildung und Ausrüstung angeht, mit westlichen Spezialeinheiten bei weitem nicht mithalten. Nur so ist es zu erklären, dass Bin Ladens Vize Ayman Zawahiri zum dritten Jahrestag der Anschläge vom 11. September in blütenweißem Hemd und Turban seelenruhig eine Videobotschaft an die Welt richten und dabei die Amerikaner verhöhnen konnte. Die Geheimdienste urteilten hinterher, Al Qaida müsse sich wieder sicherer fühlen. Die Terrorgruppe würde sonst für die Aufzeichnung eines Videos kein Risiko eingehen. Angesichts der Tatsache, dass sich dort die Köpfe von Al Qaida aufhalten, ist es unverständlich, warum der Westen dort nicht all seine Kräfte einsetzt, um die Al-Qaida-Spitze endlich dingfest zu machen und die Ausbildungscamps auszuheben.

Mindestens genauso wichtig für die Sicherheit der Menschen ist eine radikale Veränderung der Verhältnisse zwischen den Mehrheitsgesellschaften und den Muslimen in Europa. Die Anschläge in den USA und in Spanien haben ihren Ursprung in einem radikalen Islamismus, der in den muslimischen Vierteln von Hamburg und Madrid erst möglich wurde. Dort haben sich die Attentäter radikalisiert, von dort fanden sie ihren Weg in die Terrorcamps nach Afghanistan und kamen als fanatisierte neo-islamistische Attentäter zurück. Was muss geschehen, damit solche Entwicklungen in Zukunft unmöglich werden?

Zunächst einmal müssen die Deutschen sich mit ihren muslimischen Mitbürgern auseinander setzen. Das, was sie über Jahrzehnte als Toleranz bezeichneten, war letztlich nichts anderes als Ignoranz. In Wahrheit wollten sie mit den Muslimen nichts zu tun haben – und die Mehrheit der Muslime nichts mit den Deutschen. Notwendig ist aber eine kritische Toleranz. Kritische Toleranz bedeutet, dass die Mehrheitsgesellschaft zwar das durch Religion und Kultur begründete Anderssein der Minderheit anerkennt, diesem Anderssein aber dadurch Grenzen setzt, indem sie selbstbewusst ihre auf christlichen Werten und dem Geist der Aufklärung fußende Kultur entgegenhält und deutliche Anpassungen an den westlichen Lebensstil einfordert. Selbstverständlich gehören dazu das Erlernen der Sprache und die Anerkennung der universellen Menschenrechte. Damit in Zukunft ein intensiver interkultureller Dialog möglich wird, sollten auch nichtmuslimische Kinder im Unterricht über den Islam aufgeklärt werden.

Die Muslime müssen ihr Ghetto verlassen und ernsthaft Interesse an einer Integration in die Gesellschaft zeigen. Eine Benachteiligung der Frau ist ebenso wenig zu tolerieren wie Gewalt gegen Frauen oder als Mittel zur Kindererziehung. Genauso verbietet es sich, Mädchen zum Kopftuchtragen zu zwingen und sie vom gemeinsamen Sportunterricht mit Jungen auszuschließen. Eine Integration kann nur gelingen, wenn gleiche Regeln für alle gelten. Damit Deutsch zur Muttersprache für die in Deutschland geborenen Kinder wird, sollte auch in den Moscheen auf Deutsch gepredigt werden. Dazu ist es notwendig, dass in den Moscheen nur noch Imame zugelassen werden, die an einer deutschen Universität ausgebildet wurden. Auch den Religionsunterricht sollten ausschließlich Lehrer erteilen, die an deutschen Universitäten studierten. Auf diese Weise würde den Moscheen und somit extremistischen Organisationen, wie etwa Milli Görüs, der Koranunterricht entzogen, die ihn bislang ohne jede staatliche Kontrolle erteilen.

Es dürfte unmöglich sein, die muslimischen Viertel ohne die Unterstützung von Sozialämtern und Stadtplanern zu öffnen. Die Behörden könnten die Sozialwohnungen so vergeben, dass ein gutes Mischungsverhältnis zwischen Muslimen und Nichtmuslimen entsteht.

Die wichtigste Aufgabe der Muslime als demokratische Staatsbürger muss es sein, selbst jede Form von Extremismus und Radikalismus unter ihren Glaubensbrüdern zu bekämpfen. Man kann nur alle Muslime, die einen deutschen Pass besitzen, ermuntern, aktiv in der Politik mitzuarbeiten und auf diese Weise für ihre Belange einzutreten.

Die größte Hürde für einen institutionalisierten interkulturellen Dialog ist derzeit noch die fehlende Instanz, die wirklich für eine breite Mehrheit der Muslime sprechen könnte. Der Aufbau einer solchen Vertretung zählt zu den vordringlichsten Aufgaben. Und natürlich müsste man darauf achten, dass auch hier Extremisten fern gehalten werden. Bis heute wissen weder Politiker noch die Vertreter der Kirchen, mit wem sie über grundlegende Fragen reden sollen.

Wie dringend die Annäherung zwischen Muslimen und der Mehrheitsgesellschaft ist, belegt eine Meldung des Zentrums für Türkeistudien. Es befürchtet eine Zunahme von Konflikten zwischen der deutschen und der türkischstämmigen Bevölkerung. Da sich immer mehr Migranten dafür entscheiden, in Deutschland zu bleiben, müssten mehr Moscheen gebaut und mehr muslimisch geprägte Altenheime und Friedhöfe eingerichtet werden. Dadurch werde es zu starken Auseinandersetzungen mit den deutschen Nachbarn kommen. Solche Konflikte lassen sich nur dann klären, wenn der Dialog zwischen beiden Gruppen in Gang gesetzt wird.

Das häufig angeführte Argument, der Beitritt der Türkei zur Europäischen Union würde die Integration der Muslime in Deutschland und Europa fördern, darf bezweifelt werden. Die zukünftig in Europa lebenden Muslime werden mehrheitlich hier geboren und aufgewachsen sein. Ihnen fehlen die engen Bindungen an das Herkunftsland ihrer Eltern. Sie sind vielmehr bestrebt, eine eigene deutsche oder europäische Identität aufzubauen. Sicher würden die türkischstämmigen Deutschen den Beitritt der Türkei begrüßen. Doch auch wenn dieser Schritt nicht vollzogen wird, blieben sie in Deutschland oder einem anderen EU-Land und wären bemüht, sich dort eine Zukunft aufzubauen. Dauerhaft wird sich so ein europäischer Islam herausbilden. Aus dem arabischen Raum heraus werden schon heute große Anstrengungen unternommen, diese Entwicklung zu beeinflussen. Das Gleiche gilt für fundamentalistische Prediger wie Tariq Ramadan, der den Euro-Islam ganz im islamistischen Sinne der ägyptischen Muslimbrüder formen möchte. Sollte es ihnen gelingen, wäre das ein Rückschritt, der die Integration der Muslime in Europa noch einmal behinderte und schließlich zu tiefgreifenderen Konflikten führen müsste.

Auch die sich ankündigende Migrationswelle aus Nordafrika bedroht den einzuleitenden Integrationsprozess. Denn zum einen besteht die Gefahr, dass auf diese Weise weitere extremistische Kräfte nach Europa kommen, zum anderen könnten sie den Integrationsprozess der europäischen Muslime bremsen oder gar stoppen und so neue Konflikte heraufbeschwören.

Die gemeinsame Geschichte Europas und des Islam ist gezeichnet von blutigen Konflikten, angefangen von den Kreuzzügen über die spanische Inquisition bis hin zur Belagerung Wiens durch die Truppen des Osmanischen Reiches im Jahr 1683. Jetzt können Muslime und Nichtmuslime beweisen, dass diese Auseinandersetzungen endgültig Geschichte sind.

Es wird nicht darum gehen, Religion aus dem Alltag zu verbannen. Europa wäre ohne den Einfluss des Christentums nicht so, wie es sich heute darstellt. Konrad Adenauer, Winston Churchill, Schuman und de Gasperi schufen auf dem Fundament ihres Glaubens ein von sittlicher Vernunft geprägtes Europa, das die Katastrophen des 20. Jahrhunderts überwunden zu haben glaubte. Nun erlebt es die Rückkehr des Totalitären in Form des Neo-Islamismus, dessen Ziel es ist, sich die liberalen Gesellschaften über die terroristische Tötungsmacht untertan zu machen.

Muslimische Frauen, fordert Eure Rechte ein!

von Ayaan Hirsi Ali

Ich wurde in Somalia geboren und wuchs in einer islamischen Familie auf. Als muslimisches Mädchen wurde ich mit einem Neffen verheiratet und sollte danach mein restliches Leben als Hausfrau und Mutter in Isolation verbringen. Doch ich entkam, reiste mit Hilfe von Freunden durch Europa und kam in den Niederlanden an. Das war vor zehn Jahren. In den Niederlanden kann ich studieren und arbeiten. Hier kann ich auch meine Meinung sagen. Oft werde ich gefragt, warum ich gerade den Islam und die Stellung der Frauen im Islam so kritisiere. Mir wird vorgeworfen, in meinen Äußerungen und Bemerkungen diese Religion zu diskreditieren. Ich schaffe angeblich ein Bild, wonach *alle* muslimischen Männer »dumme und gewalttätige Rüpel sind, die ihre Frauen unterdrücken«. Weiter wird mir vorgeworfen, Populisten und Rassisten in die Hände zu spielen. Man sagt, sie würden meine Äußerungen missbrauchen, um Muslime zu unterdrücken. So sehe ich mich genötigt zu erklären, warum ich die Behandlung der Frauen innerhalb der muslimischen Gemeinschaft kritisiere. Vier Gründe gibt es für meine Kritik:

Mit meiner Kenntnis des muslimischen Glaubens und meiner eigenen Erfahrung damit kann ich hoffentlich zur Beendigung der entwürdigenden Behandlung muslimischer Frauen und Mädchen beitragen. Ich bin fest von der universellen Gültigkeit der Menschenrechte überzeugt. Als Mitglied des Vorstands von amnesty international erfüllt es mich mit Sorge, dass die große Mehrheit muslimischer Frauen immer noch der Doktrin der Jungfräulichkeit unterworfen wird. Sie verlangt, dass Frauen völlig unerfahren in die Ehe eintreten. Erfahrungen mit Liebe und Sexualität vor der Ehe sind ein absolutes Tabu. Dieses Tabu gilt nicht für Männer. Generell haben Männer und Frauen keineswegs gleiche Rechte und Möglichkeiten innerhalb ihrer spezifisch muslimischen Kultur. Viele Frauen haben einfach keine Möglichkeit, ihr Leben unabhängig oder nach eigenem Gutdünken zu organisieren.

Ich verabscheue den Islam nicht. Mir ist bewusst, für welch edlen Werte die Religion eintritt, wie zum Beispiel Wohltätigkeit, Gastfreundschaft und Solidarität mit den Schwachen und Armen. Doch wenn es um Frauen geht, sieht die Sache ganz anders aus. Im Namen des Islam werden grausame und schreckliche Praktiken wie die weibliche Beschneidung und die Verstoßung aufrechterhalten.

Natürlich verhalten sich keineswegs alle muslimischen Männer respektlos oder gewalttätig gegenüber Frauen. Ich kenne unzählige wunderbare muslimische Männer, die ihre Mütter, Schwestern und Frauen anständig behandeln. Außerdem sind die Männer genauso Opfer dieser Kultur der Jungfräulichkeit, wenn auch nur indirekt. Sie werden dadurch nicht von einer gesunden, ausgeglichenen und gebildeten Mutter erzogen, was wiederum einen Nachteil in Hinsicht auf Bildung, Beschäftigung und soziale Entwicklung darstellt.

Wegen der unverhältnismäßig starken Betonung von »Männlichkeit« in der muslimischen Erziehung und wegen der physischen und geistigen Trennung der Geschlechter haben Männer kaum Gelegenheit, die für ein harmonisches Familienleben erforderliche Kommunikationsfähigkeit zu erwerben. Daher überrascht es nicht, dass zahlreiche muslimische Frauen in den Niederlanden sich beklagen, dass ihre Männer selten mit ihnen sprechen *(NRC Handelsblad,* 8. Juli 2002). Die Ehen, welche die Familien für die noch sehr jungen Töchter im Voraus arrangieren, erlegen dem Mann eine schwere Verantwortung auf, die er nicht selbst gewählt hat – für ein Mädchen, das er kaum kennt. Das alles führt häufig zu mangelndem Verständnis, Wut und einem Gefühl der Ohnmacht. Wenn man als Mann darüber hinaus mit der Vorstellung aufgewachsen ist, dass es richtig ist, eine Frau zu schlagen, ist es nur noch ein kleiner Schritt zur Anwendung von Gewalt. Gegenwärtig haben Frauenhäuser in den Niederlanden einen großen Zustrom von muslimischen Frauen zu verzeichnen. Es wurden sogar eigene Frauenhäuser für muslimische Mädchen eingerichtet, die aus ihrem Elternhaus fliehen.

Ironischerweise wird die Unterdrückung von Frauen zu einem großen Teil von anderen Frauen aufrechterhalten. Hier ist ein Zitat von Fatma Katirci (in demselben Artikel im *NRC Handelsblad* vom 8. Juli 2002), einer türkischen Imama in Amsterdam, über den Vers im Koran, der Männern das Recht einräumt, ihre Frauen zu schlagen:»Ja, aber nicht in einem Streit darum, was an diesem Abend auf den Tisch kommt. Es muss um eine ernsthaftere Sache gehen, etwa um eine Frage der Ehre, wie zum Beispiel Untreue. Wenn eine Frau mit ihrem Verhalten den Ruf der Familie schädigt … Wissen Sie, manche Frauen lernen schon aus einem guten Gespräch. Andere ändern ihr Verhalten erst, wenn die Betten getrennt werden, und manche verhalten sich wirklich neurotisch. Bei den Letzteren kann ein kleiner Klaps das letzte Mittel sein, um ihnen den Fehler in ihrem Verhalten einsichtig zu machen. Sie dürfen mich nicht missverstehen: Ich bin dagegen. Schlagen ist entwürdigend, doch wenn es wirklich keine Alternative gibt, muss es sein.«

Diese Äußerung macht deutlich, dass auch gebildete Frauen oft Probleme haben, Vorstellungen aufzugeben, die ihnen von Kindheit an eingeimpft worden sind. In den traditionell ausgerichteten muslimischen Gemeinschaften sind es oft die Mütter, die ihre Töchter unter ihrer Fuchtel halten, und die Schwiegermütter, die ihren Schwiegertöchtern das Leben unerträglich machen. Cousinen und Tanten tratschen endlos übereinander und über andere und tragen mit dieser sozialen Kontrolle zum Erhalt ihrer eigenen Unterdrückung bei.

Der zweite Grund für meine kritische Haltung ist die Gefahr, dass ohne die Emanzipation der muslimischen Frauen die soziale Benachteiligung der Muslime andauern wird. Ich sehe eine direkte Verbindung zwischen der schlechten Stellung muslimischer Frauen auf der einen Seite und der Rückständigkeit der Muslime in der Bildung und auf dem Arbeitsmarkt, der hohen Rate von Straffälligkeit unter den Jugendlichen und ihrer starken Inanspruchnahme von Sozialeinrichtungen auf der anderen Seite. Tatsächlich verweigert die Erziehung den muslimischen Mädchen und späteren Müttern Unabhängigkeit und Eigenverantwortlichkeit – Werte, die von wesentlicher Bedeutung für das Vorankommen in einem westlichen Land sind.

Eine für die Emanzipation muslimischer Frauen gefährliche Entwicklung ist die Tatsache, dass beispielsweise in einem Land wie den Niederlanden das Alter für die Verheiratung junger Mädchen in den letzten Jahren gesunken ist. Jemanden zu verheiraten bedeutet, ein Mädchen oder eine junge Frau einem unbekannten Mann zur Verfügung zu stellen, der sie dann sexuell ausnutzen kann. Je jünger die Braut, desto größer ist die Wahrscheinlichkeit, dass sie Jungfrau ist. Tatsächlich handelt es sich hier um eine mit Zustimmung der gesamten Familie arrangierte Vergewaltigung. Die Verheiratung bedeutet normalerweise, dass das Mädchen seine Ausbildung nicht abschließen kann oder darf. Leider werden immer noch zahlreiche muslimische Mädchen dieser Praxis unterworfen.

Mädchen, denen es nicht gelingt, ihre Jungfräulichkeit zu bewahren, oder die befürchten, dass sie in ihrer Hochzeitsnacht nicht bluten (obwohl sie noch nie Sex hatten), lassen sich in einem ärztlichen Eingriff ihr Jungfernhäutchen wiederherstellen. Etwa 10 bis 15 solcher Operationen werden jeden Monat in niederländischen Krankenhäusern durchgeführt. Durch die Tabuisierung des Themas Sex – und auch der Sexualerziehung – werden muslimische Mädchen und Frauen ungewollt schwanger oder infizieren sich mit sexuell übertragbaren Krankheiten. Die Zahl der Schwangerschaftsabbrüche nimmt wegen des Zustroms marokkanischer und türkischer Frauen zu.

Der dritte Grund, warum ich meine Stimme erhebe, ist der, dass kaum einmal jemand muslimischen Frauen zuhört. Die offiziellen Sprecher sind fast durchweg Männer. Bedenkt man, in welchem Ausmaß die Betroffenen leiden, gibt es zu wenige soziale Einrichtungen und politische Parteien, die sich aktiv für eine Verbesserung des Schicksals muslimischer Frauen einsetzen. Sprecher muslimischer Organisationen, zugewanderte Politiker mit muslimischem Hintergrund sowie andere Fürsprecher für die Rechte bestimmter Gruppen überbieten sich darin, die enormen Probleme muslimischer Mädchen und Frauen im Westen zu leugnen, zu trivialisieren oder auszublenden.

In einem Interview im *NRC Handelsblad* vom 8. Juni 2002 sagte die Parlamentsabgeordnete Khadija Arib von der (sozialistischen) *Partij van de Arbeid* Folgendes zur Stellung muslimischer Frauen: »Man glaubt anscheinend, zugewanderte Frauen wollen den ganzen Tag zu Hause sitzen. Das tun sie aber hauptsächlich deshalb, weil sie nicht wissen, wohin sie gehen sollen.«

Bei der Eröffnung einer Mutter-und-Kind-Krippe im Amsterdamer Vorort Bos en Lommer in diesem Frühjahr schlug sie eine spezielle Einrichtung vor, wo Frauen sich den ganzen Tag beschäftigen können. Damit leugnet sie den Kern des Problems. In einem großen Teil der muslimischen Gemeinschaft existiert immer noch die Vorstellung, Frauen sollten nicht die Freiheit haben, sich außerhalb des Hauses zu bewegen oder zu arbeiten. Eine deutliche Kritik dieser Vorstellung würde den muslimischen Frauen mehr nutzen als die Schaffung spezieller »Beschäftigungszentren« für Frauen.

Mein letzter Grund ist die feste Überzeugung, dass die Betonung einer muslimischen Identität und der entsprechenden Rechte für bestimmte Gruppen nachteilig für muslimische Frauen wäre. 1999 begann die Feministin und Professorin für Politologie Susan Moller Okin in den Vereinigten Staaten eine Diskussion zwischen den Fürsprechern des Multikulturalismus, welche die Förderung und den Erhalt islamischer (und anderer) Gruppenkulturen wünschen, und den Gegnern des Multikulturalismus, zu denen Okin selbst zählt. Ihrer Ansicht nach steht die Politik zahlreicher westlicher Regierungen, die auf den Erhalt dieser Gruppenkulturen ausgerichtet ist, in Konflikt mit ihrer Verfassung: Schließlich sind darin die Prinzipien der Freiheit des Einzelnen und die Gleichwertigkeit von Mann und Frau festgelegt. Unter anderem kritisiert sie, dass die Multikulturalisten das Privatleben in den von ihnen verteidigten Kulturen vernachlässigen. Doch genau hier zeigen sich die Unterschiede in der Machtverteilung und die Unterdrückung der Frauen am deutlichsten.

Letztendlich werden muslimische Frauen im Westen von der herrschenden westlichen Kultur, der die Mehrheit der Bevölkerung folgt, eher profitieren. Sie bietet ihnen gute Chancen, ihr Leben nach eigenen Vorstellungen zu gestalten. Ich bin der lebende Beweis dafür. Deshalb fühle ich mich auch verantwortlich dafür, das demokratische System, dem ich persönlich so viel verdanke, zu erhalten und zu beschützen. Im Prinzip haben auch alle niederländischen Muslime dieselben Menschenrechte, doch überholte religiöse Ansichten hindern sie größtenteils, diese Rechte umzusetzen. Dass das hauptsächlich Frauen betrifft, erfüllt mich mit Sorge.

Meiner Ansicht nach sollten die, die denselben Glauben haben wie die unterdrückten Frauen und die in westlichen

Gesellschaften *erfolgreich* sind (ihre Zahl ist übrigens nicht sehr groß), sich mehr für ihre Schwestern und Brüder einsetzen. Ich möchte Frauen wie die Schriftstellerin Naima El Bezaz, die offen über Frauen und Sexualität schreibt, ermuntern, religiöse Barrieren zu überwinden und die Kultur der Jungfräulichkeit (Koran, *Hadith:* Traditionen und die daraus folgenden Praktiken) in Frage zu stellen, anstatt die etablierte Tradition einfach weiter hinzunehmen. Das würde ihnen selbst *und* ihren Schicksalsgenossinnen nutzen, die bislang weniger Gelegenheit hatten, sich zu entwickeln. Wir müssen Prioritäten setzen, das heißt, die wichtigsten Dinge zuerst zu erledigen. Weniger wichtige Themen wie »das Image des Islam« müssen deshalb zurückstehen. Ist die Vorstellung nicht absurd, Allah in all seiner Größe sorge sich um sein Image?

Ich lade die Fürsprecher der multikulturellen Gesellschaft ein, sich mit den Leiden der Frauen vertraut zu machen, die im Namen der Religion zu Hause versklavt werden. Müssen sie erst selbst schlecht behandelt, vergewaltigt, eingesperrt und unterdrückt werden, damit sie sich in die Situation anderer hineinversetzen können? Ist es nicht Heuchelei, solche Praktiken zu verharmlosen und zu tolerieren, während man selbst in Freiheit vom Fortschritt der Menschheit profitiert?

Eine multikulturelle Gesellschaft ist kein Ziel an sich. Wir müssen gemeinsame Anstrengungen unternehmen, um jener islamischen Erziehung und all den Organisationen entgegenzuwirken, die zur eigenen Absonderung führen und so zur Fortdauer einer hoffnungslosen Tyrannei über Frauen und Kinder beitragen.

Anmerkungen

1 »Als wäret ihr im Krieg«, *Der Spiegel*, 13/2004, S. 31
2 *Explizit*, Zeitschrift der Hizb ut-Tahrir al-Islami, Nr. 30, Ausgabe für die Monate März bis Juni 2002
3 Verfassungsschutzbericht 2003, S. 174
4 »Berufliche Orientierung und Ausbildung«, Türkische Gemeinde Deutschland, 12. 1. 2003, Hamburg
5 »Konstanz und Wandel der Lebenssituation türkischstämmiger Migranten, Ergebnisse der fünften Mehrthemenbefragung 2003«, Andreas Goldberg/Martina Sauer, Stiftung Zentrum für Türkeistudien, Institut an der Universität Duisburg-Essen, im Auftrag des Ministeriums für Gesundheit, Soziales, Frauen und Familie des Landes Nordrhein-Westfalen
6 W. Heitmeyer, J. Müller, H. Schröder: *Verlockender Fundamentalismus, Türkische Jugendliche in Deutschland*, Frankfurt 1997
7 Bundesagentur für Arbeit, Statistik
8 Nermin Abadan-Unat: »Die ersten 25 Jahre der türkischen Migration. Versuch einer wissenschaftlichen Bilanz«, in: Hermann Bausinger (Hrsg.): *Ausländer – Inländer, Arbeitsmigration und kulturelle Identität*, Tübingen 1986
9 Bundeskanzler Ludwig Erhard, Regierungserklärung vom 10. November 1965
10 Deutscher Bundestag (1970), Drucksache VI/496, Sachgebiet 223
11 Günter Wallraff: *Ganz unten. Mit einer Dokumentation der Folgen*, Köln 1988
12 Heinz Kühn, »Memorandum zu Stand und Entwicklung der Integration der ausländischen Arbeitnehmer und ihrer Familienangehörigen in der Bundesrepublik Deutschland«, Bonn, September 1979
13 »Gastarbeiter kommen nach NRW«, Beitrag von Ina Schaefer unter www.nrw2000.de/nrw/gastarbeiter.htm
14 *Neue Osnabrücker Zeitung*, vom 13. September 1980

15 Bundeskanzler Helmut Schmidt in der Wochenzeitung *Die Zeit* vom 5. Februar 1982

16 Zitat des hessischen CDU-Politikers Alfred Dregger von der Ausländer-Tagung der CDU in Bonn am 21. Oktober 1982

17 Ausführliche Dokumentation aller deutschen Wahlergebnisse unter www.wahlrecht.de

18 Vgl. »Wir über uns«, Die Republikaner

19 Zitat von Bundeskanzler Helmut Kohl in *Die Welt*, 17. März 1983

20 Innenminister Zimmermann, CSU, Rede vor dem Deutschen Bundestag im Mai 1983

21 Ausländer in der Bundesrepublik Deutschland 1961–1999, Statistisches Bundesamt

22 Harald W. Lederer: Migration und Integration in Zahlen, CD-ROM, Bamberg, 1997

23 Herberhold: »KulturKonstruktionen: Die Auswirkungen der Rede von ›verschiedenen Kulturen‹ auf die Lebensbedingungen alter türkischer Frauen in Deutschland«, http://elib.uni-bamberg.de/Volltexte/2002/9/OIVE.pdf

24 Faruk Sen: »Türkische Minderheit in Deutschland«, Informationen zur politischen Bildung, Heft 277, 4. Quartal 2002, S. 53–61

25 Bundesamt für die Anerkennung ausländischer Flüchtlinge

26 »Der Bimbes-Kanzler«, *Der Spiegel*, 21. Februar 2000, S. 44 ff

27 Andreas Spiet: »Die Angst bleibt«, *Freitag*, Nr. 48 vom 22. November 2002

28 ZeitPunkte: Daten und Fakten der 13. Wahlperiode (1994–1998), Deutscher Bundestag

29 ebenda

30 Gunter Hofmann: »Fatal normal«, *Die Zeit*, 11. Juni 1993

31 Bundesamt für die Anerkennung ausländischer Flüchtlinge, Die Entwicklung der Asylantragszahlen seit 1985

32 Statistisches Bundesamt, Ausländer in der Bundesrepublik Deutschland, 1961–1999

33 Jürgen Voges: *Die Asylkampagne als Modellfall*, 1994

34 Heiner Geißler: »Multikulturelle Gesellschaft: Ja!«, in: Michael Klöcker und Udo Tworuschka (Hrsg.), *Miteinander, was sonst? Die multikulturelle Gesellschaft im Brennpunkt*, Köln/Wien 1990

35 Zahl der Ausländer in der Bundesrepublik Deutschland, Statistik des Bundesministeriums des Innern

36 Grundsatzprogramm der Sozialdemokratischen Partei Deutschlands, beschlossen am 20. Dezember 1989 in Berlin, geändert auf dem Parteitag in Leipzig am 17. April 1998, S. 24, »Solidarität zwischen Kulturen«

37 Heiner Geißler: »Multikulturelle Gesellschaft: Ja!«, in: Michael Klöcker und Udo Tworuschka (Hrsg.), *Miteinander, was sonst? Die multikulturelle Gesellschaft im Brennpunkt,* Köln/Wien 1990

38 Beschluss des Parteirats von Bündnis 90/Die Grünen vom 13. November 2000 in Berlin

39 ebenda

40 Bassam Tibi: *Europa ohne Identität? Die Krise der multikulturellen Gesellschaft,* 1998

41 Jutta Limbach: »Freiheit des Glaubens und des Gewissens – Multikulturelle Gesellschaft und das Gebot der Toleranz«, in: *Das Ende der Toleranz?,* 2002

42 Ali Gitmez, Czarina Wilpert: »A Micro-Society or an Ethnic Community? Social Organization and Ethnicity among Turkish Migrants in Berlin«, in: John Rex, Daniele Joly, Czarina Wilpert (Eds.): *Immigrant Associations in Europe* (Studies in European Migration; No. 1), Hants 1987

43 Aytac Erilmaz: *Wie geht man als Arbeiter nach Deutschland?,* Essen 1998

44 Mathilde Jamin: *Die deutsche Anwerbung: Organisation und Größenordnung,* Essen 1998

45 Vgl. Interviews mit Migranten der ersten Generation im Dokumentationszentrum und Museum über die Migration aus der Türkei e.V. im Ruhrlandmuseum Essen

46 Integrationspolitische Schwerpunkte 2003–2005, Der Beauftragte für Integration und Migration des Senats von Berlin

47 *Frankfurter Rundschau* vom 22. März 1976, S. 20

48 Oberverwaltungsgericht Rheinland-Pfalz, Az: 8A 11739/00

49 Bundesverfassungsgericht, 1BvR 1783/99

50 Daten vom Islam-Archiv Deutschland, Soest

51 Mohammed el-Abbasi: »Wer bestimmt denn nun den modernen Islam?«, *Islamische Zeitung,* 14. Mai 2003

52 Alle Daten zu den Stadtteilen Berlin Kreuzberg, Gelsenkirchen Bismarck/Schalke-Nord und Hamburg Altona und stammen aus den Projektunterlagen »Modellregionen Soziale Stadt« der Bundesregierung

53 ebenda

54 ebenda

55 ebenda

56 Erstmals zum 30. Juni 2003 vom Beauftragten für Integration und Migration der Hauptstadt ermittelte Zahl

57 Der Beauftragte für Integration und Migration, Berlin, Statistik bis 31. Dezember 2003

58 Statistisches Landesamt, Hansestadt Hamburg, 2002

59 Melderegister Frankfurt am Main, Einwohner mit Hauptwohnung am 31. Dezember 2003

60 Stephanie Rosenkranz: »Islam in Deutschland – Zwischen Kopf tuchstreit und Terrorangst«, *Stern,* Nr. 15, 2004

61 »Konstanz und Wandel der Lebenssituation türkischstämmiger Migranten, Ergebnisse der fünften Mehrthemenbefragung 2003«, Andreas Goldberg/Martina Sauer, Stiftung Zentrum für Türkeistudien, Institut an der Universität Duisburg-Essen, im Auftrag des Ministeriums für Gesundheit, Soziales, Frauen und Familie des Landes Nordrhein-Westfalen

62 ebenda

63 Gilles Kepel: *Der Prophet und der Pharao,* München 1995

64 ebenda

65 Olaf Farschid: »Staat und Gesellschaft in der Ideologie der ägyptischen Muslimbruderschaft«, erschienen in: *Islamismus,* Hrsg.: Bundesministerium des Innern, Berlin 2003

66 ebenda

67 Gilles Kepel: *Das Schwarzbuch des Dschihad,* Aufstieg und Niedergang des Islamismus, München 2002, Orig. Ausg. Paris 2000

68 ebenda

69 ebenda

70 Michael Pohly, Khalid Durán: *Osama bin Laden und der internationale Terrorismus,* München 2001

71 Hans-Peter Raddatz : *Von Allah zum Terror? Der Djihad und die Deformierung des Westens,* München 2002, S. 167 ff

72 Gilles Kepel: *Das Schwarzbuch des Dschihad,* Aufstieg und Niedergang des Islamismus, München 2002, Orig. Ausg. Paris 2000

73 Walter Laqueur: *Krieg dem Westen– Terrorismus im 21. Jahrhundert,* München 2003, S. 37 bis 43

74 *Der Spiegel,* Ausgabe 40/2003

75 Gilles Kepel : *Das Schwarzbuch des Dschihad,* Aufstieg und Niedergang des Islamismus, München 2002, Orig. Ausg. Paris 2000

76 Ely Karmon: »The Demise of Radical Islam in Turkey«, *Middle East Review of International Affairs,* Juni 2000

77 Haggay Ram: »Exporting Iran's Islamic Revolution: Steering a Path between Pan-Islam and Nationalism«, in: *Terrorism and Political Violence, Vol. 3, 1997, Special Issue on Religious Radicalism in the Greater Middle East,* edited by Bruce Maddy-Weitzman and Efraim Inbar, S. 7 – 24, S. 12 – 16

78 Ely Karmon, a. a. O.

79 Guido Steinberg: »Der Islamismus im Niedergang?, Anmerkungen

zu den Thesen Gilles Kepels, Olivier Roys und zur europäischen Islamismusforschung«, in: *Islamismus*, Hrsg: Bundesministerium des Innern, Berlin 2004

80 Werner Schiffauer: *Die Gottesmänner. Türkische Islamisten in Deutschland*, Frankfurt 2000

81 Rita Breuer: »Grundlagen der Scharia und ihre Anwendung im 21. Jahrhundert«, erschienen in: *Islamismus*, Hrsg: Bundesministerium des Innern, Berlin 2004, S. 101; siehe auch Cemaleddin Kaplan: *Die Grundbestimmungen des Islam*, Köln 2000, S. 90 ff

82 Verfassungsschutzbericht 2003, Bundesministerium des Innern

83 Rita Breuer: »Grundlagen der Scharia und ihre Anwendung im 21. Jahrhundert«, erschienen in: *Islamismus*, Hrsg: Bundesministerium des Innern, Berlin 2004, S. 100, siehe auch: *Milli Gazete* vom 22. Juli 2002 und 11. März 2002

84 *Milli Gazete* vom 25. Juni 2003

85 Verfassungsschutzbericht 2003, Freie und Hansestadt Hamburg, Behörde für Inneres, *Milli Gazete* vom 5./6. Juli 2003

86 Verfassungsschutzbericht Hamburg 2003, *Milli Gazete* vom 11. Juli 2003

87 Verfassungsschutzbericht Hamburg, 2003

88 Verfassungsschutzbericht 2003, Bundesministerium des Inneren, Zitat aus *Explizit*, Ausgabe Nr. 30, März bis Juni 2002

89 ebenda

90 Universal Islamic Declaration des Islamrates für Europa, in *New Horizon*, London, 28. April 1980

91 Abu l-A'la al-Maududi: »Weltanschauung und Leben im Islam; Islam – Gesetz des Universums«, am 4. September 2004 zu finden auf http://www.al-islam.com/articles/articles-g.asp?fname = Maududi, Developed by Harf Information Technology, 2004. Al-islam.com ist ein mehrsprachiges Internetangebot fundamentalistischer Ausrichtung. Unter anderem können muslimische Kinder auf dieser Seite in deutscher Sprache an einer Koranschule teilnehmen.

92 Muhammad Siddiq: »Weltanschauung und Leben im Islam«, Hrsg: Informationszentrale Dar-us-Salam; der Vortrag wurde erstmals gehalten im April 1986 im Rahmen der Islam-Woche Darmstadt

93 Vgl. al-Maududi, a. a. O.

94 Nadeem Elyas im Interview mit der *Süddeutschen Zeitung*, 11. Dezember 2001, S. 10

95 Hans-Peter Raddatz: *Von Allah zum Terror? Der Djihad und die Deformierung des Westens*, München 2002

96 Muhammad Siddiq: *Weltanschauung und Leben im Islam*, a. a. O.

97 Karin Brettfeld und Peter Wetzels: »Junge Muslime in Deutschland: eine kriminologische Analyse zur Alltagsrelevanz von Religion und Zusammenhängen von individueller Religiosität mit Gewalterfahrungen, -einstellungen und -handeln«, in: *Islamismus*, Hrsg: Bundesministerium des Innern, 2003

98 W. Heitmeyer, J. Müller, H. Schröder: *Verlockender Fundamentalismus, Türkische Jugendliche in Deutschland*, Frankfurt 1997

99 »Konstanz und Wandel der Lebenssituation türkischstämmiger Migranten, Ergebnisse der fünften Mehrthemenbefragung 2003«, Andreas Goldberg/Martina Sauer, Stiftung Zentrum für Türkeistudien, Institut an der Universität Duisburg-Essen, im Auftrag des Ministeriums für Gesundheit, Soziales, Frauen und Familie des Landes Nordrhein-Westfalen

100 M. Macey: »Interpreting Islam: young Muslim men's involvement in criminal activity in Bradford«, in: *Islam, Crime and Criminal Justice*, herausgegeben von B. Spalek, 2002, S. 19–49

101 Wilhelm Heitmeyer: »Für türkische Jugendliche in Deutschland spielt der Islam eine wichtige Rolle«, *Die Zeit*, Nr. 35, 1996

102 Susanne Worbs und Friedrich Heckmann: »Islam in Deutschland: Aufarbeitung des gegenwärtigen Forschungsstandes und Auswertung eines Datennetzes zur zweiten Migrantengeneration«, erschienen in: *Islamismus*, Hrsg.: Bundesministerium des Innern, 2004, S. 133 bis 220

103 Internet-Angebot der Organisation »Islamische Gemeinschaft«: www.i-g-d.com/html/Islam/frau_im_islam.htm

104 Quelle: http://www.al-nur-moschee.de/Start.htm, vom 5. Mai 2003

105 Quelle: http://www.al-nur-moschee.de/Shaikhvor/01-06-20.htm, 1. April 2003

106 Quelle: http://www.al-nur-moschee.de/Schwesternvor/DjinnI.htm, 1. April 2003

107 Ahmed Rami: *Die Macht der Zionisten*, Kultur Verlag, Stockholm; auch veröffentlicht auf http://www.radioislam.net/d-jmacht.htm, am 12. Mai 2004

108 »Sendeverbot für libanesischen Hizbollah-Fernsehsender ›Al-Manar‹ in Europa«, *Muslim-Zeitung*, Ausgabe 1, März 2004, Seite 4

109 MEMRI The Middle East Media Research Institute, Special Report – No. 32, 2004; zu finden unter www.memri.org/bin/opener_latest.cgi?ID = SR3204, 1. September 2004

110 Claudia Dantschke: »Islamischer Antisemitismus«, S. 2 und 8

111 Münib Engin Noyan: *Mein Qur'an Tagebuch*, Istanbul 2003, 117,

118, Vgl. auch *Die Bedeutung des Korans*, Bd. 3, S. 1203, München 1996

112 Harun Yaha:»Der Islam ist nicht die Quelle des Terrorismus, sondern seine Lösung«, am 11. Mai 2004 auf www.islamverfluchtterror.com/p_derislam.htm

113 Harun Yaha:»Menschen der Schrift & die Muslime – Das natürliche Bündnis zwischen Christentum, Judentum und Islam«, auf www.islamverfluchtterror.com/p_menschender.htm

114 ebenda

115 Urteil des Bundesverfassungsgerichts vom 24. September 2003, 2 BvR 1436/02

116 BVG-Urteil, 24. 9. 2003

117 Necla Kelek: *Islam im Alltag – Islamische Religiosität und ihre Bedeutung in der Lebenswelt von Jugendlichen türkischer Herkunft*, Münster 2002

118 Zentralrat der Muslime, Stellungnahme vom 20. Oktober 2003 zum Kopftuchurteil des Bundesverfassungsgerichts vom 24. September 2003

119 Konzeptpapier Nr. 1, Das Tragen des Kopftuches in der Schule, http://www.muslimrecht.de

120 *Der Spiegel*, 37/2004, Seite 22, Umfrage des Instituts TNS Infratest

121 *BILD*-Zeitung,»Hamburg ist Zentrum radikaler Islamisten«, 10. Mai 2004, Lokalteil Hamburg, S. 6

122 Ingmar Karlsson:»Euro-Islam oder Ghetto-Islam?«, *Svenska Dagbladet*, 21. August 2002

123 Bundesinstitut für Bevölkerungsforschung: *Fakten – Trends – Ursachen – Erwartungen; Die wichtigsten Fragen*, Wiesbaden 2004, S. 73–77

124 Alexander Goerlach:»Die neue Weltordnung«, *Frankfurter Allgemeine Zeitung*, 15. Mai 2004, S. 45

125 ebenda

126 Meinhard Miegel: *Die deformierte Gesellschaft – Wie die Deutschen ihre Wirklichkeit verdrängen*, München 2002, Seite 23

127 Jörg Lau:»Der Doppelagent«, *Die Zeit*, vom 2. September 2004

128 Olivier Clément:»Be careful of Ramadan's model of Islam«, *Vita e Pensiero*, Magazin der katholischen Universität von Mailand, No. 12, 2003

129 Tariq Ramadan: *Die Widersprüche der islamischen Welt*, Genf, 2003

130 Salwa Bakr, Basem Ezbidi, Dato' Mohammed Jawhar Hassan, Fikret Karcic, Hanan Kassab-Hassan, Mazhar Zaidi: *Der Westen und die islamische Welt – Eine muslimische Position*, Hrsg.: Institut für Auslandsbeziehungen, Stuttgart 2004, S. 32, 51

131 ebenda
132 Muhammad Siddiq: »Weltanschauung und Leben im Islam«, a. a. O.
133 »Thierse fordert Euro-Islam«, *Süddeutsche Zeitung*, 28. Dezember 2001, S. 6
134 »Jede Religion hat auch blutige Grenzen«, *Die Welt*, 9. August 2004
135 Bassam Tibi: »Europa droht eine Islamisierung«, *Die Welt*, 28. Mai 2002, S. 6
136 Fouad Ajami: »Der transportable Islam«, *Die Zeit*, 16/2004
137 »Politischer Islam als Primat der Unvernunft«, Interview mit dem Beiruter Theologen Khalil Samir, *Zeitschrift für KulturAustausch*, Ausgabe 4/2003
138 Jonathan D. Halevi: »Al-Qaeda's Intellectual Legacy: New radical Islamic thinking justifying the genocide of infidels«, Intelligence and Terrorism Information Center at the Center of Special Studies, Dezember 2003
139 Tariq Ramadan: »How Islam and the West can find a way out«, *TIME*, 20. September 2004, S. 47
140 »Extremismus in Deutschland – Ein Kurzlagebild«, Bundesamt für Verfassungsschutz, Köln, 2004, S. 15
141 Olivier Roy: »Euro-Islam: The Jihad within?«, *The National Interest*, 2003; siehe dazu auch: Olivier Roy: »The Challenges of Euro-Islam«, in: *Hoover Press: Garfinkle/Terrorism*
142 Schreiben der Islamistengruppe Hizb-ut-Tahrir: »Eine Allianz mit den USA ist ein großes Verbrechen, das der Islam verbietet«, zu finden unter: www.hizb-ut-tahrir.org/deutsch/leaflets/HTlflts/Allianz.htm
143 Olivier Roy: »Euro-Islam: The Jihad within?«, *The National Interest*, 2003; siehe dazu auch: Olivier Roy: »The Challenges of Euro-Islam«, in: *Hoover Press: Garfinkle/Terrorism*
144 Olivier Roy: »The Challenges of Euro-Islam«, in: *Hoover Press: Garfinkle/Terrorism*, S. 80
145 »The 9/11 Commission Report«, Final report of the National Commission on Terrorist Attacks upon the United States, Washington 2004
146 »Evidence emerges of a broader 9/11 conspiracy in Germany«, *Chicago Tribune* vom 27. Februar 2003
147 ebenda; außerdem »The new war«, in *FORTUNE*, 30. Oktober 2001
148 ebenda
149 »Post aus dem Untergrund«, *Der Spiegel*, 33/2004, S. 19
150 *Der Spiegel*, 14. Oktober 2002

151 ebenda

152 Freie und Hansestadt Hamburg, Behörde für Inneres, Landesamt für Verfassungsschutz, Verfassungsschutzbericht 2003, S. 48, 49

153 ebenda

154 »Ansar Al-Islam« kontrollierte vor der US-Intervention 2003 im Irak ein kleines Gebiet rund um die Stadt Halabja im Norden des Landes. Hierhin zogen sich auch Al-Qaida-Kämpfer zurück. Ziel der Gruppe war die Gründung eines eigenen islamischen Staates im kurdischen Teil des Irak. Als Anführer von »Ansar Al-Islam« gilt der gebürtige Jordanier Ahmed Nazzal Fadhil Al-Khalaliyah alias Abu Mosab Al-Zarqawi. Quelle: Bundesministerium des Innern, Verfassungsschutzbericht 2003, Seite 175

155 »The 9/11 Commission Report«, Final report of the National Commission on Terrorist Attacks upon the United States, Washington 2004

156 »Hamburg's Cauldron of Terror«, *Washington Post*, 11. September 2002

157 ebenda

158 Die Pannen und Fehleinschätzungen der Sicherheitsdienste bei der Beurteilung der Situation in Hamburg gegen Ende der neunziger Jahre sind im Laufe des Jahres 2003 unter anderem von der *Los Angeles Times*, der *Washington Post*, der *New York Times* und den deutschen Nachrichtenmagazinen *Der Spiegel* und *Stern* aufgearbeitet worden. Ich beziehe mich auf die Darstellung im *Stern* unter dem Titel »Die tödlichen Fehler des US-Geheimdienstes (Teil 1)«, Nr. 34, 14. August 2003, Seite 48 ff.

159 ebenda

160 Robert S. Leiken: »Fair game: al Qaeda's new soldiers«, *The New Republic*, 26. April 2004

161 »Ihr müsst lernen, mit uns zu leben«, *Der Spiegel*, 13/2004, S. 34, 35

162 Uhrs Gehriger: »Al-Qaida ist überall«, *Süddeutsche Zeitung Magazin*, 6. August 2004, S. 8

163 ebenda

164 Die Nachrichtenagentur REUTERS veröffentlichte ein Foto des Original-Bekennerschreibens; die Zitate stammen aus einer Übersetzung von *SPIEGEL ONLINE*, 12. März 2004

165 Dominik Cziesche, Holger Stark: »Teutonisch angehaucht«, *Der Spiegel*, 25/2004

166 »The 9/11 Commission Report«: Final Report of the National Commission on Terrorist Attacks upon the United States, Washington, 2004

167 Matthew A. Levitt:»The Political Economy of Middle East Terrorism«, *Middle East Review of International Affairs*, Washington, Dezember 2002

168 Laurie P. Cohen, Glenn Simpson, Mark Maremont, Peter Fritsch:»Bush's financial War on Terrorism Includes Strikes at Islamic Charities«, *The Wall Street Journal*, 25. September 2001

169 John Mintz:»From Veil of Secrecy, Portraits of U.S. Prisoners Emerge«, *The Washington Post*, 15. März 2002

170 Levitt, a. a. O.

171 Friedrich Schneider: *Die Finanzströme islamischer Terror-Organisationen: Vorläufige Erkenntnisse aus volkswirtschaftlicher Sicht*, Linz, Oktober 2001

172 »Das Idol des heiligen Krieges«, *Die Zeit*, 40/2001

173 Interview des ABC-Reporters John Miller mit Osama bin Laden, 1998, zu finden auf: www.pbs.org/wgbh/pages/frontline/shows/binladen/who/interview.html

174 Helmut Hetzel:»Niederlande: Einige Moscheen sind Brutstätten des Terrors«, *Die Presse*, Wien, 7. Mai 2004

175 Michael Ignatieff:»Geringere Übel«, *Die literarische Welt*, 15. Mai 2004

176 Stefan Reinecke: *Otto Schily – vom RAF-Anwalt zum Innenminister*, Hamburg, 2003, S. 361

177 »Der Kampf der Kulturen – Die Deutschen sehen mit zusammengebissenen Zähnen der Bedrohung entgegen«, Elisabeth Noelle, Institut für Demoskopie Allensbach, *Frankfurter Allgemeine Zeitung*, 15. September 2004, S. 5

178 Stefan Reinecke, a. a. O., S. 363

179 Josef Kardinal Ratzinger:»Auf der Suche nach dem Frieden«, *Frankfurter Allgemeine Zeitung*, 11. Juni 2004, S. 39

180 »Three Years of Progress in the War on Terror«, The White House, Washington, 11. September 2004

181 Patrick E. Tyler, Don van Natta Jr.:»Across Europe, Calls for Jihad against U.S. «, *New York Times*, 3. Mai 2004

182 »Der Kampf der Kulturen – Die Deutschen sehen mit zusammengebissenen Zähnen der Bedrohung entgegen«, a. a. O.

PIPER

Gilles Kepel
Die neuen Kreuzzüge

Die arabische Welt und die Zukunft des Westens.
Aus dem Französischen von Bertold Galli, Enrico
Heinemann und Ursel Schäfer. 400 Seiten. Gebunden

Terroranschläge, Guerillakriege, offene Feindseligkeit:
Täglich zeigt die wachsende Kluft zwischen der islamischen Welt und »dem Westen« neue erschreckende Auswirkungen. Anderthalb Jahrzehnte nach dem Ende des
Kalten Krieges droht somit ein weiterer, noch gefährlicherer
Ost-West-Konflikt. Gilles Kepel, weltweit als einer der
besten Kenner der islamischen Politik anerkannt, analysiert
die gefährliche Lage in drei Schritten. Beginnend mit dem
Palästina-Konflikt, erweitert er den Fokus auf den gesamten
Mittleren Osten und schließlich auf die Grundfrage: Wie
sieht eine neue Weltordnung aus, die die islamischen Länder
zu echten Partnern werden läßt? Müssen wir im Westen
auf Vorrechte verzichten, Macht abgeben, Wohlstand teilen?

01/1418/01/R

Hans Küng
Der Islam

Geschichte, Gegenwart, Zukunft. 896 Seiten. Gebunden

Seit über zwei Jahrzehnten sind die Weltreligionen zentrales
Thema von Hans Küng. Mit seinen weltweit einflußreichen
Büchern hat er Pionierarbeit für einen Dialog der Kulturen
geleistet. In seinem neuen großen Werk bietet der Autor
eine profunde Gesamtdarstellung des Islam: Er beschreibt die
Paradigmenwechsel im Lauf seiner 1400jährigen Geschichte, zeichnet die unterschiedlichen Strömungen nach und
sichtet die Positionen des Islam zu den drängenden Fragen
der Gegenwart. Eine umfassende Analyse der politischen,
kulturellen und religiösen Bedeutung der zahlenmäßig
größten Weltreligion neben dem Christentum, wie sie unter
den Theologen unserer Zeit nur Hans Küng schreiben
kann. Dieses Buch zeigt: Ohne einen Dialog mit dem Islam
wird es weder einen dauerhaften Weltfrieden noch ein konfliktfreies Miteinander mit den Muslimen in Europa geben.
Wer die heutige Welt verstehen will, sollte Grundkennt-
nisse über den Islam besitzen.

01/1419/01/R

MALIK

Ilija Trojanow

Zu den heiligen Quellen des Islam

Als Pilger nach Mekka und Medina. 176 Seiten. Gebunden

»Von Kindesbeinen an, wenn er zum ersten Mal vernimmt, daß
die Hadsch – die Pilgerfahrt nach Mekka – zu den Pflichten
eines jeden Moslems gehört, sehnt sich der Gläubige danach.«
Unter Hunderttausenden moslemischer Pilger nahm der
Schriftsteller Ilija Trojanow 2003 an der Hadsch teil, der
größten Glaubensbezeugung des Islam. An einem Morgen
im Januar legt er in Bombay unter Anleitung seiner Freunde den
Ihram, das traditionelle Pilgergewand, an und steigt in die
Maschine nach Dschidda. Wenige Stunden später ist er in
Mekka, nach drei Wochen zurück in Indien. Dazwischen
liegen eine unendliche Fülle von Eindrücken und das
allmähliche Begreifen des Wesens einer Religion zwischen
Verheißung und Realität. Dazwischen liegt das Erleben einer
über tausend Jahre alten Tradition und einer persönlichen
Pilgerschaft als Kulmination aller Sehnsüchte, als einzig-
artige Auszeit, so reich an Mühsal und Zermürbung wie an
Belohnung und Beglückung.

02/1056/01/R